唐朝往事系列

耿元骊 主编

韩愈

千古文宗第一人

王培峰 著

辽宁人民出版社

图书在版编目（CIP）数据

韩愈：千古文宗第一人 / 王培峰著 . — 沈阳：
辽宁人民出版社，2025.1
　　（唐朝往事系列 / 耿元骊主编）
　　ISBN 978-7-205-11077-2

　　Ⅰ . ①韩… Ⅱ . ①王… Ⅲ . ①韩愈（768–824）—传
记 Ⅳ . ① K825.6

中国国家版本馆 CIP 数据核字（2024）第 064613 号

出版发行：辽宁人民出版社
　　　　　地址：沈阳市和平区十一纬路 25 号　邮编：110003
　　　　　电话：024-23284191（发行部）　024-23284304（办公室）
　　　　　http://www.lnpph.com.cn
印　　刷：天津光之彩印刷有限公司
幅面尺寸：145mm×210mm
印　　张：11.5
字　　数：194 千字
出版时间：2025 年 1 月第 1 版
印刷时间：2025 年 1 月第 1 次印刷
责任编辑：赵维宁
助理编辑：姚　远
封面设计：乐　翁
版式设计：一诺设计
责任校对：吴艳杰
书　　号：ISBN 978-7-205-11077-2
定　　价：78.00 元

总　序

盛唐：中华文明的辉煌时代

唐朝有自己独特的气质。当我们提起唐朝，经过长达千年集体记忆形塑，大概每一个华人都会立刻呈现一幅宏大画卷萦绕脑海，泱泱大国典范形象勃现眼前，甚至还会莫名有一种自豪感油然而生。三百年波澜壮阔（实289年），四千位杰出人物（两《唐书》有姓名者约数），五千万烝民百姓（开元载簿约数，累计过亿），共同在欧亚大陆东端上演了一出雄浑壮丽、辉煌灿烂的人间大剧。

唐朝在中国历史上有着巍然的地位。它海纳百川，汲取万方长处；自信宏达，几无狭隘自闭之风。日本学者外山军治以域外之眼，推崇隋唐时代是"世界性的帝国"，自有其独到眼光。唐代在数百年乱世基础上，在经历多次民族大融合之后，引入周边各族之精英及其文化，融合再造生机勃勃的新一代文化，从而使以华夏文明为中心的中原文明再次焕发出生机与活力。唐朝，也成为中华文明辉煌的时代。如果在朝代之间进行比赛，唐代在大多数项目上都能取得前几名，"唐"也与"汉"共同成为中华代称。

唐朝有着空前辽阔的疆域。其开疆拓土之勇猛气概与精细作业之高超能力，一时无双。皇帝的"天可汗"称号，使唐成为周边各区域政权名义共主。这是一个大有为的豪迈时代，自张骞通西域以来，再次大规模稳定沟通西域，所谓"是时中国盛强，自安远门西尽唐境凡万二千里，闾阎相望，桑麻翳野"。在南方则形成了稳定通畅的广州通海夷道，大概是同时代世界上最远的航路。杜环、杨良瑶在中亚游历，促进了东西方海路沟通，大批波斯、大食商人来到广州，唐代和中亚、西方直接往来越来越密切，唐帝国是世界舞台上的优胜者。

大唐独有气质、巍然历史地位、空前辽阔疆域，共同形成了"盛唐气象"。"盛唐气象"也从最初描绘诗文格调的形容词，逐渐转变为唐代整个社会风范的代名词。"盛唐"逐步成为描绘唐朝基本面貌最常用词语，一个典范概括。唐朝各个方面，都呈现出进取有为和气质昂扬的面貌，无论是精神、文化还是生活上，都展现了独特时代风貌，其格局气势恢宏，境界深远，深深体现在盛唐精神、文化、生活等各个方面。

盛唐的精神

大唐精神体现在何处？首先是开放的心态，其次是大规模的制度建设。没有开放心态，就不会建成这些制度。唐朝有传统时代最开放的万丈雄心，不自卑，也不保守，更没有"文化本位主义"的抱残守缺。上层统治群体胡人血统很深，胡汉通婚情况很普遍，社会氛围基本不强调排外。唐高祖母独孤氏，太宗母窦氏、皇后长孙氏，这些都是鲜卑人。"胡客留长安久者，或四十余年"，来华的日本人很多在唐娶妻生子，大食国李彦、朝鲜半岛崔致远等，都考中进士，日本人阿倍仲麻吕进士及第后还当过官员。华夷观念上，没有鲜明对抗。唐朝人不自限天地，也不坐井观天。

在制度建设方面，唐朝延续了隋朝之初创，多方面建立了模板标杆，后代仿而行之，千年而未改，是盛唐精神最佳外在表现。在中央行政体制上，建立了完善的三省六部制，其体制健全，运行相对其他制度较为顺畅。结束了家国一体、门阀政治局面，以皇帝为核心，建立官僚政治制度，以严密官僚体系，分门别类推动行政运作，这个基本框架和运行模式历经改良在后世得到了长期沿用。在法律上，唐代创建了律令格式体系，形成了中华法系。特别是唐律，不仅仅在中国，在东亚历史上都有着重要地位，得到了长期沿用。在科举体制上，进一步完善科举模式，也得到了长期沿用。科举公平考试最受益者无疑是寒素出身者，推动并加快了社会阶层流动速度。在礼制这个社会等级秩序最鲜明标志物的建设上，唐代也有着最大贡献，形成了最早的国家礼典，在东亚文化体系当中影响巨大。

盛唐时期昂扬向上，走在各方面都开创事功的道路上，能出现贞观之治、开元盛世新局面，也就不足为奇。虽然安史之乱打破了原有局势，但是它并没有颠覆已经形成的大格局，所以唐朝仍能继续维系百年以上。

盛唐的文化

唐朝是文化的时代，各种艺术形式都让人有如臻化境之感。大唐是诗之国度，唐诗是诗之顶峰，唐诗至今仍是我们中国人日常最爱古典文化，谁不能脱口而出一两句唐诗呢！唐诗厚重与灵巧并重，对现实、人生总是充满着昂扬奋发的精气神，所体现出的时代精神是那么刚健、自豪！读李白诗，不由得让人有意气风发之感。读杜甫诗，不由得起家国之深思。才气纵横如李白，勤思苦练如杜甫，是唐诗当中最亮的双子星。读边塞诗，似亲行塞上，悲壮深沉。读田园诗，则宁静致远，平和悠适。即使安史之乱以后，大唐仍然有元稹、白居易、韩愈、柳宗元等诸多诗文大家。韩、柳更是开启古文运动，兴起一代文体新风。无论是诗还是文，大唐诗人都已长领风骚千年之久。即使到了白话文广泛通行的今日，唐诗、古文又有哪个华夏子孙不读之一二呢？

而绘画、书法、舞蹈与音乐、史学等都在中国历史上具有重要意义，是前此千年的总结，又是后此千年的开创。吴道子是唐代最有名的天才画家，"吴带当风"，被称颂为"气韵生动"，自成一派；而山水画也开始兴起，出现了文人画，两派画风都深深影响了宋朝人审美趣味，流风余韵至今日。书法在本质上已经脱离了记录符号，其实也是一种绘画，是绘画和文字本身含义的结合体。唐代书法大盛，书法理论自成一格。前期尊崇王羲之书法，盛唐之后形成了张旭草书新体，书风飘逸；又形成了颜真卿楷书，端庄正大，成为至今通行常用字体，其影响可谓远矣。舞蹈与音乐更是传统时代的顶峰，太宗时形成"十部乐"，广泛引入了域外曲调。盛唐时代，更是从玄宗到乐工，都精于音律，《秦王破阵乐》《霓裳羽衣曲》大名流传至今。唐代史学承前启后，《隋书·经籍志》确定了史部领先子、集的地位，一直沿用到《四库全书》。纪传体成为正史唯一体裁，也是在唐代得以确立，"二十四史"由唐朝修成有8部之多。设史馆，修实录，撰国史，成为持续千年的国家规定动作，影响之大，自不必言。

文化是盛唐精神的最佳展示，是大唐时代风貌的具象化展示，表达了全社会的心理和情绪。

盛唐的生活

盛唐时代经济富庶，生活安定，杜甫有一首脍炙人口之史诗可为证："忆昔开元全盛日，小邑犹藏万家室。稻米流脂粟米白，公私仓廪俱丰实。"这就是唐代经济社会繁盛的形象化表述。盛唐时代，"天下大稔，流散者咸归乡里，……东至于海，南及五岭，皆外户不闭，行旅不赍粮，取给于道路"，几乎是到当时为止农业经济条件下，所能取得的最高峰。南方特别是江南得到了广泛开发，开元、天宝之时，长江三角洲开发已经取得了显著成绩，工商业更加发达，经济水平在全国取得了领先性地位。

盛唐时代，也是宗教繁荣时代。高宗建大慈恩寺，请玄奘译经。武则天更是深度利用佛教，在全国广建大云寺，推动了佛教大发展。玄宗尊崇密宗，行灌顶仪式，成为佛弟子。除唐武宗灭佛之外，唐代其他皇帝基本是扶持利用佛教。在中国历史上，唐代是佛教全盛时代，整个社会笼罩在佛教影子之下。唐朝也崇信道教，高祖自称老子后裔，高度推崇道教，借道教提高李氏地位，建设了一大批道教宫观。太宗规定道士地位在僧人之前，高宗追封老子，睿宗两个女儿出家入道。玄宗对老子思想高度赞赏，尊《老子》为《道德真经》，并亲自为其注释，颁行全国。

在唐代社会生活中，婚姻、丧葬、教育、养老是最重要的内容。盛唐时代，婚姻仍然非常看重门第，观察对方家族的社会名望和地位，对等才能让子女结合，基本实行一夫一妻多妾制。丧礼是社会关系确认重要标志，唐代有厚葬之风。在丧葬仪式方面，朝廷出台了官方规定，形成了系统化、程序化仪式。教育在盛唐时代也被高度关注，中央设立六学二馆，地方上设置了郡学和县学，开元时期全国各州县普遍设学。唐朝强调以"孝"治国，唐玄宗亲自为《孝经》作注，提高了老人地位，对老人提供各种礼节性待遇。

盛唐时代，虽然围绕最高权力争夺不断，但是百姓生活尚称安乐。然而，"渔阳鼙鼓动地来，惊破霓裳羽衣曲"，大唐转折来得也很猛烈，安史之乱对盛唐造成了重大伤害。另外，在我们对大唐赞叹有加的同时，不得不说，唐代短板也很多，特别是原创思想开拓性不足，微有遗憾。在传统时代唐朝所具有的开放性足以为傲，但是对其相对的封闭性也要有明确认识，值得思考。唐朝社会精英可以对外开放，但是普通百姓必须遵守牢笼规则，遍布长安的高墙和里坊就是佐证。大唐女性，看起来可以袒胸露乳，气质昂扬，独立自主，但只是少部分贵族妇女。大部分普通女性，还是生活在枷锁之中，虽然还没有裹脚这种身体残害，但是被禁锢的附属品命运还是传统时代所常见。

总之，唐朝个性鲜明，"大一统"最终成为定局。在唐朝之前，只有汉朝在一个较长时期内落实了大一统。隋朝虽然恢复了大一统体制，但是流星般的命运让它没有时间稳固大一统。唐朝立国稳定，最终把大一统定局为中华政体的深层底蕴结构，从此，大一统有了稳定轨道和天然正义性，延续千年，成为中华民族社会心理的共同基本。

如此唐朝，谁又不爱，谁又不想了解呢？然而时代变迁，让每个人都从史籍读起，显然不可能。虽然坊间关于唐代的读物已有不少，其中品质高超者也为数甚多，但是在文史百花园当中，自当要百花齐放，因此即使关于唐朝的普及性读物已经汗牛充栋，我们还是要在这著述之海当中，继续增加一些新鲜气息，与读者共赏唐朝之美！我们曾表达过，孟浩然"人事有代谢，往来成古今"最能代表我们的心声。没有人，没有事，也就没有历史。见人，见事，方见历史。所以，我们愿意努力在更多维度上为读者提供思考和探寻唐代历史的基础，与已经完成的"宋朝往事"略有不同，在人和事两方面基础上，增加了典制内容。大唐三百年历程，人事繁杂，典制丰富。我们采中国传统史学模式当中的纪事本末、列传、典制体裁之意，并略有调整，选十事、五人、五专题进行定向描绘，各书文字流畅，线索清晰，分析准确精当，且可快速读完。希望读者能和我们一起从更多维度观察唐、了解唐、思考唐，回首"唐朝往事"。

公元 617 年，留守晋阳（今山西太原）的唐国公李渊起兵，拉开了大唐王朝序幕，攻势如破竹，一年不到就改换了天地。虽然正史当中塑造了一个平庸的李渊形象，但是实情是没有李渊的方略和能力，就不会建成大唐。玄武门之变，兄弟刀兵相见，血流成河；父子反目，无奈老皇退位。从玄武门之变到出现贞观之治，二十多年时光，选贤任能、开疆拓土、建章立制，李世民留给世界一段值得长期探讨、反复思考的"贞观"长歌。太宗才人武媚，与高宗李治一场姐弟恋，却开创了大唐一段新故事。武周霸业，建神都洛阳，成就武则天唯一女皇。神龙元年（705），李武势力默认，朝臣积极推动，"五王"主导政变成功，女皇被迫退位，重新成为李家儿媳。此后十年间，四次政变，四次皇位更迭，大唐核心圈就没有停止过刀光剑影，但是尚未伤到帝国根本。玄宗稳定了政局，"贞观之风，一朝复振"，再开新局，开放又自由，包容又豁达，恢宏壮丽的极盛大唐就体现在开元时代。

"开元盛世"四字，至今脍炙人口。

盛极而衰，自然之理。盛世接着就是天宝危机，酿成安史之乱。这场大变乱，改变了中国历史走向，时间长，范围广，破坏大，影响深。战乱过后，元气大伤。河朔藩镇只是名义上屈服，导致朝廷也只能屯兵防备。彼此呼应，武人势力极度膨胀，群雄争霸，朝廷无力。唐宪宗元和时代，重新形成了短暂振兴局面，这也是唯一一位能控制藩镇的皇帝，再次构建了由中央统领的政治秩序。元和中兴也成为继开元盛世后，大唐王朝最后一次短暂辉煌。宪宗身后，朝廷局势一天不如一天，穆宗、敬宗毫无能力，醉生梦死。文宗时代，具体操办政务运行的朝臣，以李德裕、牛僧孺各自为首的政治集团党争不断，势同水火，"去河北贼易，去朝中朋党难"。宦官权重，杀二帝，立七君，势力凌驾皇权之上。导致皇帝也难以忍受，文宗试图利用"甘露之变"诛杀宦官，但是皇帝亲自发动政变向身边人夺权功败垂成，朝臣一扫而光，大唐也就踏上了不归路。

大唐功勋卓著的名人辈出，自不能逐一详细介绍，只好有所选择。狄仁杰，我们心目中的"神探"，实是辅周复唐大功臣，两次为相，为君分忧，为民解难。特别是劝说武则天迎回李显，又提拔张柬之等复唐主力人物。生前得到同时代人赞誉，死后获得了后世敬仰。郭子仪在战乱中显露英雄本色，平安史，击仆固，退回纥，是力挽狂澜的武将代表。长期位极人臣，生活在权力核心地带，谨慎经营，屹立不倒，"完名高节，福禄永终"，可谓文武双全，政治智慧超群。上官婉儿是唐朝著名女性代表，有着出色的文字能力，是可以撰拟诏敕的"巾帼宰相"，还可以参与军国权谋，但命运多舛，未有善终。近年来墓志出土，形成了一波婉儿话题。韩愈，千古文宗第一人。谏迎佛骨，显示了韩愈风骨。一代文化巨人，"匹夫而为百世师，一言而为天下法"，努力振兴儒学，文起八代之衰，推动"古文"运动，千年之后，仍然能够感受到他的影响。陆羽，唐代文人的代表，撰写了世界上第一部茶叶专著——《茶经》，号为"茶圣"，影响千年，成为古今中外吟咏不已、怀念不止的人物。

大唐创业垂统，建章立制。三省六部，成为中国古代官僚行政的典范。三省六部是决策机构，九寺五监是执行机构。虽然三省屡经变迁，但是所确立的中枢体制模式，却是千年如一。六部分科管理行政，其行政原理至今还在运行。九寺五监，今日"参公""事业"单位名目仍可见其遗意。唐代法律完善，律令格式体系齐备，是中华古典法系的杰出代表，对东亚影响可谓广泛。大唐生活，千姿百态。衣食住行，是维系每个大唐人生存的基本，婚丧学老，是每个大唐人成长所必有的经历。八件大事，又都和等级制度挂钩，是观察唐朝日常的最佳窗口。古都长安，是东亚中心，也是当时"世界"之都，是经济中心，是文化交流中心，是思想和学术的高地。巍巍长安，是盛唐气象直接承载体，长安风华引领着世界风潮，展示着盛唐文明所达到的高度。吐鲁番地处丝绸之路要地，是中外文明交汇融通之处。多元人口组成，多元文化集结地，是大唐开拓西域的关键节点，具有重要的军政和战略地位。凡此种种，理当书之。

以上，就是"唐朝往事"的总体设计。我们希望以明晰的框架，建设具有整体感的书系。既有主线，又可分立；有清晰流畅语言，有足够的事实信息，也有核心脉络可以掌握。提供给读者既不烧脑又不低俗的"讲史"，以学术为基础，但是又不是满满脚注的学究文。专业学者用相对轻松的笔调来记录和阐释，提供一点不一样的阅读感受。这个目标能否实现还很难说，但是我们正在向此努力。我们21人以一年时光，共同打造的20部小书，请读者诸君阅后评判！

感谢鲍丹琼（陕西师范大学）、侯晓晨（新疆大学）、靳小龙（厦门大学）、李航（洛阳师范学院）、李瑞华（西北大学）、李效杰（鲁东大学）、李永（福建师范大学）、刘喆（北京师范大学）、罗亮（中山大学）、雒晓辉（中国社会科学院古代史研究所）、孟献志（首都经济贸易大学）、孙宁（山西师范大学）、王培峰（山东师范大学）、许超雄（上海师范大学）、原康（淮北师范大学）、张春兰（河北大学）、张明（陕西师范大学）、赵龙（上海师范大学）、赵耀文（重庆大学）、朱成实（上海电机学院）等学界友朋（按姓名拼音为序）接受邀请，给予大力支持，参加"唐朝往事"的撰写工作，更要感谢他们能在一年多的时间内不停忍受我的絮叨和催促，谢谢大家！感谢辽宁人民出版社蔡伟先生及其所带领的编辑团队，是他们的耐心细致，才使得本书以这样优美的状态呈现出来。

现在，亲爱的读者，请您展卷领略"唐朝往事"，与我们一起走进大唐，思考大唐！

耿元骊

2024年3月26日于唐之汴州

目录

引　子

　　没有人能选择自己生活的时代，如果能选择，韩愈大概不会选择出生在安史之乱后。八年混战方歇，天下凋敝，民不聊生，藩镇林立，宦官擅权，韩愈就出生在这样的时代。

　　没有人能选择自己的家庭，如果能选择，韩愈可能不会选择出生在韩仲卿家。出生两个月母丧，三年父亡，刚满一纪，兄长病死，依嫂而存，韩愈就是出生在这样的家庭。

　　但即便是如此家国不幸，韩愈也没有对人生绝望，也没有放弃努力向上。他像孔子一样，生于乱世的残破之家，凭借着数十年如一日的潜心向学，最终实现了人生的逆袭，是一个真正的孤勇者。

逆袭的人生注定不是一帆风顺的。韩愈在父母双亡之后，先是随兄嫂客居长安、韶州，后随寡嫂托身于河阳、宣州，辗转流离，居无定所；长大后，十九岁出门远行，独居长安，求取功名。四次应进士试，终于博得一第；三次应博学宏辞试，全部名落孙山；三次上书宰相求仕，悉数石沉大海。后世有人质疑韩愈急于仕进，以致乞求权贵垂怜，处世不够从容。但正如孟子所说："仕非为贫也，而有时乎为贫。"究其根柢，是因为韩愈客居京师近十年，长期衣食不足，"无所取资，日求于人"，残酷的生活现实让他认识到，读书、求仕不只是立身行道、济世为民，也是自己谋取衣食、维持生计的求存之路。

但韩愈没有做独善其身的自了汉。一方面，他有时会为了谋取衣食而急于仕进，"有时乎为贫"；另一方面，他一旦身处其位，就能恪尽职守，为国为民，敢于直言谏诤，绝不尸位素餐。韩愈两次被贬官瘴疠之地，一次是因为上疏奏请朝廷蠲免受灾百姓的赋税，一次是因为极力谏止唐宪宗迎接佛骨入宫祀拜。韩愈谏迎佛骨之时，"忠犯人主之怒"，不避诛死；待既贬潮州之后，上表认罪，以期复用。后世有人对此求全责备，讥评韩愈不能安于穷愁。揆诸情理，"有缺点的战士终究是战士"，我们不该苛责孤勇者的落地姿势不够优雅。

韩愈是一个文官，却不是一个文弱书生，他身负道义之勇，从不畏惧强权，能将生死置之度外。当韩愈受命前往河北宣慰杀人如麻的王廷凑时，群臣震惧，元稹奏曰"可惜"，穆宗诏令缓入。但韩愈能舍生取义、慷慨赴难，毅然深抵贼营，面对飞扬跋扈的割据军阀，严词谴责，并晓之以祸福，令贼帅为之泣下。四面官军难解之围，一旦涣然冰释，不能不说是韩愈的舌战之功。韩愈以一介文人，敢于直面拥兵自重的藩镇莽将，"勇夺三军之帅"，真可谓"威武不能屈"的大丈夫。

韩愈是一个历史转折点上的文化巨人。作为一代文宗，他不仅仅属于唐朝，苏轼说他"匹夫而为百世师，一言而为天下法"，千年之后的今天，仍然能够感受到他的影响。

——他重塑了我们的思想世界。自佛教传入中国之后，礼佛的皇帝不乏其人，其中唐德宗、顺宗、宪宗皆以崇佛闻名，但敢于上书直言佞佛皇帝大多短命，痛陈佛教祸国殃民的，大概只有韩愈一人。韩愈之所以排佛，是因为他一生以振兴儒学为职志。正如陈寅恪先生所说，韩愈《原道》"建立道统，证明传授之渊源"，是儒家道统说建立的纲领性文章。韩愈认为孟子"醇乎醇者也"，是儒学正统所在，而秦汉以后的黄老、玄学、佛教思想多被认为是非主流学派。这些言论对儒学的历史进行了重新塑造，后来《孟子》升格为经书，宋明理学崛起，皆以韩愈为先驱者。韩愈去世两百多年之后，宋神宗诏令韩愈从祀于文庙，苏轼说他"道济天下之溺"，都是因为他在儒学上的巨大贡献。

——他建立了崭新的文章典范。东汉以后，骈俪文风盛行，天下文章都刻意雕琢辞藻，斟酌声律，流入形式主义。韩愈挽狂澜于既倒，反对形式主义的骈体之文，主张文以明道，词必己出，不平则鸣，倡导单句散行、自由书写的"古文"。韩愈倡导的"古文"摆脱了固定形式的束缚，精于叙事图形，擅长说理抒情，不管是论道、论政、论学，还是牢骚、哀思、戏谑，都能融汇其中，可谓笼牢天地，涤荡万物。韩愈还是语言大师，务去陈言，熔铸古今，有时一篇文章就能化出一二十个成语，达到了汉语文学的极致。当时有柳宗元、李翱等人推其波，后世有欧阳修、苏轼等人助其澜，最终让"古文"取代了骈体文。苏轼说韩愈是"文起八代之衰"，其实韩愈古文还是此后千年的文章典范。在中国文学史上，能够与韩愈领导的古文运动相媲美的，恐怕只有"五四"时期的白话文运动。

——他开拓了雄奇的诗歌境界。唐诗经过百余年的发展，到李白、杜甫已经是至高的顶峰，后世诗人只能在巨人的阴影之中摸索前行，而韩愈领导的韩孟诗派以雄奇怪异之美，成就了唐诗之一大变。韩愈诗歌长于古体，常以文法、赋法入诗，喜欢用硬语险韵，逞才斗巧，相比平庸圆熟的大历诗风，具有较强的创新性，对宋诗具有很大的影响。

唐穆宗长庆四年（824），韩愈因病去世。作为对一生功业的盖棺论定，朝廷赐他的谥号是"文"，这是当时文官最高的谥号。而作为文人，幼失怙恃的韩愈，一生孤立无援，凭借勤学擅文，卓然成为一代文宗；如今其身虽已陨灭，但道德文章散布久远，千百年来一直为后人师法，这个谥号也算是对他一生的最好总结。

艰难困苦，玉汝于成。不足六十年的时间，为什么韩愈能从一个贫贱忧戚的孤儿，成长为万世瞩目的文化巨人？同样一捆生命之柴，为什么韩愈就能燃烧出一道划破历史长空的生命轨迹？当我们对人生有了困惑之时，当我们对未来感到迷茫之际，韩愈跌宕起伏、波澜壮阔的一生，或许能对我们有所启迪。

第一章

孤儿的成长：韩愈的家世及早年生活

安史之乱爆发后，诗仙李白应征入永王李璘幕府，兵败后被判流放夜郎，遭赦后又重返江南。在这段时间里，李白游历了武昌、金陵、宣州等地，生花妙笔写下了许多锦绣文章，文字之交中也留下了不少传奇故事。其中，与李白交往较多的，有一对韩氏兄弟，他们是韩仲卿和韩云卿。

这一对韩氏兄弟都很有才华，但在大唐群星璀璨的文学星空中，他们的光芒难免会显得黯淡一些，只能成为映托诗仙李白、诗圣杜甫等耀眼明星的夜幕背景。不过，数年之后，时任秘书郎的韩仲卿又有了弄璋之喜，妻子给他生下了第四个儿子。按照"子生三月，则父名之"的礼俗，孩子三个月大的时候，韩仲卿给孩子起了个名字，叫作韩愈。

老来得子让韩仲卿感到无比高兴，但他远没想到，这孩子将成为千古一人的文学宗师，诗能直追李杜，文堪比肩班马。

一、籍隶河阳托昌黎

唐代宗大历三年（768），韩愈出生。因为他的父亲韩仲卿当时在长安任秘书郎，所以韩愈到底是出生在长安，还是家族聚居地河阳（今河南省孟州市），由于史无明文，已经成了一个没有谜底的谜语。

按照现代人的惯例，对新生儿是哪里人，要么称出生地，要么称籍贯。但韩愈从来不说自己是河阳人，在文章中大多时候是自称昌黎人，后人也称他为"韩昌黎"或"昌黎先生"。这是因为唐朝人有称郡望的惯例。

按照这个惯例，唐朝士大夫阶层在自我介绍之时，一般不说籍贯，也不说出生地，只说郡望。所谓的郡望，"郡"是行政区划，"望"是门族，"郡望"就是指某一区域的大族。唐朝人重视郡望，是因为魏晋以来用九品中正制选拔人才，"上品无寒门，下品无士族"。于是，那些生于孤门细族的士大夫阶层，往往忌讳自己出身低微，遂以郡望自矜，免得自己在社会交往过程中受到血脉歧视。

这种重视门第出身的社会风气，到唐朝前期还非常浓郁。唐高宗时期，宰相薛元超曾说自己平生有三恨："始不以进士擢第，不得娶五姓女，不得修国史。"（《隋唐嘉话》中卷）这里的五姓女，指的是唐代著名的五姓七望之家的女儿。这"五姓七望"是指陇西李氏、赵郡李氏、博陵崔氏、清河崔氏、范阳卢氏、荥阳郑氏、太原王氏。在唐朝前期，如果哪个小伙子能够娶到五姓之女，比娶到当朝公主都要荣耀。而昌黎韩氏是南北朝以来韩氏的著名望族，所以韩愈也没能免俗，对外声称的都是自己的郡望，其实他并不是昌黎韩氏的后代。

不过，如果追溯起来，昌黎韩氏和韩愈也不是完全没有血缘关系。根据《朱子校昌黎先生集传》的考证，韩愈和昌黎韩氏可以追溯到共同的祖先韩颓当。韩颓当是汉初韩王韩信（与淮阴侯韩信同名）的儿子。韩信是战国末年韩襄王之孙，因为在楚汉之争中立有军功，汉高祖二年（前205）被立为韩王。后来由于汉高祖刘邦过于猜忌，韩信投降匈奴，在匈奴颓当城（今内蒙古察哈尔右翼后旗西北）生了一个儿子，就起名为韩颓当。韩颓当成年之后，在汉文帝十六年（前168）率众归顺汉朝，被封为弓高（县名，今河北省阜城市南）侯。汉景帝时，韩颓当参与平定七国之乱，功冠诸军，地位显赫。后来，韩颓当的后代开枝散叶，出了不少人才。西汉末年，其玄孙韩骞为了躲避王莽之乱，移居南阳。后魏时，其后代韩播又移居昌黎棘城（今辽宁省义县）。韩播的后人后来仕途显达者众多，遂成为韩氏望族。

韩愈虽然也是韩颓当的后代，但并不属于昌黎韩氏这一支脉，他所属的是后汉陇西太守韩寻这一支脉。这一支脉后来世代居住于颍川（今河南省禹州市），所以应该称为"颍川韩氏"。韩愈在颍川韩氏中，能够清晰追溯的是七世祖韩茂，韩茂是韩寻之子韩棱的后代。然后，"茂生均，均生晙，晙生仁泰，仁泰生叡素，叡素生仲卿，仲卿生会、愈"（《朱子校昌黎先生集传》）。也就是说，如果追溯到关系紧密的祖先的话，韩愈应该自称颍川韩愈，而不是昌黎韩愈。

即便是颍川，也不是韩愈父祖世代居住的地方。对于古代中国人来说，生你的地方在哪里可能没那么重要，但埋你的地方肯定是你的家乡。正如韩愈在元和七年（812）《寄崔二十六立之文》里写道：

旧籍在东郡，茅屋枳棘篱。还归非无指，灞渭扬春澌。生兮耕吾疆，死也埋吾陂。文书自传道，不仗史笔垂。

崔二十六名斯立，字立之，因为在兄弟中排行二十六，故称"崔二十六"。唐人喜欢用行第称呼别人，有时还在行第后面加上名字或官职等，如后面我们会提到的柳宗元被称为"柳八"，刘禹锡被称为"刘二十八"，都是如此，而韩愈则是"韩十八"。崔立之是韩愈的好友，经常与韩愈诗文往还。韩愈这首诗对崔立之才高位卑、命运坎坷深表同情，也表达了自己淹蹇多病、准备隐退家乡的感慨。我们节选的几句诗歌，正是韩愈牢骚满腹的体现。而在唐代，仕宦人家的子弟，年轻时要游学京师，成年后流宦各方，不可能固守乡土，未必能"生兮耕吾疆"；但家乡是魂归之处，无论多么艰难，死去的人都要归葬于家乡的祖茔，"死也埋吾陂"是必须的。即便一千多年之后的今天，这一点在很多人的心中也没有改变。当代诗人海子在《亚洲铜》里写道："祖父死在这里，父亲死在这里，我也会死在这里。你是唯一的一块埋人的地方。"这块归葬之地，也就是海子说的"唯一的一块埋人的地方"，才是真正的家乡。

韩愈家族在河阳有一块茔地，那里埋葬着他的父母、兄嫂和女儿，后来也埋下了他自己。埋葬父母的时候，韩愈还不懂事，但他后来回河阳祭祀过父母。哥哥韩会病死在韶州（今广东省韶关市），由嫂子郑夫人千里归葬河阳。嫂子郑夫人去世后，也从宣州（今属安徽）归葬于河阳。而韩愈的小女儿韩挐，这个十二岁就死在了韩愈被贬潮州途中的可怜孩子，当时被草草地埋葬在路边山下，成为山中的孤魂。五年之后的长庆三年（823）十月，韩愈"令子弟与其姆易棺衾，归女挐之骨于河南之河阳韩氏墓葬之"（《女挐圹铭》）。时隔多年，韩愈也没忘记为女儿千里归葬，可见他对魂归故里是有着执着的坚持的。而次年十二月，韩愈也病死于长安，并由家人归葬于河阳。所以，河阳是韩愈一家世代聚居之地，是毋庸置疑的。

河阳是一个很大的县级行政区域，以前大家都搞不清楚韩愈祖茔的具体方位。在明代万历年间，河南孟县（即唐代河阳）西北二十里的苏庄发生了一起盗墓案，当地民众在被盗的墓中发现了一块墓志铭，经当地官员辨认，这是韩愈之子韩昶的墓志铭。铭文有云："其年（即大中九年）十二月十五日，葬孟州河阳县尹村。"所以，可以断定，韩愈的祖茔在唐代孟州河阳尹村，也就是今河南省孟州市赵和镇苏庄村（宋代尹村改名苏庄村）。

当然，名人故里被各个地方当作文化资源来争抢，是屡见不鲜的。河北省昌黎县、河南省修武县也非常希望韩愈是当地的名人，还都做了非常详细的论证。不过，就目前各方出示的证据来看，韩愈籍隶河阳之说，还是最为可靠的。

二、怙恃俱失乳母在

韩愈幼年的不幸，是从父母双亡开始的。成为孤儿的他，只能依靠兄嫂生活，而他的日常起居，则主要由他的乳母来照顾。

韩愈的父亲韩仲卿是家中的长子，曾做过铜鞮尉、武昌令、鄱阳令等职，唐代宗大历五年（770）病死在秘书郎任上，当时韩愈不到三岁。

在唐代，秘书郎是隶属秘书省的一个从六品上的小官。唐代秘书省主要负责将国家藏书按照经、史、子、集四部典藏，并进行保护、校勘和整理。其长官有秘书监、秘书少监、秘书丞，接下来便是秘书郎、校书郎等职位。由于要和书籍打交道，所以在秘书省任职的官员，大多是大家公认为学识修养比较高的学术型官员。所以，秘书郎、校书郎的职位虽然官阶不高，但很有政治前途，不少人由此走向显赫的职位。可见，韩仲卿如果不是早亡，其前程是不可限量的，那么韩愈的人生可能也会大不相同，至少可资依靠的家庭要殷实得多。

韩仲卿与盛唐大诗人李白、杜甫都有过交游，曾给曹植的诗文集写过序，可惜他的诗文作品都已经散佚，如今已无法了解他的创作成就。他在做地方官时也很有政绩，李白在给他写的《去思颂碑》中说，韩仲卿从潞州铜鞮尉调任武昌令，还没到任时，大家都畏惧他；到任之后，百姓都心悦诚服地拥戴他，而贪官污吏和地方豪强也收敛了很多，不敢继续为非作歹。任职不到两年，武昌境内户口增加了两倍。

因为在武昌有善政，韩仲卿在朝廷上颇受江南西道采访使皇甫侁、尚书右丞崔禹的推扬，并在唐肃宗至德初年被当时的宰相崔涣"特奏授鄱阳令，兼摄数县"。对于韩仲卿上任鄱阳令后的情况，由于史料匮乏，不甚明了，只知道他后来到长安任秘书郎，在大历五年（770）时就病死了。

韩愈的母亲去世更早，据说当时韩愈只有两个月大。所以，韩愈对母亲毫无印象，在后来的诗文中也很少提及母亲，我们甚至不知道她的姓氏。好在乳母李氏看韩愈孤苦伶仃，十分可怜，不忍心离开韩家，一直无微不至地照顾韩愈长大。

韩愈对乳母李氏感情深厚，元和六年（811）三月其乳母去世后，他用如椽巨笔写下了一篇简短的墓志铭，让后人记住了这个平凡而伟大的女性：

> 乳母李，徐州人，号正真。入韩氏，乳其儿愈。愈生未再周月，孤失怙恃。李怜，不忍弃去，视保益谨，遂老韩氏。及见所乳儿愈举进士第，历佐汴、徐军，入朝为御史、国子博士、尚书都官员外郎、河南令，娶妇生二男五女。时节庆贺，辄率妇儿孙列拜进寿。年六十四，元和六年三月十八日疾卒。卒三日，葬河南县北十五里。愈率妇孙视窆封，且刻其语于石，纳诸墓为铭。

这篇墓志提供了几个值得注意的细节：一是乳母李氏在韩愈长大之后，也没有离开韩家，最后终老于韩家；二是韩愈辗转各地为官，乳母李氏似乎一直跟随左右，受到了韩愈及其妻子儿女的孝敬；三是乳母李氏去世之后，葬于韩愈当时任职的河南县北，韩愈曾率妻子儿女给她送葬。

韩愈和乳母李氏过于亲密的关系，不禁让人心生疑窦：乳母李氏难道没有自己的家人吗？她的丈夫和亲生子女都哪里去了？所以就有一种怀疑，认为乳母李氏可能就是韩愈的生母，而韩愈之所以不直接称李氏为母亲，是因为她是韩仲卿的妾室或侍婢，而不是正妻。如果这种推测是真的，按照当时的礼法，韩愈是不能直接称李氏为母亲的。这在古代是一种制度，无论儿子在情感上多么抗拒，都是没有办法违背这种社会伦理的。

在古代的婚姻制度里，妻妾的地位是有霄壤之别的。妾生的子女，要称呼主母为母亲，而称呼生母为姨或阿姨。据史书记载，齐高帝萧道成第十一子萧钧五岁时，生母区贵人生病，下人照常用五色绊（一种食物）喂他，他不肯吃，说"须待姨差"，就是要等区贵人让他吃他才吃。无独有偶，齐武帝萧赜第七子萧子懋在生母阮淑媛病重时，请僧道为之作法祈福，有人献莲花供佛，僧人把花放在盛水的铜罂中，年仅七岁的萧子懋为之祈祷时说："若使阿姨因此和胜，愿诸佛令此花不萎。"从这个角度来说，韩愈说"生未再周月，孤失怙恃"，指的是韩仲卿正妻死亡，也是能够讲得通的。尤其是韩愈从小养于长兄，对于这种礼法，更是不敢稍有逾越。

而且，妾的儿子长大之后，即便是科举高中、仕途显达，皇上册封其父母，一般也只能册封其父亲的正妻，而不是册封作为妾室的生母。韩愈在任国子祭酒之后，他的母亲被追赠国郡太夫人，因为由白居易起草的制词里有"归于华族，生此哲人"之句，有人据此认为是追赠韩愈的生母。其实，这篇制文的篇名为《韩愈等二十九人亡母追赠国郡太夫人制》，制文中说"国子监祭酒韩愈母某氏等蕴德累行，积中发外，归于华族，生此哲人"，是比较笼统地说韩愈等二十九人亡母的情况，并非专指韩愈一人的母亲。所以，此处被册封的很可能是韩愈的主母，而不是生母。

最后，韩愈乳母李氏被安葬在韩愈任职的河南县北，而不是归葬祖茔，可能也是因为她的身份是侍妾。因为按照当时的礼制，侍妾出殡不能出正门，也不能被埋葬在祖茔。清末袁世凯官居一品，位极人臣，而他出身小妾的生母都不能埋入祖坟和其父亲合葬。

韩愈不是韩仲卿元配所生，从他和韩会（韩愈的长兄）的年龄差距上也能看出来。韩会比他大三十岁，唐代一般女性首次生育的年龄差不多是十八九岁，在将近五十岁时，很难再次生育。所以，韩愈的母亲可能是韩仲卿的继室或婢妾，而以婢妾的可能性为大。那么，在韩愈两个月时去世的，则很可能是韩仲卿的正室，也就是韩会的母亲。

因此，乳母李氏是韩愈的生母、韩仲卿的侍妾的说法，是比较接近事实的。除了这种观点之外，还有韩愈生母早死或改嫁的说法，但都没有这种说法证据充分且合情合理。

三、辗转南北依兄嫂

韩仲卿病死之后，长兄为父，大哥韩会承担起了抚养、教育韩愈的责任。韩愈上有三兄，除了韩会之外，还有一个叫韩介，另一个名字不详。韩会比韩愈大三十岁，和妻子郑氏结婚多年没有孩子。韩介有两个儿子，分别是韩百川和韩老成。按照惯例，长支是不能绝嗣的，所以韩介就把次子韩老成过继给了韩会夫妇。

韩家在宣州是有一些祖产的。韩会早年可能就曾被韩仲卿安排到宣州打理这些产业，所以他这段时间在江淮一带交游甚广。唐代宗永泰年间（765—766），韩会曾居于上元（今属南京），和卢东美、崔造、张正则等人交好，经常在一起谈论天下大事，志在经邦济世，自称有王佐之才，被当时人称为"四夔"。夔是舜时的贤臣，被舜任命为典乐之官，所谓"四夔"，也就是四位才能出众、堪当大任的贤才。后来，韩会曾任代宗朝起居舍人，崔造官至德宗朝宰相，卢东美、张正则职位较低。卢东美去世之后，他的儿子卢畅对自己的孩子说："起居丈有个小儿子叫韩愈，古文写得特别好，继承了家学，肯定能把我父亲的事业表彰得很到位。"于是请韩愈给卢东美写了篇墓志。在这篇墓志中，韩愈追忆了卢东美和韩会的交往，但未提及崔造、张正则，应该是后来关系逐渐疏远了。

唐代宗大历九年（774），韩会被任命为起居舍人。在此之前，他们一家都在河阳生活，这时韩会便携带家人前往长安赴任。到长安后，韩会公务繁忙，只有公余之时才能指点一下弟弟。韩愈的生活起居，除了乳母李氏的照料，主要依靠嫂子郑夫人。韩愈在《祭郑夫人文》中曾追忆这段生活：

> 未龀一年，兄宦王官。提携负任，去洛居秦。念寒而衣，念饥而飧。疾疼水火，无灾及身。劬劳闵闵，保此愚庸。

哥哥韩会忙于工作，但乳母李氏和嫂子郑夫人的悉心照顾，使韩愈这个远离家乡的孤儿，饥时有食而寒时有衣，没有失去家庭所给予的温暖。

韩会任职之后，与当时的宰相元载有较多的交往。元载本亦起身寒微，因为大历五年（770）协助唐代宗铲除擅权宦官鱼朝恩，深得皇上宠信。元载平日里也自居除恶之功，以为自己文才武略，盖过前贤时哲。于是，他在生活上奢侈无度，喜欢大兴土木，"城中开南北二甲第，室宇宏丽，冠绝当时"，奴仆下人多达上百名，也都"恣为不法，侈僭无度"。在朝廷上，元载擅权自重，排除异己，以致"道路以目，不敢议载之短"（《旧唐书·元载传》）。

对韩会而言，结交位高权重的元载，是人生中的一个重要机会，因为职位升迁需要仰赖权贵的荐举。但事情都有两面性，大历十二年（777）四月，元载在政治斗争中失败，被唐代宗赐死全家，党徒数十人也被贬官、流放。作为元载的重要党徒之一，韩会首当其冲地被贬官降职。两年后，他又遭受谗言，被再贬为韶州（今广东省韶关市）刺史。对韩愈来说，韩会的这段人生经历，是一种前车之鉴，后来韩愈成年走向仕途，就比较注意和各种政治派系保持一定的距离，可能与这种人生经历有一定的关系。

于是，年仅十二岁的韩愈就跟着韩会一家，千里迢迢地前往被贬的任所。这是韩愈第一次到岭南地区，他怎么也不会想到，若干年后，他会两次重走这条路，而且也是因为被贬谪。韶州在当时是远离京师的蛮荒之地，韩会被贬之后，心中闷闷不乐，很快就积郁成疾，在唐德宗建中元年（780）病死在韶州刺史任上。

在去世之前，韩会将韩愈托付给了妻子郑夫人。当着郑夫人的面，韩会对这个可怜的弟弟说："你从小就是你嫂子养大的，等你嫂子去世了，你要服期年之丧。"期年之丧就是要穿一年的丧服，这远远超出了叔嫂之间正常的服丧期限。从这个临终托付中，我们看得出韩会对这个弟弟的前景充满了担忧，也看得出他对妻子能够长嫂如母的期许。

在远离家乡数千里的岭表之地，郑夫人失去了最重要的人生依靠，只能忍着悲伤，带着韩愈和韩老成两个年幼的孩子，千里扶灵，归葬河阳。十多年后，韩愈追叙这段人生经历，心中还是惨痛不已：

> 年方及纪，荐及凶屯。兄罹谗口，承命远迁。穷荒海隅，天阔百年。万里故乡，幼孤在前。相顾不归，泣血号天。微嫂之力，化为夷蛮。水浮陆走，丹旐翩然。至诚感神，返葬中原。

在那个交通不便的年代，如果不是郑氏决心强大、意志坚定，很难想象他们妇孺三人能带着韩会的棺柩顺利返回家乡。

次年，由于藩镇叛乱，北方烽火又起。先是李希烈兵乱，接着朱滔称冀王，田悦称魏王，王武俊称赵王，李纳称齐王，中原地区的黄河一带成了割据势力的交战之地，纷飞的战火让百姓处于水深火热之中，民不聊生。为了躲避战乱，正在河阳守丧的郑夫人只好带着全家老小，奔赴宣州，因为韩家在那里还有一点祖产能够聊以糊口。于是，郑氏就带着韩愈、韩老成在宣州定居下来，直到韩愈十九岁时离开宣州，前往长安求学。这段时间算是韩愈早年生活中较为安定的时期，在郑夫人的严格要求下，韩愈认真读书学习，为日后的一鸣惊人积蓄力量。

很多年之后，韩愈写了一篇《复志赋》，回忆了自己从记事起，跟随兄嫂南北奔波的日子：

> 昔余之既有知兮，诚坎轲而艰难。当岁行之未复兮，从伯氏以南迁。凌大江之惊波兮，过洞庭之漫漫。至曲江而乃息兮，逾南纪之连山。嗟日月其几何兮，携孤嫠而北旋。值中原之有事兮，将就食于江之南。

简短的几句赋文，概括了他未满十二岁时跟随兄嫂从长安南迁，经过长江、洞庭湖到达韶州，兄长去世后又随寡嫂北归河阳，然后避兵乱就食宣州的奔波经历。

唐德宗贞元十年（794），韩愈中进士第后两年，还没能谋得一官半职，嫂子郑夫人却病死于宣州。当时韩愈正在长安应博学宏辞科试，未能立即返回宣州奔丧，只能写一篇备极沉痛的《祭郑夫人文》遥祭如母的长嫂。在祭文中，韩愈追叙了嫂子郑夫人对自己的抚育之恩：

> 天祸我家，降集百殃。我生不辰，三岁而孤。蒙幼
> 未知，鞠我者兄。在死而生，实维嫂恩。

正是因为这种"视余犹子，诲化谆谆"的恩情，韩愈遵守长兄韩会的嘱咐，为嫂子郑夫人守丧一年。

从礼法上来讲，嫂子和小叔子之间，本来是不服丧的。唐初大臣讨论叔嫂服制，有人认为也有年龄比较大的嫂，对仍然是孩子的小叔子有养育之功，情谊如同亲生一样，彼此之间具有较为亲密的关系，所以，大臣们建议小叔子为嫂子"服小功五月"。韩愈养于郑夫人的情况，正好和唐初诸大臣讨论的内容相符。也就是说，按照当时的礼法，韩愈服小功五月就可以了。

因此，对于韩愈为郑夫人服期年之丧，后世有人觉得有些不合礼法，为了给韩愈开脱，就说这是"士大夫之法"。其实，揆

诸事实，韩愈与郑夫人之间，与一般的长年之嫂抚育孩童之叔还有所不同。郑夫人不但从韩愈三岁时就开始尽抚养之责，而且在丈夫韩会早逝的情况下，又独自抚养多年，才把韩愈拉扯成人。加上韩会临终前有"丧服必以期"的遗嘱，韩愈给郑夫人服丧一年，是很合乎情理的。

和韩愈一起被郑夫人抚养成人的，是韩介的次子、韩会的过继之子韩老成。韩老成比韩愈小两岁，与韩愈虽为叔侄，但情比兄弟。他和韩愈一起跟随韩会夫妇辗转于长安、韶州，又随着郑夫人万里归葬、千里避难。所以，一旦提到韩老成，韩愈眼前涌现的，都是令人感动又悲伤的往事。

郑夫人以一人之力，将韩家两个与自己毫无血缘关系的孩子养育成人。对郑夫人来讲，这是一种巨大的个人牺牲；对于韩愈、韩老成来讲，这却是一种无比幸运的人生际遇。从这个角度讲，儒家的家庭伦理制度，对于保持家庭的稳定性，是具有非常重要的作用的，应该予以充分的肯定。

韩氏家族似乎没有长寿基因，韩愈的三个兄长都很早就去世了。韩愈在《祭十二郎文》中自叙道："承先人后者，在孙唯汝，在子唯吾；两世一身，形单影只。"当回忆起郑夫人指着自己和韩老成说"韩氏两世，惟此而已"时，言语之间，真是何其悲凉！韩愈十九岁赴长安求取功名之后，二人虽聚少离多，但时常相互惦念，韩愈在汴州、徐州幕府任职期间，曾先后两次想让韩老成携带家人前来聚居，但因为韩愈的职位也不是很稳定，所以两次都未能成行。贞元十六年（800）时，韩愈曾写《河之水二首寄子侄老成》：

> 河之水，去悠悠。我不如，水东流。我有孤侄在海陬，三年不见兮使我生忧。日复日，夜复夜。三年不见汝，使我鬓发未老而先化。
>
> 河之水，悠悠去。我不如，水东注。我有孤侄在海浦，三年不见兮使我心苦。采蕨于山，缗鱼于渊。我徂京师，不远其还。

诗中以"海陬""海浦"代指韩老成所居住的宣州，对多年未能见面的侄子表达了深沉的思念之情。

在贞元十九年（803）夏秋之际，韩愈先后收到了溧阳（今属江苏）县尉孟郊和宣州家人耿兰的信，都说韩老成已经病逝。韩愈得到噩耗之后，犹如五雷轰顶，迟迟不敢相信这是真的。因为前不久他还写信给韩老成，抱怨说自己已经视力模糊、牙齿松动、白发苍然，可能不久于人世了，韩老成如果不肯来，恐怕哪天自己突然死了，留下韩老成一个人承受不尽的悲伤。谁承想现在是"少者殁而长者存，强者夭而病者全"，巨大的心理落差，让韩愈怀疑消息是假的，甚至怀疑自己是在做梦，精神陷入恍惚迷离之中。

七天之后，韩愈痛定思痛，以泪和墨写下了《祭十二郎文》，让家仆建中带回去祭奠韩老成。在祭文中，韩愈先是回忆了家世之悲和离别之痛；接着写得到丧讯后将信将疑以及对死因、死期的猜测，表达了对天神难测、德福不一的慨叹，甚至觉得自己不久之后"从汝而死"，才能够减轻这种悲痛；最后，写了对丧事的安排，抒发了自己"汝病吾不知时，汝殁吾不知日，生不能相养以共居，殁不能抚汝以尽哀，敛不凭其棺，窆不临其穴"的内疚和遗憾，并决心余生以养育好几个子女为责任，以消除韩老成的身后之忧，让韩老成能够安息。

韩愈写《祭十二郎文》，突破了固有的文体格式，没有对死者进行赞颂，也没用骈俪韵语来文饰自己的情感，有的只是至情的流露，自然的倾诉，在质朴的文字之中，缓缓道出了自己内心的惨痛悲切。正如《古文观止》编注者所说："读此等文，须想其一面哭一面写，字字是血，字字是泪。未尝有意为文，而文无不工，祭文中千年绝调。"情到深处文自工，即便是在千年之后，我们也能够感受到韩愈那种"彼苍者天，曷其有极"的悲痛，甚至能透过文字，看到他无法抑制自己的泪水，洒湿了书写祭文的纸张。

作为一篇被称为"千年绝调"的至情之文，《祭十二郎文》通篇被一个"悲"字一气贯通，是感人至深的。宋赵与时《宾退录》说："读诸葛孔明《出师表》而不堕泪者，其人必不忠；读李令伯《陈情表》而不堕泪者，其人必不孝；读韩退之《祭十二郎文》而不堕泪者，其人必不友。"随着时间的推移，现代人读诸葛亮《出师表》和李密《陈情表》，可能未必能够心有触动，但读韩愈《祭十二郎文》，必然依旧是心中恻然、眼内泫然的。

四、道德文章有家学

正如前面所说，如果可以选择，韩愈可能不会选择出生在河阳韩氏。父母早亡，三兄俱殁，连侄子也四十岁出头就病死了。韩愈自己四十来岁就头发变白，牙齿脱落，毛血日衰。家族成员大都少壮夭亡，简直就像一个魔咒，让韩愈对自己的寿数非常悲观。

但从另一方面讲，韩愈能够成长为一代文宗，与河阳韩氏的家庭文化氛围是有着重要关联的。韩愈的祖父韩睿素有七个儿子，除了韩仲卿曾任秘书郎，韩云卿曾任吏部郎中，韩绅卿曾任京兆府司录参军，其他三位也都曾任各州府的司法参军、功曹参军或胄曹参军，应该是普遍受过较好的教育，他们的文化程度在当时都是非常高的。此后河阳韩氏人才辈出，就是仰赖于这样的文化传承。对于韩愈来说，与古文运动的先驱者交往密切且颇有文名的韩云卿、韩会，为他最终成为古文运动的领袖人物，奠定了家庭教育的基础；而与李白、杜甫有交游的韩仲卿、韩云卿，则引领着他踵武李杜，打开诗歌创作的格局。

在唐代，家庭教育的重要性要比现在高得多。著名史学家陈寅恪先生曾说："盖自汉代学校制度废弛，博士传授之风习止息以后，学术中心移于家族，而家族复限于地域，故魏、晋、南北朝之学术、宗教，与家族、地域两点不可分离。"（《隋唐制度渊源略论稿》）在这种流风的熏习之下，到唐代中期，社会上依旧有轻薄师道、重视家学的风气。贞元十八年（802），韩愈在国子监任四门博士，李蟠向韩愈请教为文之法。韩愈作《师说》一文，慨叹"师道之不传也久矣"，一般人耻于向老师学习，士大夫阶层一旦有以师弟相称者，大家就一块笑话他们。柳宗元也说："今之世不闻有师，独韩愈不顾流俗，犯笑侮，收召后学，作《师说》，因抗颜为师，愈以是得狂名。"（《答韦中立书》）可见，韩愈对这种轻薄师道的不良风气，是深恶痛绝的，很想凭一己之力扭转它。但从学术文化的传授以家族为中心的角度来看，韩愈家族可以算是一个较为典型的案例，而韩愈是其中的一个受益者。

前文提到，韩仲卿、韩云卿兄弟都曾与李白有过较为密切的交往。李白在被贬夜郎之前，曾到武昌游历。据说，李白到黄鹤楼游玩之时，有人请他作诗，李白提起笔来，仰头看到崔颢的《黄鹤楼》一诗题写在上面，于是抛笔感叹："眼前有景道不得，崔颢题诗在上头。"李白此次游历武昌时，武昌的行政长官正好是韩仲卿，所以有人推测，陪李白登上黄鹤楼并请他写诗的，也许正是武昌令韩仲卿。

当时韩仲卿任武昌令，有美政，临近离职之时，武昌百姓依照旧例刻碑颂德。碑文的执笔者，当然非大文豪李白莫属。李白所作的这篇《武昌宰韩君去思颂碑》，是了解韩愈家族的最重要的资料之一，其中对包括韩仲卿在内的较为知名的四兄弟做了介绍：

> 少卿当涂县丞，感慨重诺，死节于义。云卿文章冠世，拜监察御史，朝廷呼为子房。绅卿尉高邮，才名振耀，幼负美誉。君自潞州铜鞮尉调补武昌令，未下车，

人惧之；既下车，人悦之。

　　有人质疑，韩仲卿有兄弟七人，李白为何只提到了其中四位？其实李白说得很清楚，是"成名四子"，其他诸子可能此时尚籍籍无名，所以李白没有提及。李白在碑文中认为韩云卿"文章冠世……朝廷呼为子房"，这是非常高的评价。韩愈也说"叔父当大历世，文辞独行中朝"（《科斗书后记》）。《全唐文》中收录韩云卿《平蛮颂》《平淮碑铭》《虞帝庙碑铭》等五篇文章，其中《虞帝庙碑铭》作于建中元年（780），由韩云卿撰文、韩秀实书丹、李阳冰篆额，被后人称作"三绝碑"。所以，韩云卿的文章之名，在当时已有公论，并不是李白、韩愈曲词推扬。只是现在文多散佚，只能凭着遗存下来的吉光片羽来管中窥豹，无法较为完整地评估其在文学上取得的成就。

　　后来李白被流放到了夜郎，半路遇赦之后，又返回庐山，在金陵、宣州一带活动，而当时韩云卿正好也在金陵。韩云卿还精通音乐，擅长吹奏笛子，李白曾作《金陵听韩御史吹笛》："韩公吹玉笛，倜傥流英音。风吹绕钟山，万壑皆龙吟。"不久之后，韩云卿将要赴任广德令，李白还曾设宴赋诗相送。广德在当时属于宣州，韩氏家族与宣州有着较深的渊源，而李白也曾长期生活在宣州。这种密切的地缘关系，可能也是李白与韩氏兄弟交往较多的原因之一。

韩云卿除了和李白有交游之外，和位居"大历十才子"之首的钱起也有文字交往，和当时倡导古文的李华、萧颖士、梁肃等人也过从甚密。《白孔六帖》云："李华爱奖士类，名随亦重，若独孤及、韩云卿、韩会……后至执政显官。"可见韩云卿、韩会都曾得到李华的奖掖，和古文运动的先驱者们有较多的交往。

韩仲卿还曾与杜甫交游（见王铚《韩会传》），可惜传世文献中没有具体的记载。由于史料阙如，韩仲卿的诗文也没有能够流传下来，我们无法评价他的文学创作情况。但是，韩仲卿具有较高的文学修养是可以确定的。

据唐代传奇小说《龙城录》记载，一天，韩仲卿梦到一个戴着黑色头巾的少年书生，风姿磊落像神仙一样，他拜求韩仲卿说："我有一部文集在建邺李氏家中，先生您是会名出一时的，如果肯给我找到这个文集，并做一篇序文，我也将在阴间报答您的恩情。"韩仲卿答应了他。那少年书生满意地离开后，很快又回来说："我是三国时期的曹植，我的字是子建。"韩仲卿后来果然得到了一部《曹子建集》，于是把它分编为十卷，并写了一篇序文。

《龙城录》是托名为柳宗元的笔记小说，成书年代大概在北宋前期。这个故事是否真实，尚有待商榷。但韩仲卿曾"名出一时"，并给《曹子建集》作过序，这些应该是真实存在的，不然这个故事就失去了其产生的基础。

在这样的家庭氛围之下，韩愈的长兄韩会也随着韩云卿一起，与古文运动的先行者们有较多的交往。据宋王铚《韩会传》记载，李华和萧颖士在当时都有文章盛名，韩会和他的叔叔韩仲卿都很受这两位喜爱和奖掖。不过，韩会认为李华的"文格绮艳，无道德之实"。李华是盛唐时期重要的散文家，和萧颖士都是早期倡导古文的先驱者，都主张文章本乎六经，要发挥教化的作用。但从创作的角度来说，李华现存的文章以骈体文为主，尤其是前期文章讲究骈俪对仗，辞藻华美，虽比六朝骈文的内容更充实一些，但《新唐书》本传称其"文辞绵丽"，还是比较妥帖的。安史之乱后，李华因曾受伪职，被贬为杭州司户参军，此后文风逐渐变得更为平实，散句也开始变多。韩会对李华文章的批评，应该是着眼于其前期的骈俪之文。可见，韩会也是较早参与倡导古文的人，而且文学观念比萧颖士、李华等前辈更为激进。

韩会曾创作《文衡》一文，提出了文章以教化为主的主张，从《文衡》来看，韩会在文学上是比较重视思想教化的，这一点可能对韩愈以后提倡"文以明道"有着重要的影响。王铚认为韩会对于韩愈，如同老师对于弟子，这是很有见地的。韩愈从三岁时就由韩会负责抚养，直到十二岁时韩会去世，有将近十年的朝夕相处。韩会和韩愈的关系是多元的，在血缘上，他们是一对兄弟；在生活上，他们如同一对父子；而在精神上，他们就像一对师徒。

综上所述，河阳韩氏一门的家学，对韩愈的影响是极大的。在韩愈生活的时代，公共教育尚不发达，社会上又不重视师道传承，家庭教育占据了重要的地位，河阳韩氏的家学成了滋养韩愈精神成长的最好的土壤。而且这种影响不局限于知识的传授，有时是一种无形中的格局的扩展。就像读李白、杜甫的诗歌，对于其他孩子来说，李杜是一抹炫目的光彩，是一种难以触摸的美好；而对韩愈来说，李杜是他的父执，从小会听到家人谈论其父辈和李杜的交往，就会有一种天然的亲切感，所以肯定与其他孩子有不一样的阅读体验。韩愈后来最早将李杜并举，认为"李杜文章在，光焰万丈长"，这未必不是家学熏染的结果。而韩会这位如父亲般的兄长，在指导、教育韩愈的过程中，必定会将他的价值选择灌输给韩愈。从《文衡》来看，韩会是一个才华横溢之人，可惜天不假年，刚刚年过不惑就病死他乡，诗文作品也鲜有流传，但他的精神血脉在弟弟韩愈身上得到了传承和发扬，也算是不幸中的万幸。

五、学非古训不用心

韩愈七岁以后随韩会寄居在长安，到他十九岁出门远行，他在兄嫂身边一共十五六年。在这段时间里，从长安到韶州，再到河阳，最后到宣州，连续多地漂泊，让韩愈很难接受到稳定的教育，但是学有渊源的家庭给了他非常明确的学习导向。

家学的传承，韩会的教导，是韩愈文学之路的底色。韩愈在《与凤翔邢尚书书》中说自己"生七岁而读书，十三而能文"，在《感二鸟赋》也说自己"读书著文，自七岁至今"。由于韩会的引导，韩愈读书学习在内容上是比较有倾向性的，他在《复志赋》中说自己"非古训为无所用其心"，《答李翊书》也说自己刚刚开始读书之时，用心于古书：

始者，非三代两汉之书不敢观，非圣人之志不敢存。处若忘，行若遗，俨乎其若思，茫乎其若迷。当其取于心而注于手也，惟陈言之务去，戛戛乎其难哉！其观于人，不知其非笑之为非笑也。如是者亦有年，犹不改。然后识古书之正伪，与虽正而不至焉者，昭昭然白黑分矣，而务去之，乃徐有得也。

所谓"三代两汉之书"，主要是指儒家经典、诸子百家以及《史记》《汉书》等。韩愈在《答侯继书》中也说："仆少好学问，自五经之外，百氏之书，未有闻而不求、得而不观者。"《进学解》中诸生在对韩愈的精勤之业进行赞誉时，所提到的"六艺之文""百家之编"，也正是韩愈苦读的对象：

先生口不绝吟于六艺之文，手不停披于百家之编。纪事者必提其要，纂言者必钩其玄。贪多务得，细大不捐。焚膏油以继晷，恒兀兀以穷年。

可见，韩愈的这种读书倾向，是从小就奠定了的，而且是终其一生都没有改变的。这正是韩氏家学在韩愈身上的具体体现。

读书与创作是相辅相成的。读书是一个文化输入的过程，韩愈在六艺百家经典中"沉浸醲郁，含英咀华"；而创作是一个文化输出的过程，韩愈说自己时"作为文章，其书满家"。韩愈创

作古文时所效法的对象，也正好能够体现韩愈在读书方面的选择
与倾向：

　　上规姚姒，浑浑无涯；周诰、殷盘，佶屈聱牙；《春
秋》谨严，《左氏》浮夸；《易》奇而法，《诗》正而葩；
下逮《庄》《骚》，太史所录；子云、相如，同工异曲。

文中提到的儒家经传有《尚书》《春秋》《左传》《周易》和《诗
经》。相传舜为姚姓，禹为姒姓，所以姚姒指的是虞舜和夏禹，这
里是指《尚书》中的《虞书》《夏书》；周诰、殷盘，则是指《尚
书》中的《商书》《周书》，所以前四句指的是《尚书》。除此之
外，还有《庄子》《离骚》《史记》以及扬雄、司马相如的辞赋。

　　在韩会尚未去世的时候，公事之余，他会指导韩愈读书。在
宣州之时，由于韩会已经去世，韩愈在学习上缺乏依靠，当时可
能也有一位老师，就是窦牟，字司业。窦牟的父亲窦叔向曾任溧
水令，而溧水县就在宣州之北。由于韩愈、窦牟的具体居住地都
无法确定，所以对韩愈、窦牟如何相识，是不得而知的。窦司业
成名较早，韩愈《祭窦司业文》云："惟君文行凤成，有声江东，
魁然厚重，长者之风。"也就是说，窦牟在溧水之时，已经有了

一些名声，韩愈结识窦牟，或许是慕名前往学习。

长庆二年（822）窦牟去世后，韩愈在给他写的墓志铭里提到了二人的交往："我比您年龄小了十九岁，以童子的身份见到您，到现在四十年了。一开始把您看作老师，现在把您看作我的兄长。您一直把我看作朋友，从不因为年龄差异而有所区别，您真可算是笃行君子了！"（《唐故国子司业窦公墓志铭》）按窦牟去世的时间推算，四十年前是建中三年（782），韩愈十五岁左右。韩愈自称十三岁能文，认识窦牟的时候，正是人生成长的关键时期，窦牟对他的诗文创作可能有一定的影响。

根据现存的资料，我们只能推断出，韩会在韩愈精神成长的初期是有着关键影响的，此后韩愈读书、习文，都是以此为基础发展起来的。而窦牟在韩愈诗文练习的关键时期，对韩愈走向成熟也有较大的帮助。

正是因为韩会精神的种子在韩愈身上发芽滋长，韩愈凭借着勤奋读书，刻苦为文，长大之后与古文家梁肃等人交往，向他们学习，才最终汇入古文运动的潮流之中，并成为领袖群伦的弄潮儿。

第二章

科举与求仕：韩愈初入京师的十年

　　贞元二年（786），韩愈告别了郑夫人、韩老成以及其他家人，带着自己磨了十年的才华的霜刃，前往长安城游学、求仕。"学成文武艺，货与帝王家"，这几乎是传统士大夫唯一的人生选择，韩愈的奋斗目标也是通过科举选拔走向仕途，去实现自己的人生价值。

　　从离开家乡到获取第一个职位，韩愈努力了十年时间；从第一个职位到官拜国子博士，韩愈又花费了十年时间；而从国子博士这种五品闲散职位上升到接近权力核心的中书舍人等职位，韩愈又耗尽了第三个十年。虽然韩愈偶尔会在诗文里吐槽人生失意，但是相比其他唐代文人，他在仕途上也算得上顺风顺水。而这一切的起点，就是进士及第。

一、携书初入长安城

韩愈离家之后，并没有直奔长安而去，他先绕道去了河中府（今山西省永济市），去探望他的堂兄韩弇。韩弇是韩云卿的儿子，此时在河中府任职，当时的河中府尹是浑瑊。

到达河中府后，韩愈有过短暂的游玩和交游。在这里，韩愈曾结识过一个李姓的年轻人，十四年后，也就是贞元十六年（800）五月，韩愈在下邳（今江苏省睢宁县）遇到了此人，并写下了《题李生壁》一文，提到离上次相识已经十四年之久，"始相见，吾与之皆未冠，未通人事，追思多有可笑者，与生皆然也"。古人二十岁行冠礼，这篇文章提到了十四年前两个人"未冠"之时相遇的情景。那时两个人都还是青涩的少年，少不更事，一起做了不少成年人看来可笑的事情，但人到中年追忆起来，却觉得特别温馨。

河中府西边是黄河，东边是中条山，北边是张扬泽（今山西省永济市伍姓湖），自然风光特别优美。北魏郦道元说中条山"奇峰霞举，孤标秀出，罩络群山之表，翠柏荫峰，清泉灌顶"（《水经注》卷六），可见是一个令人神往的山水胜地。

"山不在高，有仙则名。"中条山上不但风景好，还栖居着著名的隐士阳城，让这优美的自然风光又笼罩上了一层人文色彩，显得更为迷人。韩愈有《条山苍》诗云："条山苍，河水黄。浪波沄沄去，松柏在高冈。"有人说，"松柏在高冈"指的就是当时隐居于中条山的阳城，韩愈当时以不能从游为憾事。

阳城的隐居是真是伪，其实也并不是十分确定。因为在唐代，出仕的途径本来有好多种，其中一种就是通过隐居的方式博得美名，然后受召入仕，被当时人称为"终南捷径"。而阳城就是如此：先是隐居在中条山，有贤德之名，后来被宰相李泌推荐为谏议大夫，并最终前往任职。但阳城就任之后，并不理会公务，五年时间没有一次上谏。贞元八年（792），同在长安的韩愈写了一篇《争臣论》，对阳城提出了很严厉的批评。韩愈在文章中提出，阳城本来是以布衣隐居在蓬蒿之下，皇上欣赏他的品行道义，把他拔擢到谏议大夫这个位置上。既然受任为谏官，就应该恪尽职守，让天下人、后世人知道"朝廷有直言骨鲠之臣，天子有不僭赏、从谏如流之美"，从而让那些隐居岩穴的读书人听说之后，无比忻慕，都愿意结发束带，到朝廷来做官。很显然，韩愈认为阳城应该在其位而谋其政，不辜负朝廷的征召。

有人认为，韩愈对阳城的评价，未免有些失之苛求，责人太严。其实，韩愈对阳城的批判，有两种很大的可能性：一种可能是年轻的韩愈对精神偶像阳城有一种美好的期待，而阳城应召出仕，且多年无所作为，破坏了韩愈心目中的精神偶像形象，失望之余，难免有求全之毁。另一种可能是韩愈爱人以德，正因为早年对阳城的崇尚，他不希望阳城变成这样一个尸位素餐、德不配位的人，正所谓爱之深，责之切。而韩愈对自己其实也是这样要求的，他两次被贬谪，都是因为他能够秉道直言，"在其位谋其政"，可谓言行如一。可能正是因为韩愈的批评，阳城后来也有所改变。贞元十年（794），在陆贽等被裴延龄陷害之时，文武大臣都噤若寒蝉，而阳城则拍案而起，上疏为陆贽伸冤，最终救下了陆贽，自己却被贬官，算是没有辜负韩愈的期待。

人生中有很多的偶然。如果韩愈没有去河中府投奔韩弇，或者如果阳城隐居的地方不是中条山，韩愈就不会对阳城有特别的情感，也就很可能不会有兴趣写《争臣论》，阳城也就不会因此改变他的一贯态度，奋起直谏，那就不会惨遭贬斥。虽然历史无法假设，但历史确实本有很多种可能，值得后人不断玩味。

从河中府来到长安，对韩愈来说，最初、最直观的感受，应该就是自己实在是太过贫穷。和韩愈几乎是同时到长安的，还有一位年轻的诗人叫白居易。一天，白居易带着自己创作的诗歌作品前往拜谒前辈诗人、著作佐郎顾况，顾况看了看他的名字，调侃道："长安物贵，居大不易。"当时白居易父兄俱存，算是小康之家的孩子，尚且如此困窘。而韩愈作为一个由嫂子抚养长大的孤儿，从宣州来到长安，肯定是首先被长安城里的高物价吓了一跳，紧接着，他就要开始为他羞涩的阮囊发愁了。

我们不能不说郑夫人对韩愈照顾得很好，起码韩愈小的时候，没有生活在缺衣少食的恐惧之中。正因为如此，在来长安之前，韩愈是一个对物质生活没有太多概念的人。前往长安之时，他对可能面临的经济上的困难也一无所知，所以在《示儿》诗中，他写道："始我来京师，止携一束书。"可见在当时韩愈的眼中，显然书籍是最重要的行囊，而不是那些琐碎的生活杂物。

初到长安之时，韩愈举目无亲。面对纷繁的世界，他唯一的思想资源，就是在过去十几年读的"圣人之书"。但这"圣人之书"中的道理，似乎与琐碎的现实生活多少有点格格不入，所以他在《出门》诗中写道：

> 长安百万家，出门无所之。岂敢尚幽独，与世实参差。古人虽已死，书上有其辞。开卷读且想，千载若相期。出门各有道，我道方未夷。且于此中息，天命不吾欺。

从这首诗里可以看出，面对生活现实，韩愈既感到有些挫折，又非常地不服气。他所坚信的"我道"，是他主要的精神支撑。

但韩愈的生活很快就陷入了困顿之中。尤其是韩弇在贞元三年（787）在参加浑瑊主持的平凉会盟时，遭到吐蕃突袭劫持，命丧边陲，使韩愈失去了除了郑夫人之外绝少的经济资助的来源。衣食不足、贫乏难以自存的局面，让他的人生观发生了极大的转变。他在《答崔立之书》中曾回忆过这一痛苦的人生蜕变的过程：他十六七岁时，不了解人世间的事情，只知道读儒家的圣贤书，认为读书人出仕，都是为了有利于社会，不是为了有利于自己。等到二十岁在长安独自生活时，苦于家里贫穷，衣食不足，要依靠他人生存，才知道出仕不仅仅是为了造福于社会。

很显然，在宣州时，在嫂子郑夫人的护佑下，韩愈在精神上一直生活在理想的世界里，而这个理想的世界，是"圣人之书"赋予他的；但到了长安之后，郑夫人已经没有能力保护他，他只能独立面对这个现实世界，并在精神与现实的冲突中撕裂自己。这种思想转变带来的撕裂感会一直伴随他，未来几十年他人生中的各种选择，都与此有着密切的关联。

在穷困到实在活不下去的时候，韩愈无计可施，只能尝试接触一切有可能给予他资助的人。其中，韩愈知道当年北平王马燧曾受命参加平凉会盟，与韩弇有一定的交情，于是就以烈士韩弇堂弟的身份，在马路上拦住了马燧的车队。马燧是一个很讲义气的军官，他本来就对韩弇的遭袭丧生感到无比惋惜，在听韩愈述说完他的困境之后，就带他到了位于长安安邑里（在唐代朱雀门街东第四街街东从北第七坊）的豪华府邸，赏衣赐食，并让韩愈住在自己家中，顺便帮助照看、教育自己的两个儿子。于是，身无分文的韩愈，在这座长安城中无比奢华的府邸居住了四五年时间，直到贞元八年（792）考中科举之后，前往汴州幕府，韩愈才彻底搬离马家。

在这四五年中，韩愈有时也会有寄人篱下的心酸，但相对于流落街头，这已经是很好的结果了，所以他对马家是感念在心的。一次，马燧家的两只母猫同一天产子，其中一只母猫病死了，而另一只母猫就把死去母猫的两个孩子都叼过来喂奶。对此，韩愈极为感慨，写下了《猫相乳》一文，文中赞扬了马燧之德：

> 夫猫，人畜也，非性于仁义者也，其感于所畜者乎哉！北平王牧人以康，伐罪以平，理阴阳以得其宜。国事既毕，家道乃行，父父子子，兄兄弟弟，雍雍如也，愉愉如也，视外犹视中，一家犹一人。夫如是，其所感应召致，其亦可知矣。《易》曰"信及豚鱼"，非此类也夫！

有人认为，这篇文章几近谄媚。其实，这是因为不了解韩愈此时的生存境况。马燧对韩愈，不就是人间版本的"猫相乳"吗？所以文中说马燧"视外犹视中，一家犹一人"，并非妄言，而是韩愈的亲身经历，是韩愈对马燧满怀感激的真情实感。

在《猫相乳》中，韩愈在赞美马燧善于持有禄位贵富的同时，可能对他还有所警示。他认为荣华富贵是每个人都特别想得到的，想要得到是很难的，而得到之后更难守持住，"得之于功，或失于德；得之于身，或失于子孙"。很显然，马燧是一个善于守持的人，但他的子孙就没有那么幸运了。这或许是韩愈久居马家发现的马家存在的问题。

马燧生前聚集了大量的财富，所以这所府邸修建得非常豪华。多年后，马燧去世，那个对韩愈很好的小儿子马畅继承了这所房子。但马畅没有什么才能，一些有权势的人开始觊觎这所豪华的宅子。贞元末年，马畅有一次将园中杏树上长的果子赠给宦官窦文场，窦文场觉得好吃，就献给了唐德宗。唐德宗也没吃过这么好的杏子，于是就派太监去探看究竟。马畅隐约感到了不安，于是为了避祸，就主动将这所宅子献给皇上，这就是后来有名的奉诚园。个中的兴衰无常，曾引起后世文人的慨叹，如白居易《秦中吟》其三云："如何奉一身，直欲保千年？不见马家宅，今作奉诚园。"

在这所豪宅被人侵夺之后，马燧的后代一度无处托身，而马畅及其子马继祖也相继死亡。由于韩愈和马家交往甚密，在马燧的孙子马继祖死后，韩愈给他写了一篇墓志铭，即《殿中少监马君墓志》。在这篇墓志铭中，韩愈特意提到这所他曾经居住过的宅子，还有这所宅子的北亭，其实是寄寓了韩愈对这件事的不平之意。如果说白居易等人的诗歌，只是一个局外人的兴衰之叹，而对韩愈来说，他是这场家庭剧变的见证者，心中的感慨是无比深沉的。

在个人财产不受保护的古代社会，失去权力保护的财富，只能是待宰割的肥羊。当权贵们决定侵占之时，没有权势的财产拥有者根本就没有能力反抗。韩愈所说的"得之之难，未若持之之难"，就包含这个道理在其中。当初汉代开国丞相萧何购置田产一定要选择偏远之处，不建造过于豪华的房子，别人问他原因，他回答说："后世贤，师吾俭；不贤，毋为势家所夺。"可谓深得其中三昧。

大约三十年后，韩愈在长安城买下了自己的房子时，环顾着这个没有特别华美但属于自己的住所，感慨地写了一首《示儿》，回忆当初离家赴京，只是带着"一束书"，就莽莽撞撞地来了，现在"辛勤三十年，以有此屋庐"。的确，对于韩愈而言，读书勤学是改变命运的唯一手段，所以他在这首诗的结尾写道："嗟我不修饰，事与庸人俱。安能坐如此，比肩于朝儒。诗以示儿曹，其无迷厥初。"

后来不少人批评这首诗格调不高，纯粹是以利禄劝进后辈。对这一点，只要是熟悉韩愈人生的人，都不会如此苛责于他。这样批评韩愈的人，一方面是大概没有经历过真正的人生困境，既没经历过韩愈那种站在长安街头无衣无食的人生困境，也没经历过马燧子孙那种丧失祖产、无处托身的人生困境。所以，他们不懂得韩愈"诗以示儿曹，其无迷厥初"的勉励，到底意味着什么。另一方面，这首诗歌所表达的，只是一时的感兴触发，将其看为面面俱到的育儿经，那就可谓不知诗了。

虽然从小就随着家人四处奔波，但总还有一个可以依靠的人，无论是父亲、哥哥，还是嫂子，年幼的韩愈从他们身上都能得到一种安全感。不过，小狮子总有一天要独自觅食。韩愈在十九岁时离开了宣州，独身一人奔赴长安，正式开始打造属于自己的人生版图。在那个时代，长安是所有读书人实现梦想的地方，不管是梦圆，还是梦碎，都需要每个人通过自己的努力去打开命运的盲盒。

二、四举终登龙虎榜

遇到马燧，对于韩愈来说，是一种人生的幸运。因为马燧不但让他暂时不用为衣食发愁，而且也可能帮他更快地融入长安这个社会的熔炉。

当初韩愈没有直接奔赴长安，先去河中府投奔韩弇，其实本来就不是纯粹为了游山玩水。除了想获取韩弇的经济资助之外，韩愈可能还有一层考虑，就是建立一点有利于他孤身闯荡京城的人际关系。这一点说起来可能有点庸俗，但与后人想象的大唐盛世有点不同，唐代的底层士人想通过努力实现阶层的跨越，光靠才华是不够的，贵人扶持也是不可或缺的。

唐代科举有常科和制科两种。制科是朝廷根据需要，临时设立科目选拔人才，所设科目有百余种，但由于是不定期举行，所以不是一般士人的最佳选择。而常科则是每年一次，有秀才、明经、进士等多种科目，其中最受重视的是进士科。韩愈刚到长安之时，看到世人都很尊重参加进士考试的举子，就虚心地接近这些人，看他们是如何参加这种考试的。当这些举子拿出礼部考的诗赋策问来给他看时，韩愈觉得这些东西很简单，他此前的学业积累是足以胜任解答好这些题目的，于是韩愈就按照要求去办理各种必要的手续，开始参加进士科考试。但是，进士考试的录取名额不多，而且录取与否，并没有很客观的标准，与主考官的个人好恶、达官贵人的推荐有着很密切的关系，所以韩愈一共参加了四次科举考试，才最终考中进士。

在唐代，虽然科举考试已经成为人才选拔的重要渠道，但是当时的科举考试答卷是不糊名的，属于开放式阅卷。而且，在考试之前，主考官就会按照当时的实际舆论情况，预先排列知名之士，最终考中的，往往是这些人，这也就是所谓的"通榜"。宋洪迈《容斋四笔》云："唐兴科举之柄，颛付之主司，仍不糊名。

又有交朋之厚者之助，谓之通榜。"说的就是这种制度。以今人的眼光来看，通榜的制度有很多的弊端，不利于公平地选拔人才。但这种制度一直延续到宋代初年，也选拔了不少优秀人才。那些靠别人推荐中举的人才，日后还会推荐自己熟悉的士人来参加考试，比如贞元十八年（802）韩愈就向陆傪推荐了十个人选，多人当年就进士及第了。

既然科举考试选拔人才的制度设计是这样的，那些需要通过科举考试入仕的读书人在决定参与这场竞争之后，就需要做一些看似与考试无关的努力，也就是要预先向达官贵人投献诗文，以求得推扬，即所谓"温卷"。据宋赵彦卫《云麓漫钞》卷八记载："唐之举人，先借当世显人以姓名达之主司，然后以所业投献。愈数日又投，谓之'温卷'……至进士则多以诗为贽，今有唐诗数百种行于世者，是也。"这里的"温卷"只是一个笼统的说法，具体而言，举子们投献诗文，又有纳卷与行卷之别。

纳卷是一项天宝年间形成的制度，凡是参加科举的士子，在正式参加考试之前，都要先按例向礼部贡院投纳诗文。而行卷是举子为了增加自己在科举中的胜算，自发请托的行为。宋钱易《南部新书》记载：

> 长安举子，自六月以后，落第者不出京，谓之过夏。多借静坊庙院及闲宅居住，作新文章，谓之夏课。亦有十人五人醵率酒馔，请题目于知己朝达，谓之私试。七月后，授献新课，并于诸州府拔解。人为语曰："槐花黄，举子忙。"

所以，准备参加次年考试的举子，在前一年就要做预先的准备工作。韩愈贞元二年（786）到达长安，贞元三年才第一次参加科举考试，可能就是因为此前不了解应该做哪些预备工作。

正式参加科举之后，韩愈和这些举子们日渐熟络，相互之间就会交流一下各种心得，于是韩愈对行卷之类的事情慢慢精通起来。韩愈连续科举不第之后，于贞元六年（790）返回宣州看望家人，在路上，他也没有忘记与当时的贤达贵人们保持联络。

韩愈首先又到了河中府，以韩弇从弟的身份，去拜访河中府尹、咸宁王浑瑊。浑瑊是北方铁勒族人，精通骑马射箭，军功卓著，苏轼曾将他与汉代匈奴族名将金日磾等人相提并论："秦之由余，汉之金日磾，唐之李光弼、浑瑊之流，皆蕃种也，何负于中国哉？"（《东坡志林》）这是韩愈第二次见到浑瑊，应该是有借韩弇的交情前往寻求资助的目的。有人说浑瑊可能对韩愈后来考中进士有所帮助，从目前能见到的史料来看，倒也未必。不过，韩愈应该受到了较好的接待，所以他还写下了《河中府连理木颂》，来赞颂浑瑊之德。

离开了河中府，韩愈继续东上，到达了滑州（今河南省滑县）。当时的滑州刺史是贾耽，贾耽工于书法，并且精通地理之学，后来还曾位至宰相。韩愈到了滑州之后，按照长安举子们的做法，给贾耽写了一封信，并奉上旧作十五篇。这封后来名为《上贾滑州书》的书信，是韩愈文集中现存的第一封干谒书信。韩愈在信里写道："我韩愈是个儒者，不敢用其他方式谋求进步，又想采用古代的执贽之礼，所以整理了我所撰著的十五篇文章当作礼物。"可以看出，这封信明显是受行卷之风的影响。不过，韩愈在信中表现出了一些孤傲之气，而且他托病派遣家仆送信，没有亲自登门拜访，自己在旅馆里等待回音。这在贾耽看来，可能是一种失礼，所以韩愈在滑州并没有得到任何回应。

韩愈前三次参加科举考试都没有成功，原因肯定是多方面的。其中，他崇尚古学的知识结构和崇尚散句的文风，是他落榜的重要原因之一，因为当时主流的文风还是骈俪之文。后来他在《与冯宿论文书》说道：

仆为文久，每自测意中以为好，则人必以为恶矣。小称意，人亦小怪之；大称意，即人必大怪之也。时时应事作俗下文字，下笔令人惭，及示人，则人以为好矣。小惭者，亦蒙谓之小好；大惭者，即必以为大好矣。不知古文直何用于今世也，然以俟知者知耳。

此外，在《答侯继书》《答崔立之书》《上考功崔虞部书》等文章中，韩愈对自己在文章与道德上的理念与世俗大不相同，有着非常清晰的自我认知。

不过，正所谓"失之东隅，收之桑榆"。贞元八年（792）贡举的主考是宰相陆贽，副主考是梁肃、王础。陆贽虽然擅长骈体奏议，但为人通达，以意为主，不拘泥于文辞，也会使用一些散句，而梁肃文章师法独孤及，崇尚古文，在文学理念上与韩愈相合，而且他还是韩愈长兄韩会的故交。

所以，韩愈在这一年就顺理成章地考中了进士。这一年的科举考试为朝廷网罗了大量的人才，据《唐登科记》记载："是年一榜，多天下孤隽伟杰之士，号'龙虎榜'。"这一榜所录用的人，后来成才率非常之高，除出了大量的高官之外，韩愈、李观、欧阳詹等都以古文知名，是古文运动的重要成员。

这一年科举考试的诗赋题目是《明水赋》《御沟新柳诗》。唐代的试帖诗都是五言六韵十二句，原先不限制用韵，从唐玄宗开元年间开始规定韵脚，本年限定为真韵，其中刘遵古、贾棱、冯宿、李观等人的作品流传至今，韩愈的诗已经散佚。而《明水赋》则有韩愈、欧阳詹、贾棱的作品完整地流传下来。从这些作品中，能够看到唐代科举考试对诗文的要求以及好恶倾向。

这次科举考试的成功，不但赋予韩愈一个进士出身，还给韩愈带来了不少朋友。在韩愈的诗文集中，收录了很多与这些同年进士的交往诗文，从中可以看到这些人在韩愈日后生活中的作用。

除了这些同年进士，比韩愈年长十七岁的诗人孟郊这一年也初次到长安来应举，但他没有韩愈幸运，连续两年落第，数年后第三次参加科举考试，才顺利登第。在进士及第之后，孟郊写了一首《登科后》："昔日龌龊不足夸，今朝放荡思无涯。春风得意马蹄疾，一日看尽长安花。"这种登科之后春风得意的情形，应该是和数年之前韩愈的心情是一样的。所以，韩愈在后来回忆起这段经历时，心中总是充满了喜悦。

三、铨选上书终不成

在唐代，通过了礼部的考试，进士及第之后，叫作进士出身。但是，这只不过是获取了一个做官的资格，如果想获取一个实在的职位，还需要参加吏部铨选。通过了吏部铨选，进士才能够被分配到一个官职，正式步入仕途。唐代吏部铨选分为"常选"和"科目选"两种类型：常选是参加科举考试者及第获得出身之后，还需经过吏部身、言、书、判的考试，才能够获得职事官，这种考试常年举行，所以称为吏部常选；而科目选则依科目而定，也并非常设，具有临时性，比较有代表性的有博学宏辞科和书判拔萃科。《新唐书·选举志下》载："选未满而试文三篇，谓之宏辞；试判三条，谓之拔萃，中者即授官。"韩愈参加的是博学宏辞科考试，考试内容是"试文三篇"，即诗、赋、议论各一篇。

韩愈在进士及第之后，听说吏部通过博学宏辞科选拔人才，被选中的人能够得到"美仕"（比较好的职位），于是就去请教别人该如何报考。有人拿出根据往年博学宏辞科考试真题写的文章，韩愈发现与礼部主持的进士科考的内容相近。于是，韩愈就设法取得州府的推荐资格，参加了贞元九年（793）的博学宏辞科的考试。不过，令人遗憾的是，韩愈连续考了三年，都没能考中。

贞元九年二月，是韩愈第一次博学宏辞科试，考题是《恩赐耆老布帛诗》《太清宫观紫极舞赋》和《颜子不贰过论》，韩愈的诗赋已经散佚，文尚存于文集之中。在这一次考试中，韩愈通过了吏部的初步选拔，然后按照程序，吏部将初选的名单上交中书省，结果韩愈被中书宰相黜落。韩愈在《答崔立之书》中对这段经历有着详细的追忆："凡二试于吏部，一既得之，而又黜于中书，虽不得仕，人或谓之能焉。"这里说的"一既得之，而又黜于中书"，指的就是贞观九年博学宏辞科考试的事情。

这次考试的失败，让韩愈对博学宏辞科考试颇多不满。他在《上考功崔虞部书》中，除了对自己被无故黜落表示愤懑之外，也认识到了自己屡次失败的原因，那就是"实与华违，行与时乖"，不能够迎合世俗所好。但是，韩愈又要坚持自己的"所守"，不愿与世浮沉。后人对这篇文章的评价很高，认为一篇干谒之文能够写得如此"轩昂"，是非常难得的，这才是韩愈的本色。

贞元十年（794）初春，韩愈又参加了一次博学宏辞科试，试题是《冬日可爱诗》《朱丝绳赋》和《学生代斋郎议》。韩愈创作的诗赋也都已经散佚，只有《学生代斋郎议》一文流传下来。斋郎是太常寺所属郊社署的成员，没有品级，人数多达一百一十人，主要是供郊庙之役。当时朝廷有意去掉斋郎，让太学生去供郊庙之役。韩愈在文章中认为，斋郎是"士之贱者"，太学生是"皆有以赞于教化，可以使令于上者"，地位远高于斋郎。斋郎专职做杂役，是从事体力劳动的，而太学生要注重修养品德和学问。现在朝廷打算让这些凭品德学问选拔出来的人才去做出力气的杂役，这是让君子去做应该由小人来做的事情，不是国家用来崇儒劝学、诱人为善的正确方法。而且，"宗庙社稷之事虽小，不可以不专"，让太学生来做，难免会有不周全之处。韩愈此文所表达的立场，与朝廷出题之本意或有不符。所以，韩愈再次落选。

贞元十一年（795），韩愈第三次也是最后一次参加博学宏辞试，并又一次以失败告终。至此，韩愈已经四次参加科举常科，三次参加博学宏辞科，对当时科举考试制度的特点或者说是弊端有着很深切的感受：

首先，唐代科举的通榜制度，使得举子们忙于干谒、行卷，韩愈自然也未能免俗。但在内心深处，韩愈对这种行为是比较抵触的，在《上考功崔虞部书》中，韩愈自称在京师八九年，不曾到公卿之门干谒，也不被达官贵人称誉。在被宰相陆贽录为进士之后，曾一度认为成败得失，不在于趋时附势，而在于天命。后来对天命又产生了质疑，这种带有偶然性的天命，不就是由人事决定的吗？想要去干谒权贵，又不擅长写小字，苦于四处投递名帖；想要迎合时俗卖弄口才，又患于嘴巴笨拙，言语质直，最终事情没办成，白白地去做这些自甘轻贱的事情，反而让自己心中矛盾，精神焦灼，以致备受煎熬，夜不能寐。

其次，由于科举制度的这种特点，主考官"好恶出于其心"，在选拔人才上就会带有很强的主观性。在韩愈眼中，礼部测试的试帖诗赋及进士策问，是至为简单的，"可无学而能"，而自己却曾三试不第。在参加礼部的博学宏辞科考试时，为了迎合主考官的喜好，在参加考试之时，不得不放弃自己的理念，写自己并不愿意写的文章。事后看起来，简直就像玩杂耍的滑稽小丑，颜面惭愧，心内不安，持续好几个月。这种理想与现实的撕裂，让韩愈感到内心非常痛苦。所以，韩愈质疑所谓的"博学宏辞"，其实是名不副实的。

另外，科举制度有一些不是很公平的规则，也引起了韩愈的批评。如齐映曾任宰相，后来在南方任刺史、观察使，朝中大臣都是他的旧交，而他的弟弟齐皞多次参加科举考试，都被主考者以避嫌的名义黜落。韩愈在《送齐暤下第序》中为之鸣不平，认为古代所谓的公正无私，是取舍进退不因为亲疏远近有所不同，是否适宜应该是选拔人才的唯一标准，不能因为要避嫌疑而不录取齐暤。多年以后，李贺因为父亲名为李晋肃，要避父亲名讳而不能参加科举考试，韩愈又作《讳辩》，批评这种不合理的现象。

从贞元二年（786）到长安，直到贞元十一年（795），韩愈仍旧未能获得一官半职。此时他如母的长嫂郑夫人已经去世，家里已经很难再给他较多的经济资助，而在长安寄居马家，也不是长久之计。千年之后的我们，都可以感受到生活带给韩愈的那份焦灼。面对衣食之忧，他没有办法坚持自己的理想信念，在科举考试之时如此，在干谒权贵方面也是如此。

一边是连续多年考试不中，一边是生活极为困窘，韩愈在贞元十一年仅有两首诗传世，写的都是此类题材。一首是《马厌谷》：

马厌谷兮，士不厌糠籺；土被文绣兮，士无短褐。

彼其得志兮不我虞，一朝失志兮其何如？已焉哉，嗟嗟乎鄙夫。

这首诗将寒士衣食不足和权贵之家以谷物饲养马匹、以丝织品覆盖土地相比较，正如《孟子·梁惠王上》所说的："庖有肥肉，厩有肥马，民有饥色，野有饿莩，是率兽而食人也。"杜甫更是将这种情形凝练为"朱门酒肉臭，路有冻死骨"。另一首是《苦寒歌》：

> 黄昏苦寒歌，夜半不能休。岂不有阳春，节岁聿其周，君何爱重裘。兼味养大贤，冰食葛制神所怜。填窗塞户慎勿出，暄风暖景明年日。

这首诗艺术成就不高，但写出了作者在苦寒难耐之下，盼望春天到来、天气早日回暖的心情。

为了改变自己的困境，在连续参加博学宏辞科选拔的几年里，韩愈给不少达官显贵写过信，如《上考功崔虞部书》《与凤翔邢尚书书》等，论有高卑之别，后人自有评说。而在贞元十一年（795）正月，韩愈在第三次博学宏辞科落选之后，短短一个月之内，三次上宰相书，引起了不小的争议，论者多惋惜韩愈过于躁进，急于干禄，尤其是宋代以后，批评的声浪很高，所以我们有必要细读一下这三篇上书，了解一下韩愈的真实状况。

在第一封《上宰相书》中，韩愈在介绍完自己刻苦读圣贤书之后，对自己在长安期间的经历做了简要的介绍，这也是上书的背景：

> 四举于礼部乃一得，三选于吏部卒无成，九品之位其可望，一亩之宫其可怀。遑遑乎四海无所归，恤恤乎饥不得食，寒不得衣。滨于死而益固，得其所者争笑之。忽将弃其旧而新是图，求老农老圃而为师。悼本志之变化，中夜涕泗交颐。

可见，当时韩愈处于"饥不得食，寒不得衣"的困境之中，这与韩愈当时的经济状况是相符的。而韩愈说自己将要"弃其旧而新是图"，也很真诚地表达了自己思想的转变，因为此次博学宏辞科考试之后，韩愈的确没有再参加考试，而且于当年五月离开长安，回到了家乡宣州。这说明韩愈在上书之前，经历过很大的思想斗争，已经暗下决心，上书不成，将要返乡务农。而想起自己在长安将近十年，连"九品之位""一亩之宫"都没能取得，枉费了寡嫂的抚育和期盼，夜半时分，"涕泗交颐"，可能并不是夸张之词。所以，他想做最后的尝试："今有仁人在上位，若不往告之而遂行，是果于自弃，而不以古之君子之道待吾相也，其可乎？宁往告焉。若不得志，则命也，其亦行矣。"如果尝试不成功，那就是命运的安排，就只能如此而已。

而韩愈写这封信的目的很明确，就是自进自举。他先是引用《毛诗》《孟子》，申明在其位者应该乐育、乐得天下之英才，而且朝野之间，是相互需求的，"上之于求人，下之于求位，交相求而一其致焉耳"。接着提出国家选拔人才渠道狭窄，不利于鼓励人才出仕：

> 今天下不由吏部而仕进者几希矣。……方闻国家之仕进者，必举于州县，然后升于礼部、吏部，试之以绣绘雕琢之文，考之以声势之逆顺、章句之短长，中其程式者，然后得从下士之列。虽有化俗之方、安边之策，不由是而稍进，万不有一得焉。

所以，国家应该以非常之道给予读书人礼遇，而"有以书进宰相而求仕者，而宰相不辱焉，而荐之天子而爵命之"，就是其中的一种途径。

平心而论，韩愈这篇上宰相书，除了绕开了吏部铨选、制举等常规程序，直接上书宰相，显然是略显"躁进"之外，仅就信中的内容来说，是"真有海涵地负之势"的。所以，清代学者何焯认为，做宰相的人，都应该把这篇文章抄一遍贴在座位右边，时时警醒自己。

由于韩愈在这封信中所提出的建议并不符合行政程序，这位宰相看到这封信后，没有做任何回应。面对自己的一腔热血石沉大海，韩愈不甘心失败，于是在十九天之后，写了第二封上宰相书。在这第二封信中，韩愈再次强调，自己"其势诚急而其情诚可悲"，如同陷入水火，希望在位者能够拯己于水火之中。在文章的最后，韩愈重申自己希望能够得到宰相提携的愿望："古之进人者，或取于盗，或举于管库。今布衣虽贱，犹足以方乎此。情隘辞蹙，不知所裁，亦惟少垂怜焉。"对于这段文字，后世批评意见较多，大家认为韩愈自比于盗贼、管库，姿态过低，有乞求怜悯之嫌。

两封上书进呈到光范门之后，都没有得到回应；多次上门拜访，也被看门人阻止入内。韩愈在失望之余，对宰相的傲慢略有激愤，所以在二十九天后的第三封上宰相书中，一改前两封上书自叙穷困、如陷水火的写法，而是用对比的手法，用周公举用天下贤才和当今宰相的尸位素餐做了比较，批评了当今宰相的无所作为，并阐明自己之所以"自进而不知愧"，是因为自己"有忧天下之心"。这篇文章写得非常有气势，何焯《义门读书记》形容它"如怒涛出峡"。但是，从干谒文章的角度来说，这种出峡的怒涛，除了扑灭自己心中希望的火苗，是没有任何作用的。

对于这三次上书，后人争议较大。譬如曾国藩就认为后面两次上书是没有必要的，"宰相能知我，前书足矣。其不知，十上何益？"这种说法是切中肯綮的，韩愈困于穷苦，急于仕进，确实有进退失据之处。但宋代黄震在《黄氏日钞》说，韩愈三次上书，被世人讥嘲为自卖自夸，但是韩愈生为大丈夫，希望能够为国家所任用，建功立业，即便是孔子、孟子周游列国、游说诸侯之时，也难免要干谒权贵，韩愈自然也难于免俗，也就不必斤斤计较这个事情了。陈寅恪先生说："对古人之学说，应具了解之同情，方可下笔。"我们对韩愈当时上书、求仕时的表现，也应该作如是观。

根据《新唐书·宰相年表》，贞元十一年（795）的宰相有贾耽、卢迈、赵璟等人，韩愈所上者是谁，已经无从知晓。或许是贾耽的可能性比较大一点，因为贞元六年（790）从长安回到宣州的路上，经过滑州之时，韩愈曾给时任滑州刺史的贾耽写过信，虽然没有得到较好的回应，毕竟可以算作故人。

三封上宰相书是韩愈在长安为求得一个职位所做的最后的努力，眼看没有收到任何回复，韩愈心中希望的火苗渐渐地就熄灭了。于是，他收拾行囊，在五月离开了长安，返回故里河阳，去办理郑夫人的丧事。

在东归的路上，出了潼关，韩愈在黄河北岸休息，遇到某地官员派遣使者将装在笼子里的白乌、白鹨鸽带到长安献给皇上："惟以羽毛之异，非有道德智谋、承顾问、赞教化者，乃反得蒙采擢荐进，光耀如此。"韩愈看看自己读书著文二十余年，反而不如这两只小鸟，就写了《哀二鸟赋》，既通过对比自我伤悼，同时也很委婉地批评了朝廷的重物轻人。这篇赋对于刻画韩愈的内心感受，是非常生动的。

四、居家赴洛俱伶俜

贞元十一年（795）五月，韩愈回到祖籍河阳，与妻子卢氏相厮守。从贞元二年（786），韩愈只身前往长安，至今也将近十年，四次参加礼部的科举考试，三次参加吏部的博学宏辞科考试，多次上书权贵，不可谓不上进，但最终未能获得一官半职，不但不能给家人以回馈，反而还得靠家人供养。所以，韩愈归家之际，羞愧之状，可能并不亚于游说秦国失败的苏秦。

居河阳期间，韩愈除了读书治学，也会参加一些文人的雅集。他在长安时，从独孤申叔那里得到一幅画，画幅甚大，画面上有一百二十三人，八十三匹马，十一头牛，骆驼、驴子、狗、羊、狐狸、兔子、麋鹿、鹰隼等若干，以及各类家具、衣服、武器等二百五十一件，画面精美，各不相同，一一曲尽其妙。韩愈对他这幅画特别骄傲，所以当朋友们谈及绘画作品的品格时，他就拿出向朋友展示。座上有一位赵侍御，看到了韩愈的画，突然变得很激动，满面凄然，若有所感。原来，这是他年轻时的临摹之作，后来到闽地游玩时丢失，已经二十多年了，平日里心中经常挂念这幅画，因为这幅画是他年轻时赋予大量心血的结果，是他一直非常喜欢的。韩愈对赵侍御的际遇很是感慨，于是就将画赠送给了赵侍御，自己写了篇《画记》"记其人物之形状与数，而时观之，以自释焉"。

从这件小事中可以看出韩愈在年轻时对朋友的慷慨，做人行事颇有气度。而后人对《画记》一文也有很高的评价，认为它有"参错之妙，尤当玩得精整"。可惜的是，这幅画肯定已经不在霄壤之间了，世人无缘对画作和文章对观，无法体会这种相得益彰之妙。

家是温暖的港湾，但毕竟不是实现人生梦想的地方。四个月后，韩愈终于按捺不住，又一次出门远行。这一次，他不想再去伤心之地长安，他要到东都洛阳试一试运气。

在途经河南偃师时，正好取道于田横墓下，韩愈因为感慨田横"义高能得士，因取酒以祭，为文而吊之"。田横是秦朝末年的起义军首领之一，在陈胜、吴广起兵之后，和哥哥田儋、田荣也起兵反秦，占据齐地为王。刘邦建立汉朝后，田横不肯称臣，于是率领五百名门客，逃往海岛（今山东即墨有田横岛）。刘邦派人前往招抚，田横被迫前往，走到偃师尸乡（今河南偃师首阳山镇），自杀身亡，五百门客闻讯，也纷纷自杀。司马迁曾经感慨道："田横之高节，宾客慕义而从横死，岂非至贤！"

韩愈的祭文很短，但文多变幻，可谓尺幅千里，百折千回，可见韩愈笔力之强劲：祭文先是说自己和田横相隔百世，却能相互感应，可能是因为像田横这样能够得士的人太稀有了。接着说自己博观天下，哪里有田横这样的人物？可惜人死不能复生，自己无法追随左右。然后又感慨在秦末乱世，即便得到一位士人也能称王，为何田横有五百士，还不能让田横免于死亡？这难免让人怀疑，是这些人不是真正的贤者，还是天命有常，不可违背？当年阙里（今属山东曲阜）也有那么多贤能之士，孔圣人不也是一生栖栖遑遑吗？最后，韩愈表达了自己立身行道，守正俟命的决心："苟余行之不迷，虽颠沛其何伤？自古死者非一，夫子至今有耿光。"

韩愈这篇祭文，看似祭祀田横，实则以历史之酒杯，浇自家得不到在位者赏识的块垒。不过，他在祭文中所表现出的决心，在他今后的人生道路中，确实得到了很大程度的实现。

到达洛阳之后，韩愈生活也并不如意。后来他在《复志赋》中回忆道："戾洛师而怅望兮，聊浮游以踟蹰。假大龟以视兆兮，求幽贞之所庐。甘潜伏以老死兮，不显著其名誉。"赋中写出了韩愈在洛阳时的无所事事，只能在怅惘、踟蹰的情绪中，不断地预测自己的未来，想着自己是不是会沉潜老死，一辈子都没有机会建功立业，扬名后世。

在这种惆怅、迷茫和毫无希望之中，韩愈度过半年多的时光。次年三月，朝廷任命兵部侍郎董晋为东都留守。谁也没想到，就是这次任命，为韩愈暗无天日的世界撬开了一道缝，透进了一道光。

第三章

从入幕到京官：韩愈出仕初期的经历与创作

董晋到洛阳以后，不知通过什么渠道结识了韩愈，他对韩愈的学问文采很是欣赏。不久，宣武军节度使李万荣中风去世，德宗皇帝于贞元十二年（796）七月授董晋为汴州（今河南开封）刺史、宣武军节度使。宣武军是唐王朝为了防范河朔藩镇叛乱，保护大运河漕运而设立的，下辖宋州、汴州、颍州、亳州，此时治所在汴州。

董晋得到任命之后，需要选拔一些得力的人手，于是辟韩愈、韦宏景、刘宗敬等人从行，其中辟韩愈为节度掌书记。但任命迟至贞元十四年（798）才下达，任韩愈为观察推官、守秘书省校书郎。观察推官是一个九品下的小官，韩愈肯定是不满意的，但当时韩愈别无选择，为了生活下去，他只能接受这个任命。

中唐以后，由于科举考试、吏部铨选录用人数有限，文人入幕者数量很多，以至于形成了一个人数庞大的社会群体。藩镇使府所聘，"职多于郡县之吏，俸优于台省之官"，且节帅拥有举荐人才的权力，所以对于那些暂时未能获取官职的士子们来说，入幕也算是进入官场的一个重要的途径。孟郊在《送韩愈从军》中说："志士感恩起，变衣非变性。亲宾改旧观，僮仆生新敬。坐作群书吟，行为孤剑咏。始知出处心，不失平生正。"当时孟郊刚刚通过科举考试，从这首送别诗里，我们可以看到，孟郊对韩愈历次应试俱未通过之后只好入幕，并没有感到惋惜，而是认为这也是一条人生的坦途。

一、从事于汴徐二府

韩愈在《张中丞传后叙》中说，自己"尝从事于汴徐二府，屡道于两府间"，指的就是自己从贞元十二年（796）秋到十五年

（799）二月在汴州幕府，十五年秋至次年夏在徐州幕府。这四年左右的时间，是韩愈初入官场。

董晋受命节度汴州，可以说是临危受命。汴州自安史之乱后，叛乱频发。贞元八年（792），节度使刘玄佐去世，其子刘士宁担任宣武节度使留后。刘士宁为人残暴荒淫，畋猎无度，贞元十年正月被部下李万荣夺权驱逐。李万荣接任期间，宣武军多次变乱，但都被镇压。贞元十二年（796）六月，李万荣患风疾，不省人事。德宗以刘沐为行军司马，掌管军政大权，但李万荣之子、兵马使李迺不服，不接受圣旨，逼走刘沐，诬杀朝廷命官，被邓惟恭与监军俱文珍合谋押送进京，受审后被杖杀。而邓惟恭因为执送李迺，于是暂时代掌宣武军事。

董晋就是在如此复杂的背景之下，接受任命的。受诏之后，董晋仅带十余随从，不用兵卫，前往赴任。董晋到了郑州，按理宣武军应该派人前来迎接，然而邓惟恭认为应该由自己来代替李万荣，拒绝派人迎接董晋，一场兵变一触即发。大家都劝董晋留在郑州，以观其变。但董晋则淡然视之，无所畏惧，执意亲身前往，并最终有惊无险地完成履命。

韩愈初入仕途，面临的就是这种中央权威动摇、藩镇将领引兵自雄剑拔弩张的局面，对藩镇军阀有了非常直观的认识，也为他后来极力反对藩镇割据势力奠定了情感基础。而董晋虽然为人"柔懦"，但敢于不带一兵一卒，勇赴险境的做法，也让韩愈对孟子"自反而缩，虽千万人，吾往矣"的道义之勇，有了非常真实的体会。二十余年后，韩愈只身前往镇州（今河北省深州市）宣慰王廷凑，不能不说是受到了董晋的感染和启发。

到汴州后，由于任命还未下达，韩愈先是摄节度掌书记，直到贞元十四年（798），才正式就任观察推官、守秘书省校书郎。名不正则言不顺，在漫长的等待过程中，韩愈的心情肯定是比较沉郁的。在贞元十三年（797）七月，韩愈因病休假，写了《复志赋》，描写了这段时间的心情。一方面，他对董晋充满了感恩之情，他深知"非夫子之洵美兮，吾何为乎浚之都？小人之怀惠兮，犹知献其至愚"。要不是董晋，他肯定没有机会到汴州任职。所以，他非常勤恳地工作，以不辜负董晋的赏识。而另一方面，他对现状明显是不满的，心中有郁结不平之气："情怊怅以自失兮，心无归之茫茫。苟不内得其如斯兮，孰与不食而高翔。抱关之厄陋兮，有肆志之扬扬。伊尹之乐于畎亩兮，焉贵富之能当？"很显然，韩愈不甘心一直如此沉沦下僚，也希望能够早日身膺富贵，展翅高翔。

在董晋幕府期间，难免要写一些迎来送往的应酬文字，韩愈也因此惹上了一些争议。贞元十三年（797）春，宣武军监军、宦官俱文珍前往长安，董晋在汴州城青门之外设宴为他送行，韩愈创作了《送汴州监军俱文珍序并诗》。俱文珍是宣武军监军，曾在应对宣武军叛乱的过程中多次起到关键作用，深得皇上信任。但他也开启了唐朝宦官掌握兵权的不良先例，正如清人王鸣盛《蛾术编》所言："自文宗以下，阉人握兵之祸，溃败决裂，其原皆自俱文珍发之。"但韩愈在文中对俱文珍颇有赞誉之词："我监军俱公，辍侍从之荣，受腹心之寄，奋其武毅，张我皇威，遇变出奇，先事独运，偃息谈笑，危疑以平。天子无东顾之忧，方伯有同和之美。"序后之诗，对俱文珍的道德功业，也多有褒美："奉使羌池静，临戎汴水安。冲天鹏翅阔，报国剑铓寒。晓日驱征骑，春风咏采兰。谁言臣子道，忠孝两全难。"在这首诗中，俱文珍平叛有功、矢志报国、忠孝两全，形象非常正面。

其实，韩愈作为董晋的笔杆子，在董晋设宴送别之际，有义务写这些官样文章。这时候俱文珍在抑制藩镇割据方面，颇为有力，是有功于国家社稷的。而且俱文珍虽然位高权重，但在韩愈官职的升迁上，似乎并没有起过什么作用。所以，说韩愈是宦官俱文珍的私党，是没有依据的。

贞元十五年（799）二月二日，董晋病逝。韩愈因为董晋对自己有知遇之恩，要护送董晋的灵车还乡，于是就随灵车离开了汴州。董晋死后，朝廷以行军司马陆长源为节度使留后。由于陆长源等人处置不当，十日，汴州兵变，陆长源等人死于乱军刀下。韩愈在《汴州乱二首》其一描写了听闻得来的当时的乱状："汴州城门朝不开，天狗堕地声如雷。健儿争夸杀留后，连屋累栋烧成灰。诸侯咫尺不能救，孤士何者自兴哀。"真个是城门紧闭，杀声如雷，火焰遍地，无所逃遁。

韩愈随灵车走到偃师附近，听到了汴州叛乱的消息，因家人还在汴州，心中无比挂念，他在《此日足可惜一首赠张籍》写道：

> 暮宿偃师西，徒展转在床。夜闻汴州乱，绕壁行傍徨。我时留妻子，仓卒不及将。相见不复期，零落甘所丁。骄儿未绝乳，念之不能忘。忽如在我所，耳若闻啼声。中途安得返？一日不可更。

幸运的是，很快传来消息，韩愈的家人已经逃出汴州，通过水路到达了徐州。此时韩愈的从兄韩俞在汴州任开封尉，韩愈的家人能在乱军中逃出，平安地到达徐州，或许是得到了韩俞的帮助。

董晋是河中虞乡（今山西省永济市西）人，但韩愈将灵车送到洛阳东面，因为汴州作乱，挂念自己的家人，就中途折返了：

> 从丧朝至洛，还走不及停。假道经盟津，出入行洞冈。日西入军门，羸马颠且僵。主人愿少留，延入陈壶觞。卑贱不敢辞，忽忽心如狂。饮食岂知味？丝竹徒轰轰。平明脱身去，决若惊凫翔。（《此日足可惜赠张籍》）

从洛阳到徐州，本应该沿着黄河之南行走，或许为了避开兵乱之地，也可能想回乡看一下祖茔，韩愈绕道黄河北岸，渡过盟津（今河南省孟州市西南），继续往东走。经过故乡河阳（今河南省孟州市西）时，河阳节度使李元淳盛情接待了韩愈，韩愈颇为感激，他在《赠河阳李大夫》中写道："四海失巢穴，两都困尘埃。感恩由未报，惆怅空一来。裘破气不暖，马羸鸣且哀。主人情更重，空使剑锋摧。"但是，面对美酒佳肴，歌舞翩翩，韩愈忧心如焚，归心似箭，哪里有心情去享用。

从河阳出行，在汜水（今河南省荥阳市西）渡过黄河，二十日便到达郑州时门（郑州的一个城门），然后经过许州（今河南省许昌市）、陈州（今河南省周口市淮阳区），二月底就到达徐州，韩愈终于能够再次和家人相聚。这次死里逃生的经历，更加深了韩愈对藩镇割据危害的认识。

徐泗节度使（武宁军节度使）是韩愈的故交张建封，所以韩愈刚到徐州，就被张建封安排到了符离（今安徽省宿县）睢水旁暂住。

韩愈到符离不久，张籍从长安归和州，经过符离，与韩愈游月余，韩愈作《此日足可惜一首赠张籍》。在此前后，韩愈的长子在符离出生，故小名曰符。这段时间，可能是韩愈相对比较快活的时光。

到了秋天，韩愈被辟为武宁军节度推官，开始了第二段幕府生涯。张建封是韩愈的故交，也是一个文人，他曾自称"仆本修持文笔者，今来帅镇红旗下"（《酬韩校书打毬诗》），权德舆说他的诗歌"有仲宣（王粲）之气质，越石（刘琨）之清拔"（《徐泗濠节度使赠司徒张公文集序》），韩愈也说他"文章称天下"（《徐泗豪三州节度掌书记厅石记》）。但不知是因为文人相轻，还是因为年龄过于悬殊（张建封比韩愈年长四十多岁），还是因为韩愈性格执拗，志向远大，不安于燕雀之乐，两人的关系一直不是很融洽。所以，有人说在徐州的这段时间是韩愈一生仕途中最失意的时候。

　　在收到节度推官任命牒书第二天，韩愈前往赴任，有小吏拿着"院中故事节目十余事"来给韩愈看。这个相当于后世的工作守则一类的文件，对工作人员有很多的要求。韩愈对其中的一条规则很不满意，就是要求每年从九月份到次年二月份，都要晨入夜归，如果不是有疾病或事故，不能外出。这种繁琐的限制，让韩愈感到无法忍受，认为长此以往，自己必发狂疾。韩愈认为，张建封之所以任用自己，肯定不是因为自己能够晨入夜归，而是有别的可取之处；而如果有别的可取之处，即便是不晨入夜归，这些可取之处也还是存在的。所以，韩愈希望张建封对自己能够"量力而任之，度才而处之，其所不能，不强使为是"。

　　韩愈这个要求的提出，对张建封来说，肯定是个挑战，因为这不是针对韩愈一人的规定，而是既有的制度。杜甫在严武幕府时，也曾有"晓入朱扉启，昏归画角终"（《遣闷奉呈严公二十韵》）之句，可见这甚至不是张建封自己的规定。但韩愈将其上升到孟子所说义利之辨的高度，认为自己反对这条规定是"直己而行道"的"好义"之举，并直言如果这样下去，即便每天受千金之赐，一年九次升官，心中感恩是有的，要想"称于天下曰知己"，那是没有的。

　　这封上书之后，韩愈并没有辞职或被辞退，到底是张建封答应了韩愈的要求，还是韩愈不得不委曲求全？我们认为很可能是韩愈最终屈从了这个制度，因为他稍后写了一首《从仕》："居闲食不足，从仕力难任。两事皆害性，一生恒苦心。黄昏归私室，惆怅起叹音。弃置人间世，古来非独今。"其中提到了"黄昏归私室"，正是晨入夜归生活的写照。

到了冬天，韩愈进京朝正，途中作《暮行河堤上》：

> 暮行河堤上，四顾不见人。衰草际黄云，感叹愁我神。夜归孤舟卧，展转空及晨。谋计竟何就，嗟嗟世与身。

秋暮时分，衰草遍野，黄云满天，深夜孤卧，此情此景，韩愈不由得有身世之叹，是韩愈不可多得的清新隽永之作。

到了长安之后，韩愈见到了与他同榜登科、时任国子监四门助教的欧阳詹。这位与韩愈志同道合的古文家对老朋友才高而位卑，感到非常不平，甚至准备率领他的学生到宫门跪请皇上，推举韩愈为国子博士。正巧当时国子监有狱讼之事，人心惶惶，上书一事最终没能成行。对此，韩愈心中非常感动。第二年，欧阳詹因病去世，韩愈在《欧阳生哀辞》中写了这件往事。从这件事情上，我们可以看出，韩愈的个人才华已经得到了同时代人的充分认可。

临别之际，韩愈作《驽骥》赠欧阳詹，表达了自己曲高和寡的不遇之悲：

> 骐骥生绝域，自矜无匹俦。牵驱入市门，行者不为留。借问价几何，黄金比嵩丘。借问行几何，咫尺视九州。饥食玉山禾，渴饮醴泉流。问谁能为御，旷世不可求。惟昔穆天子，乘之极遐游。王良执其辔，造父挟其辀。因言天外事，茫惚使人愁。

诗中以驽马力小价微，易制易酬，比喻小人得时；而自己就像骐骥一样，不遇良主。但这些牢骚之语，只能与自己的知心好友倾吐一下，并没有任何用处。所以，韩愈用"喟余独兴叹，才命不同谋。寄诗同心子，为我商声讴"给全诗结尾。

贞元十六年（800）二月，韩愈从长安回到徐州，一路上触目皆是民生凋敝，于是创作了《归彭城》，对时局表达了忧虑：

> 天下兵又动，太平竟何时。吁谟者谁子，无乃失所

宜。前年关中旱，阊井多死饥。去岁东郡水，生民为流
尸。上天不虚应，祸福各有随。

时局动荡，水旱频繁，河决鱼烂，生民涂炭，可惜自己人微言
轻，虽然想上书谏净，但苦于位卑，不敢越职言事。这种内心矛
盾，让韩愈感到非常痛苦，只能"乘闲辄骑马，茫茫诣空陂。遇
酒即酩酊，君知我为谁"，靠放浪形骸来消遣这一肚子不合时宜。

张建封喜欢马球，在徐州经常组织马球比赛，有时自己也会
亲自下场。马球是一种源于中亚地区的运动，早在唐代初年就已
经非常盛行，《封氏闻见记》中记载："太宗常御安福门，谓侍臣
曰：'闻西蕃人好为打球，比亦令习。'"所谓"比亦令习"，指的
是当时唐代宫廷里已经开始有打马球的训练。作为一种集体运
动，在军营里举办马球比赛，也能够起到军事训练的效果，这可
能也是张建封喜欢打马球的原因之一。

不过，韩愈对张建封喜欢打马球这件事颇不以为然，还曾上
书予以谏止。在《上张仆射谏击球书》一文中，韩愈一开始就
说，因为打马球一事，很多人上书劝谏，但张建封都不予听取。
劝谏者认为危险太大，而张建封则认为自己较为熟练，不会受
伤。韩愈不认同张建封的辩解，认为打马球时间久了，对马、对

人都会产生较大的危害。对马来说影响很大，会影响备战；对人来说，长期骑马奔驰会导致五脏六腑受伤。

今日看来，韩愈的说法并不科学，但韩愈性格执拗，后来还写了一首《汴泗交流赠张仆射诗》，在对打马球的盛况进行穷形尽相的渲染之后，欲抑先扬，曲终奏雅，提出："此诚习战非为剧，岂若安坐行良图？当今忠臣不可得，公马莫走须杀贼！"张建封对这首诗有唱和之作，虽然没能接受韩愈的劝谏停止打马球，但也提出："韩生讶我为斯艺，劝我徐驱作安计。不知戎事竟何成，且愧吾人一言惠。"也算是对韩愈的劝谏有一个口头上的肯定。

也许正是因为受到了人际关系的困扰，韩愈在苦闷之中给孟郊写了一封信，邀请他到徐州游玩，信中提到"到今年秋，聊复辞去，江湖余乐也，与足下终"，萌生了离开徐州的想法。后来，孟东野因故未能前来，而韩愈也没能在徐州坚持到秋天。由于张建封身体衰病，武将们对权力的争夺越来越白热化，韩愈因为曾经被汴州之乱惊散魂魄，对这种局势非常敏感。离开徐州之前，韩愈写了一首《海水》：

海水非不广，邓林岂无枝。风波一荡薄，鱼鸟不可

依。海水饶大波，邓林多惊风。岂无鱼与鸟，巨细各不

同。海有吞舟鲸，邓有垂天鹏。苟非鳞羽大，荡薄不可

能。我鳞不盈寸，我羽不盈尺。一木有余阴，一泉有余

泽。我将辞海水，濯鳞清冷池。我将辞邓林，刷羽蒙笼

枝。

诗中用海水、邓林来比喻张建封，用鱼鸟来自喻，用吞舟鲸、垂天鹏比喻那些跃跃欲试的武将，可以看得出韩愈对时局的清醒判断。

就是，在这年五月份，韩愈等他的学生、另一个年轻的古文家李翱在徐州符离和自己的侄女完婚后不久，就带领全家，离开徐州，绕道泗州下邳（今江苏省邳州市），前往洛阳。途经睢阳（今河南省商丘市），他们停下来，去寻找西汉梁孝王刘武修建的梁园故地，一路探幽寻胜，拜访先贤遗迹，颇有兴致。

就在韩愈和亲友游山玩水之际，五月十五日，徐州发生兵变。由于韩愈对时局的准确判断，韩愈一家再一次与死神擦肩而过。董晋去世后，韩愈曾从丧返葬，并撰写《祭董相公文》《赠太傅董公行状》等文进行悼念，而张建封死后，韩愈可能没有撰写任何表示哀悼的诗文。这种沉默，恰好反映出韩愈在徐州期间

的落寞和失意。

韩愈从事于幕府的时间长达四五年。在这段时间里，他深入了解了唐王朝的政治现状，对藩镇割据深恶痛绝；与孟郊、张籍、张彻等人建立了深厚的友谊，为韩孟诗派的形成奠定了基础；而通过参与主持地方的科举考试，深化了自己对文章写作的思考，为古文革新运动的开展积蓄了力量。所以，这几年时间对韩愈是特别重要的，可以说是韩愈思想、人生的定型阶段。

二、从国子监到察院

离开徐州之后，韩愈辗转回到了洛阳。除了年底有一段时间赴长安参加调选，这一年的其他时间都在洛阳。在洛阳期间，韩愈与好友侯喜等人一起垂钓于山溪，游观于佛寺。由于仕途偃蹇，这段时间他的心情比较颓废，对自己"倏忽十六年，终朝苦寒饥。宦途竟寥落，鬓发坐差池"（《将归赠孟东野房蜀客》），感到十分失落和迷茫，甚至产生了归隐的念头。写于同时期的《赠侯喜》也表达了类似的反思："半世遑遑就举选，一名始得红颜衰。人间事势岂不见，徒自辛苦终何为。便当提携妻与子，南入箕颍无还时。"箕山之下、颍水之阳相传是尧时许由隐居的地方，韩愈在这里表达了携带妻子归隐的想法。当然，这只是韩愈对至交好友的牢骚之词，并非真的决定去做隐士。

赋闲居洛阳期间，韩愈对自己不遇于时有些忧虑和牢骚，曾作《闵己赋》以抒发愤懑，但他最终将其归于天命：

> 久拳拳其何故兮，亦天命之本宜。惟否泰之相极
> 兮，咸一得而一违。君子有失其所兮，小人有得其时。
> 聊固守以静俟兮，诚不及古之人兮其焉悲。

关于天命的话题，韩愈在其他地方也多次提到，在这方面他也继承了孟子的思想，具有强烈的"守正俟命"的特点。后来柳宗元在《天说》中讨论天人关系，所引用的韩愈的观点，和他在诗歌所写的是一致的。

洛阳是当时仅次于长安的政治文化中心，韩愈在洛阳时，也经常与当地的文人墨客交流。贞元十七年（801）孟郊到洛阳参加铨选，后来被任命为溧阳尉，在这期间他肯定和韩愈有较多的联络。和韩愈一起钓鱼、游玩的尉迟汾、侯喜等人，是韩愈的友人，也是韩门弟子，后来在韩愈的教导和推荐下，分别于贞元十八年（802）、十九年（803）进士及第。其中，侯喜与韩愈友

情最笃，诗文往还也最多，韩愈诗文中提到侯喜的多达十余篇。长庆三年（823），侯喜去世，韩愈在《祭侯主簿文》中写道："我或为文，笔俾子持；唱我和我，问我以疑。我钓我游，莫不我随；我寝我休，莫尔之私。朋友昆弟，情敬异施；惟我于子，无适不宜。"从中可见二人超乎寻常的友谊。

贞元十七年（801）秋，朝廷授韩愈国子监四门博士。接到任命之后，韩愈奔赴长安。在此之前，曾任国子助教的欧阳詹可能已经去世，因为韩愈在《欧阳生哀辞》《题哀辞后》都没有提到自己任四门博士之事。欧阳詹是韩愈在古文创造上志同道合的朋友，而如今韩愈到了欧阳詹曾经工作的地方，欧阳詹却已经去世了。韩愈肯定会时常想起欧阳詹当初要率领学生到宫阙之下请求皇上任命自己为国子博士，如今物是人非，良多感慨。

第二年的科举考试，由权德舆主考，祠部员外郎陆傪是副主考。韩愈作为四门博士，向陆傪推荐了侯喜、李绅、李翱等十人，当年侯喜、李翱等四人进士及第，李绅等六人也在此后数年陆续顺利登科。从此，韩门逐渐光大门户，弟子甚众，韩愈也不避讳，往往以师道自居，主动宣扬他在文学上的主张。一代文学宗师的气象，在此时已经初步形成。

韩愈慨然以师道自任，也引起了一些争议。以韩愈执拗的性格，自然是不会向流俗低头的，于是他写了篇《师说》，予以反击：

> 古之学者必有师。师者，所以传道受业解惑也。人非生而知之者，孰能无惑？惑而不从师，其为惑也，终不解矣。生乎吾前，其闻道也固先乎吾，吾从而师之；生乎吾后，其闻道也亦先乎吾，吾从而师之。吾师道也，夫庸知其年之先后生于吾乎？是故无贵无贱，无长无少，道之所存，师之所存也。

在这篇文章中，韩愈不但阐明了"师"的重要性，而且提出了"道之所存，师之所存"，认为应该打破成见，不分贵贱长幼，以道为师，体现出韩愈以道自任的担当精神。

《师说》是韩愈早期的古文名篇，后来被收入各种古文选本和中小学语文教材。这篇文章体现了韩愈不顾流俗讥议，只要是正道直行，"虽千万人吾往矣"的倔强个性。后来韦中立想要认柳宗元为老师，柳宗元断然推辞，并对他说："当今之世，很少听说还有自称老师的人。一旦有人自称老师，大家都嘲笑他，认为他是个狂妄自大的人。而唯独韩愈不顾及流俗，勇于触犯众人，甘愿承受嘲笑和羞侮，招收后进学生，并写了《师说》这篇文章，义正辞严地以老师自居。结果引得世人群聚之时，在背后指点拉扯，用眼神示意，笑骂之间，颇多责怪。"（《答韦中立论师道书》）从这件事上，我们也可以看出韩愈、柳宗元在为人处世上的差异。

去年冬天到长安赴任之时，韩愈是只身赴任。在长安安顿就绪之后，韩愈于春夏之交，准备将家人带到长安一起生活。在返回洛阳的路上，路过华阴，韩愈见华山景色秀美，非常向往。传说华山西峰下镇岳宫院内有一口玉井，玉井内生有一种白莲，食之可以登仙。韩愈对这个传说很感兴趣：

> 太华峰头玉井莲，开花十丈藕如船。冷比雪霜甘比蜜，一片入口沈痾痊。我欲求之不惮远，青壁无路难夤缘。安得长梯上摘实，下种七泽根株连。（《古意》）

于是，韩愈就和朋友一起，朝着华山的绝峰登去。当时的华山和现在不一样，并没有索道，也没有人工石梯。韩愈为眼前奇绝之境所吸引，只顾一路向前，让他没想到是，当登到险绝之处时，无法继续攀登，也没法下去。

　　眼看山谷深不见底，山风卷席，草木动摇，韩愈感觉自己可能要命绝于此，"乃作遗书，发狂恸哭"。幸亏有人将此事告诉了华阴令，华阴令派人千方百计地将他从险要处救下来，韩愈才最终从华山上全身而退。

　　后来韩愈忆及此事，在《答张彻》诗里写道：

　　　　洛邑得休告，华山穷绝陉。倚岩睨海浪，引袖拂天星。日驾此回辕，金神所司刑。泉绅拖修白，石剑攒高青。磴藓澾拳局，梯飚飐伶俜。悔狂已咋指，垂诚仍镌铭。

诗中韩愈以自己登高历险的亲身经历，告诫世人不要只顾攀登，免得身处险境。儒家不鼓励冒险精神，《孟子·告子上》说："知命者不立乎岩墙之下。尽其道而死者，正命也；桎梏死者，非正命也。"也就是说，天命是不可违背的，但是涉险而死，譬如立于危墙之下、违法被判死刑等，都不是"正命"，也就是俗话说的死于非命，这是儒家所不赞同的。

　　所以，有人认为，韩愈作为一个醇儒，不可能去做这些"登高临危，以取危坠之忧"的事情（宋严有翼《艺苑雌黄》）。这种说法不是没有道理，但一则亲自经历之前，韩愈未必知道华山之险以至于此；二则韩愈诗风险怪好奇，为人也是如此，面对奇绝的风景，难免会心痒难耐。人都是有多面性的，这些特点集中出现在韩愈身上，并不冲突。

韩愈在四门博士职位上的时间并不长，大约在贞元十九年（803）四月就被罢官。韩愈无论如何也想不到，不到两年的时间，自己再一次沦落到需要四处干谒求职的地步。

韩愈被罢四门博士之后，曾给当时的京兆尹李实上书，并同时献上文章十五篇，希望能够得到对方的举荐。由于当时一家老小都在长安，韩愈赋闲家居，获取赡养之资并不容易，所以韩愈难免有些急于仕进，对李实有过誉之词，如"未见有赤心事上，忧国如家如阁下者"，又如大旱百余日，"盗贼不敢起，谷价不敢贵"，再如"老奸宿赃，销缩摧沮，魂亡魄丧，影灭迹绝"。其实，李实于这一年三月官拜京兆尹后，大旱之际而不停征赋税，声名狼藉。所以，有人批评韩愈这篇文章言论失当。其实，韩愈上书之时，李实刚刚履职，在京兆尹任内恶端未显；而且对李实后来的斑斑劣迹，韩愈还曾以《论天旱人饥状》针锋相对地批评他。

当年冬天，御史中丞李汶推荐韩愈任监察御史，同时被推荐的还有刘禹锡和柳宗元、张署等人。监察御史只是一个正八品下的小官，但是位卑而权重，其实是很重要的职位。可惜的是，在这个职位上，韩愈还没来得及发挥他的作用，就莫名其妙地被贬到广东阳山，开始了他人生第一次贬谪之旅。

三、古文渐有新气象

韩愈在参加科举考试期间，逐渐形成了自己的古文创作理论。创作于贞元八年（792）的《争臣论》，第一次提出了"修其辞以明其道"，贞元十八年（802），韩愈又在《师说》中提出"以道为师"，在《答李秀才书》中说"然愈之所志于古者，不惟其辞之好，好其道焉"。与此同时，他与前辈梁肃，同辈李观、欧阳詹，晚辈李翱、侯喜、尉迟汾等人的交往，形成了创作观念相近的同温层，也增加了韩愈古文理论的影响。

在汴州时，韩愈曾任科举考试的府试官，实现了从考生身份到考官身份的转换；赴京任职之后，第一个职位是国子监四门博士，实现了从学生身份到教师身份的转换。社会角色发生了更易，思考问题的角度也会有一些变化，而师生之间的教学相长，也会引发韩愈对古文创作的思考。就在这几年，韩愈的古文创作逐渐有了新的气象，古文创作的理论也逐渐变得更为成熟。

贞元十四年（798），张籍游于汴州，通过老友孟郊的关系，认识了韩愈。而当年韩愈恰好是汴州进士考官，就向朝廷推荐张籍，次年张籍在长安进士及第。因此，很多人说张籍是韩愈早期的学生，其实张籍年长于韩愈，二人在师友之间，在学问诗文上相互砥砺。《新唐书·张籍传》云："（籍）性狷直，尝责愈喜博簺及为驳杂之说，论议好胜人，其排释老，不能著书若孟轲、扬雄以垂世者。"这种说法见于张籍《上韩昌黎书》《上韩昌黎第二书》。

对于张籍劝自己排斥佛老不如著书，不然言语纷纷，不过是互相攻击，最终什么也留不下，韩愈有不同的看法，于是回信予以辩驳。

在第一封回信里，韩愈以孟子之书非生前所著，乃其徒万章、公孙丑记录孟轲的话而成书为例，认为"所谓著书者，义止于辞耳。宣之于口，书之于简，何择焉"，也就是说，著书和言辞，只是表达方式不一样，在传播思想、影响他人方面，并没有实质的差别。至于说"化当世莫若口，传来世莫若书"，将著书立说当作扬名后世的途径，韩愈则谦虚地认为自己力之未至，请等到五六十岁再著书立说，希望错误能少一点。

由于第一封信未能将问题展开来说，不久韩愈又给张籍写了第二封信。信中以孔子、孟子、扬雄为例，认为古人如果能够得时行道，就不再著书立说。著书立说是因为自己的志向不能行于当世，期望能够行于后世。现在我是不是能够把自己的志向在当世实现，还是未知数，所以等到五六十岁再著书也不晚，进一步阐释了自己的想法。

这两封信里还有些其他的内容，因无关宏旨，此处不予赘述。不过，虽然韩愈当时没有接受张籍的批评意见，但我们可以看到，他此时的思想已经基本成型，后来《原道》《原性》等篇的创作，未必不是对张籍批评的回应。

贞元十四年（798），冯宿将《初筮赋》等文章献给韩愈，向韩愈请教。韩愈在回信《与冯宿论文书》中提到，自己对文章的欣赏品味和世俗诸人越来越不一样：

> 仆为文久，每自测意中以为好，则人必以为恶矣。小称意，人亦小怪之；大称意，即人必大怪之也。时时应事作俗下文字，下笔令人惭，及示人，则人以为好矣。小惭者，亦蒙谓之小好；大惭者，即必以为大好矣。

从书信中可以看出，冯宿的文章应该还是骈俪为主的"当时体"，与韩愈所倡导的尚古散体文有所不同，所以韩愈引导他要在"直可用于今世"和"以俟知（智）者知耳"之间做出选择。最后，以跟着他学习创作的李翱、张籍为例子，对他们能够"弃俗尚而从于寂寞之道"的行为做了表彰。

贞元十七年（801），韩愈的另一个学生李翊向韩愈请教写文章的技巧，韩愈作《答李翊书》作为回复。韩愈在回信中，对李翊所问的立言做了区分，一个是"胜于人而取于人"的立言，一个是"至于古之立言者"的立言。前者是"为人之学"，目的不过是考中科举，选官任职；后者则是"为己之学"，期望能够行仁由义，学为君子。韩愈认为，不同的立言目标，所需要付出的努力是不一样的，如果仅仅是期望"胜于人而取于人"，李翊现在已经能够胜任了，而要想"至于古之立言者"，那么就不要希望速成，也不要被势利诱惑，就像要耐心培植树根而等待它结出果实，又像给灯台加油而希望它放出亮光。而树根长得茂盛了，就能预期果实饱满；灯油添得充足，就能预期灯光明亮；日常笃守仁义之人，他的文辞就必然和蔼可亲。

接着，韩愈以自己的亲身经历告诉李翊，这条路走起来并不容易，他自己已经学了二十多年，还不知道是否已经达到了这种境界。他把自己的学习历程分了三重境界：

第一重境界，"非三代两汉之书不敢观，非圣人之志不敢存"。由于学习特别认真，所以无论是静处还是行走，都好像是若有所失，神态俨然似乎在思考，表情着迷似乎有些茫然。"当其取于心而注于手也，惟陈言之务去，戛戛乎其难哉！"而当他把写好的文章给别人看时，别人很可能因为不能理解而加以非难和嘲笑，对此也不放在心上。

第二重境界，是在第一重境界中坚持多年之后，才能识别古书中道理的真伪，以及哪些是虽正确却还不够完善的，黑白分明，判若昭然，然后将那些不正确或不完善的内容剔除掉，才慢慢地深造有得。"当其取于心而注于手也，汩汩然来矣。"而当他将写好的文章给人看时，别人笑话他就高兴，别人称赞他就忧虑，因为还能得到别人称赞，说明文章里还存在一些时下人的说法。

第三重境界，是在第二重境界中坚持了多年之后，才能够文思泉涌，如同大江大河一样浩浩汤汤，奔涌直下。"吾又惧其杂也，迎而距之，平心而察之，其皆醇也，然后肆焉。"即便如此，还要继续涵养，"行之乎仁义之途，游之乎《诗》《书》之源，无迷其途，无绝其源，终吾身而已矣"。

韩愈所说的第三重境界，已经是儒家工夫论的内容，对文与道的关系，已经做了非常深入的阐释，非常接近孟子的话语体系。接着，韩愈又借用孟子"气"与"言"的说法，提出："气，水也；言，浮物也。水大而物之浮者大小毕浮。气之与言犹是也，气盛则言之短长与声之高下者皆宜"，这就是非常著名的"气盛言宜"之说，应该是导源于孟子的"吾善养吾浩然之气"的说法。

王国维在《人间词话》中曾提出古今中外伟大的事业无不经过"三重境界"：

> 古今之成大事业、大学问者，罔不经过三种之境界："昨夜西风凋碧树。独上高楼，望尽天涯路。"（晏殊）此第一境界也。"衣带渐宽终不悔，为伊消得人憔悴。"（欧阳永叔）此第二境界也。"众里寻他千百度，蓦然回首，那人却在灯火阑珊处。"（辛弃疾）此第三境界也。此等语非大词人不能道。

与王国维的说法相比，韩愈在一千多年前提出的写文章"三

"重境界"说，是专就文学创作的态度而言的，二者是有异曲同工之妙的。

在书信的最后，韩愈从儒家"君子之学为己，小人之学为人"的角度，勉励李翊说：学习的目的不是为了迎合别人，而是为了挺立自己，要做到"处心有道，行己有方，用则施诸人，舍则传诸其徒，垂诸文而为后世法"。也就是说，要本着仁义的原则思考问题，要依据礼仪的规范行事做人，被任用就行道于天下之人，不被任用就传道于门下弟子，并以文载道，供后世效法。

在这封信中，韩愈对李翊寄予厚望，认为他是可堪造就的人才。第二年的礼部考试，由权德舆主持，祠部员外郎陆傪为副，韩愈向陆傪大力推荐了李翊，李翊因此而中第。

可以看出，韩愈在与张籍、冯宿、尉迟汾、李翊等人的交往过程中，所表达的古文理论越来越成熟。而随着韩愈仕途的发展，他也开始有能力影响一些读书人的命运，也就有越来越多的人愿意向他学习。这是古文运动能够逐渐推动起来的一个重要的基础。

而就韩愈自己的古文创作而言，韩愈这段时间也创作了不少传世名作。除了前面提到的《师说》之外，还有《圬者王承福传》《送李愿归盘谷序》《送孟东野序》《祭十二郎文》等。这些文章或写人，或说理，或叙事，或抒情，文备众体，表达各异，以非常丰富的内容，体现出了韩愈古文创作的新气象。

四、韩孟诗派的初成

韩愈在汴州期间，与孟郊、张籍、李翱等人交往较多，为日后在诗歌上的创新奠定了基础。

韩愈和孟郊所领导的这次诗歌革新运动群体，后来被称为"韩孟诗派"。其实这个所谓的"韩孟诗派"并没有提出什么纲领性的诗歌主张，不过是以友情、师生情为基础形成的一个诗歌创作特点趋近而关系较为松散的诗歌团体。这个诗歌团体除了核心人物韩愈和孟郊之外，还有崔立之、李观、欧阳詹、张署、侯喜、张彻、皇甫湜、樊宗师、李贺、卢仝、贾岛、刘叉、马异等人，这些人在贞元、元和年间，曾多次较为集中地交往、唱和，对彼此的诗歌创作产生了较大的影响。其中第一次较为重要的聚集，就发生在贞元年间的汴州。

韩愈和孟郊相识于贞元八年（792）。那一年他们都参加了科举考试，发榜之日，韩愈榜上有名，而比韩愈年长十七岁的孟郊名落孙山。一个人的幸与不幸，有时是从比较中得来的，当我们怜惜韩愈四次参加科举才博得一第时，看一看孟郊比韩愈晚四年（从年龄上来说晚二十一年）才考中进士，我们就知道韩愈其实已经是非常幸运的了。

在极端失意落魄之际，孟郊有一首《长安羁旅行》来表达自己的心情：

十日一理发，每梳飞旅尘。三旬九过饮，每食唯旧贫。

万物皆及时，独余不觉春。失名谁肯访，得意争相亲。

直木有恬翼，静流无躁鳞。始知喧竞场，莫处君子身。

野策藤竹轻，山蔬薇蕨新。潜歌归去来，事外风景真。

其中所写的陷入困顿的生活，要比韩愈狼狈得多。而韩愈曾经写过一首《长安交游者赠孟郊》，因为韩愈当时也还未能从困境中走出来，所以对孟郊的境遇颇能共情：

长安交游者，贫富各有徒。亲朋相过时，亦各有以娱。

陋室有文史，高门有笙竽。何能辨荣悴，且欲分贤愚。

此诗生动描述了当时长安城中贫富不同阶层之间的壁垒，对世人不辨贤愚，英俊沉沦下僚颇为感慨。

第二年，孟郊想要离开长安，前往徐州拜访张建封，韩愈在《孟生诗》里对他古貌古心，读古书，行古道，及其高超的诗歌艺术表示了赞赏："孟生江海士，古貌又古心。尝读古人书，谓言古犹今。作诗三百首，窅默《咸池》音。骑驴到京国，欲和熏风琴。"而对孟郊不受天子赏识，投靠公卿无门，科举落第的窘况，也表示爱莫能助的同情："岂识天子居，九重郁沈沈。一门百夫守，无籍不可寻……揭来游公卿，莫肯低华簪。谅非轩冕族，应对多差参……奈何从进士，此路转崎嵚。异质忌处群，孤芳难寄林。"所以，对孟郊想要到徐州讨生活，韩愈是支持他的，认为张建封"好古天下钦"，适合孟郊前往。但韩愈最后提醒孟郊，"卞和试三献，期子在秋砧"，希望孟郊要继续参加科举考试。从这首诗中可以看出，韩愈对孟郊相知甚深，既钦佩他的才华，又同情他的遭遇，还为他的前途担忧，可见是情意相投的道义之交。

后来，韩、孟二人就各自为自己的前程奔忙，虽然可能有时都在长安城，偶有交集，但有好几年没有唱和诗文流传下来。直到贞元十二年（796），孟郊考上了进士，韩愈将要入汴州幕府，孟郊写了一首《送韩愈从军诗》，以"今朝旌鼓前，笑别丈夫盛"

结句，看得出当时二人都相信自己会有个好前程，各自的心情都比较愉悦。

贞元十三年（797），孟郊从南方到汴州，依于行军司马陆长源，当时韩愈正好在汴州幕府任职。同年十月，张籍也来到了汴州。张籍是孟郊的好友，孟郊此时也把张籍介绍给了韩愈。这是韩孟诗派成员较早的一次汇聚。

提起韩孟诗派，很多人可能会误认为在这个诗派中，是以韩愈为主，孟郊为次的。其实，这样理解并不准确。因为孟郊在认识韩愈之前，就已经形成了自己险怪奇崛的诗歌风格，所以说韩孟诗派的奠基者应该是孟郊，尤其是在早期，孟郊对韩愈诗歌创作的影响要更大一些。而早在《孟生诗》中，韩愈就赞赏孟郊的古心古貌，读古书，行古道，但令人遗憾的是"古心虽自鞭，世路终难拗"（《答孟郊》），理想与现实的激烈冲突，让孟郊陷入了生活的困顿之中，韩愈难免感同身受，"于我心有戚戚焉"。

在贞元十五年（799）春，孟郊要离开汴州前往南方，韩愈、李翱设宴送别，韩愈写了一首《醉留东野》，把自己和孟郊比作李白和杜甫：

昔年因读李白杜甫诗，长恨二人不相从。

吾与东野生并世，如何复蹑二子踪。

东野不得官，白首夸龙钟。

韩子稍奸黠，自惭青蒿倚长松。

低头拜东野，原得终始如驱蛩。

东野不回头，有如寸筳撞巨钟。

我愿身为云，东野变为龙。

四方上下逐东野，虽有离别无由逢。

从诗中可以看出，韩愈将自己比作云，将孟郊比作龙。据《周易·文言传》："同声相应，同气相求。水流湿，火就燥。云从龙，风从虎。"可见，韩愈一方面说自己和孟郊同声相应，同气相求；另一方面，在二人的关系中，他们是"风从虎"的关系。

韩孟诗派聚会之时，喜欢写作联句诗。联句诗也称柏梁体，之所以有此称号，是因为汉武帝曾大兴土木，用香柏为梁造了一座高台，故名曰柏梁台。元封三年（前108），柏梁台建成，汉武帝在台上设宴与群臣庆祝，酒酣之际，由汉武帝起头，一人一句七言诗，凑成了一首二十六句的联句，后来就将此类诗体称为柏梁体，也称联句诗。这首诗很可能出于后人的伪作，但积非成是，是历史发展过程中常见的现象。联句诗在魏晋南北朝时并不流行，但草蛇灰线，不绝如缕，到唐代逐渐繁盛起来，《全唐诗》第二十九卷所收全是联句诗。尤其是中唐以后，白居易和元稹、韩愈和孟郊、皮日休与陆龟蒙等人是非常著名的联句创作搭档。韩愈、孟郊并称，并最终发展成韩孟诗派，也许就是从他们一起写联句诗开始的。

韩孟的第一首联句诗是《远游联句》，此诗除了李翱的两句诗，都是韩愈、孟郊创作的，或一人两句，或一人四句，彼此交错，逞才炫学，争奇斗胜，赵翼认为韩、孟二人"工力悉敌，实未易优劣"。在此之后，韩孟诗派每有聚会，必有联句诗的创作，写作联句诗成为他们彼此砥砺诗艺的一种手段，也是他们雅集的一个娱乐项目。

韩孟诗派中，韩愈和孟郊是两个领袖人物，而参与者则数量较多。除了张籍之外，侯喜、张彻、张署、刘师服、皇甫湜、樊宗师等人，也在韩愈、孟郊的影响之下，在诗歌创作上出现了一些共性。不过，因为韩愈、孟郊这段时间仕途不是很顺利，在一定程度上导致韩孟诗派在这段时间的影响力不够大。

第四章

从阳山到江陵：韩愈的首次贬谪之旅

　　监察御史一职虽然只不过是正八品下的低阶小官，但能监察内外各级官吏，拥有不小的权力。如果韩愈是一个只知道贪图利禄、谋取衣食的庸人，他现在已经迈入了仕途的正轨，将有机会享受相对舒适的个人生活。但韩愈是一个性格耿介、踔厉奋发之人，任职不足三个月，就表现出了他独特的个性，不断对不平之事发表政见。毫无意外，他很快就遭到了社会的毒打，被贬官到离京城长安三四千里路远的岭南道连州阳山县（今广东省清远市）。

　　在唐代时，阳山县所属的岭南地区经济不发达，气候条件较差，是瘴疠之气横行的蛮荒之地。在统治者看来，这是惩罚犯错官员的好地方。但对于文人来说，身处蛮荒之地，虽然在政治上不如意，但不用整日迎来送往、案牍劳形，可以亲近自然、醉心诗书，加上失意之后的满腹牢骚，一旦喷薄而出，化为锦绣文章，就容易成就传颂久远的名作。正应了杜甫所说的"文章憎命达"，欧阳修所说的"诗穷而后工"，韩愈在迎来仕途的蹭蹬之时，也迎来了文思泉涌的高光时刻。

一、阳山之贬的谜团

贞元十九年（803）十二月，韩愈被贬官为连州阳山令。接到朝廷的诏令之后，韩愈十分惊诧，他甚至不知道自己为什么会被贬官。在韩愈自己看来，他任职以来恪尽职守，积极上书言事，并没有渎职贪墨之举，实在找不到被贬到三千里之外的缘由。所以，在很长一段时间里，他对这件事满心狐疑。在韩愈身后，亲友撰写的碑传，史官纂著的传记，也没有一个定论，以至于韩愈被贬阳山一事陷入了罗生门。

司马光《资治通鉴》认为韩愈被贬官，是因为他上疏进行劝谏，希望朝廷能够免除或暂缓征收长期遭受旱灾的京畿地区的赋税。这种说法是比较流行的。

贞元十九年（803），关中地区从正月到七月都没有下雨，旱情非常严重。京畿地区的农民眼巴巴地看着这片干透了的土地，没有任何办法可以避免庄稼绝产。这对于靠天吃饭的农民而言，简直是灭顶之灾。

按照一般的惯例，对那些灾情严重的地区，朝廷是要下令减免赋税的。因为只有这样，百姓才能活下去，生产活动才能延续下去。但这年三月，位于长安城西边光德坊的京兆府官衙，迎来了一位名叫李实的行政长官。李实素来名声不佳，曾因克扣军饷引起军士哗变，他连夜攀着绳索出城，逃回了长安。但他是李唐宗室成员，是唐高祖李渊第十六子李元庆的四世孙，唐德宗对他非常信任，不但没有责罚他，还任他为司农卿，现在又来兼任京兆尹。

李实也不仅是皇室贵胄那么简单，他在迎合上司意图方面很有天赋。到了京畿地区该收赋税的时节，作为地方行政长官，本应据实上奏，请求蠲免赋税，但李实却对唐德宗说："最近天气虽然比较旱，但是庄稼长势喜人，并没有减产。"当时朝廷正是财政紧张之际，唐德宗本来也不想降低收入，于是就选择相信了李实的上报，没有下诏减免赋税。在李实的强势催缴之下，京畿地区的百姓，有的不得不拆了房子卖掉木石砖瓦，有的不得不卖掉尚未成熟的庄稼，向官府缴纳赋税。当时的优人成辅端眼见百姓流离失所，十分同情，于是就创作歌谣嘲讽官府不关心民生疾苦，只知道聚敛财物。歌谣传开之后，唐德宗不但不闻善言而从之，反而听信李实的谗言，认为成辅端诽谤朝政，扰乱民心，杖杀了忧国忧民的成辅端。朝廷百官见此情景，都但求自保，缄口不言，一个个都做了自了汉。

到了当年的十二月，关中地区连降瑞雪，天气苦寒，但官府追缴赋税的力度丝毫未减。时为监察御史的韩愈，眼见耳闻了一幕幕悲惨的场景：

> 富者既云急，贫者固已流。传闻闾里间，赤子弃渠沟。
> 持男易斗粟，掉臂莫肯酬。我时出衢路，饿者何其稠。
> 亲逢道边死，伫立久咿嚘。归舍不能食，有如鱼中钩。
>
> （《赴江陵途中寄赠翰林三学士》）

眼看着京畿地区的百姓卖儿鬻女，饿死道旁，深陷苦厄之中，韩愈和御史台的同事张署、李方叔等经过反复的思想斗争，最终决定挺身而出，为民请命，一起上疏劝谏。

在这篇被后世命名为《御史台上论天旱人饥状》的谏书中，韩愈等人向唐德宗汇报了京畿诸县长期干旱且遭受早霜、大雪的灾情，以及京畿百姓因为没蠲免租税而家破人亡的惨状："有弃子逐妻以求口食，拆屋伐树以纳税钱，寒馁道途，毙踣沟壑。"韩愈等人也不是只知道仗义执言的书呆子，为了获取皇上的支持，他们也采用了一些策略性的做法，给皇上戴上爱民如子的高帽子，说皇上对百姓"恩逾慈母，仁过春阳"，都是因为大臣们隐瞒事实，才造成这样悲惨的局面。他们还从实际情况出发，认为百姓有能力缴纳的，都已经缴纳了，没有能力缴纳的，即便逼死他们也没有用处，而且"今瑞雪频降，来年必丰，急之则得少而人伤，缓之则事存而利远"，所以建议皇上下令京兆府暂缓强征，等到明年庄稼收获之后，再进行收缴。

平心而论，韩愈等人的上书是实事求是的，而且能够晓之以理，动之以情，提出的请求也并不极端。唐德宗如果不糊涂，即便是不予采纳，也没有必要加以迫害。但从韩愈学生皇甫湜的《韩愈神道碑》开始，就认为韩愈被贬阳山，是因为"请宽民徭而免田租之弊，专政者恶之"，司马光《资治通鉴》等文献又指明了专政者就是京兆府尹李实。皇甫湜是韩愈的嫡传弟子，司马光是一流的史学家，《资治通鉴》传颂甚广，所以接受这种说法的人最多。

但持有不同意见的也不乏其人。《旧唐书》《新唐书》本传都认为，韩愈是因为曾经上章数千言，极论宫市之弊，才激怒了皇上被贬官的。

所谓宫市，是指唐代皇宫里需要物品时，就派太监到市场上强买强卖，以极低的价钱强行拿走百姓的财物，和公然实行掠夺没有什么差别。这一现象始于唐玄宗天宝年间，发展到唐德宗时已经非常猖獗。与韩愈同时代的白居易写过一篇《卖炭翁》，诗中描写的"可怜身上衣正单，心忧炭贱愿天寒"的卖炭翁形象，正是对宫市之弊最生动的揭露与批判。这首诗在被选入中学课本之后，曾刺痛了几代小读者柔软的心。对于这一类不公平的现象，以韩愈的性格，身为监察御史的他肯定是要反对的。但可惜的是，两唐书本传中提到的这篇数千言的上奏文章，目前已经散佚，我们已经无法详细了解韩愈提出了怎样的具体意见，又是如何谋篇布局，与权力核心阶层斗智斗勇的。

甚至还有人认为韩愈之所以被贬，与他在当年七月份所上的一封奏折有关。为了应对长期干旱带来的饥荒，避免前来应试的流动人口增加京城的物资供应负担，当年七月朝廷下令罢吏部选、礼部贡举。时任四门博士的韩愈上《论今年权停举选状》，认为京城的人口多达百万，前来应试的人不过六七千人，不会产生明显的影响，反而是无故取消举选，不但会引起远近惊惶，还会导致士人失业。最后韩愈还借题发挥，说现在久旱无雨，是因为大臣失职，如果停止举选，雪上加霜，会引起更大的灾荒。他还借机要求皇上要选拔能提意见的大臣，然后随时召问，才能消除旱灾。韩愈在状文中反对停止举选，自然是言之成理的，但状文对当时君臣状况的评价，确实也有可能会得罪有关权贵。不过，这件事离韩愈被贬阳山将近半年之远，中间还经历了韩愈从四门博士迁监察御史，所以此事可能不会是韩愈被贬阳山的直接原因。

以上几种后人的推测，虽然未必能揭示事实的真相，但我们可以从中看出，韩愈在任官期间敢说真话，自然为权贵阶层所不喜。至于具体的原因，只是一个触发点而已，反而不是那么重要。

其实，当时韩愈心中还有一片挥之不去的疑云，他觉得自己被贬谪，可能是柳宗元、刘禹锡向当时已经掌权的王叔文等人告密的结果。柳宗元、刘禹锡与韩愈几乎同时就任监察御史，三人年纪相仿，个个才华出众，又志趣相投，过从甚密，私下里难免会交流一点不可为外人道的看法。尤其是韩愈和柳宗元是世交，柳宗元的父亲柳镇和韩愈的哥哥韩会就是很好的朋友，二人此前也有较为密切的交往，很容易在言语上互不设防。但韩愈和柳宗元、刘禹锡在政治派系上有所不同，柳、刘二人与王叔文关系较为亲密，是后来王叔文等所谓"永贞革新"运动的核心成员，"二王八司马"集团中就有柳、刘两位司马。而韩愈与后来终结"永贞革新"的俱文珍是在汴州任职期间的同事，曾有诗文唱和，后来韩愈纂修的《顺宗实录》对俱文珍也有较高的评价。在政局和缓之时，即使是不同政治派系的人员，也可能交往密切，言笑晏晏，其乐融融，但一旦政局紧张，即便是自己不愿意，也会剑拔弩张，被动地处于敌对的位置。从政治上来讲，韩愈虽然和俱文珍有过接触，但关系较为松散，他自己也未必完全认同俱文珍的所作所为，但他和王叔文一派，是确定比较疏远，甚至有些对立的。因为御史台掌管"弹射"重任，位卑而权重，所以"叔文之党多在御史"（《资治通鉴》卷二三六），韩愈等不属于王叔文一派的人受到排挤，也是合乎情理的事情。

韩愈被贬阳山之后，对自己遭受贬谪的原因百思不得其解，等到顺宗朝人事锐变，柳宗元、刘禹锡等参与了核心权力的运作，韩愈才开始反思自己过去与柳、刘二人的交往，从而产生了这样的怀疑。他在诗中这样写道：

或自疑上疏，上疏岂其由……适会除御史，诚当得言秋。

拜疏移阁门，为忠宁自谋。上陈人疾苦，无令绝其喉。

下陈畿甸内，根本理宜优。积雪验丰熟，幸宽待蚕麰。

天子恻然感，司空叹绸缪。谓言即施设，乃反迁炎州。

（《赴江陵途中寄赠翰林三学士》）

韩愈在诗中回忆了自己当时刚刚就任监察御史一职，上疏陈述京畿旱灾造成的百姓疾苦，希望朝廷等明年丰收之后再征赋税。上疏之后，皇上受到感化，对百姓起了恻隐之心，而当时的司空杜佑也赞不绝口，都说要马上落实韩愈上疏的内容。很显然，韩愈认为自己被贬阳山不是因为自己上书直言，那原因究竟是出在哪里呢？韩愈在诗中说出了自己的疑惑：

同官尽才俊，偏善柳与刘。

或虑语言泄，传之落冤雠。

二子不宜尔，将疑断还不。

（《赴江陵途中寄赠翰林三学士》）

也就是说，当时在御史台任职的人都是有才华的俊杰之士，但受重用的只有柳宗元和刘禹锡。因此，韩愈就怀疑，是柳、刘二人泄露了当时私下交谈的内容，才导致自己被贬官。但韩愈对柳、刘二人的人品还是比较信任的，感觉二人应该不会故意这样对待自己，所以还在将信将疑之间，未能断然相信这个推测。

对于这个问题，千余年来有非常多的争论，以上不过是一个大致的脉络。韩愈被贬阳山一事的真相究竟是怎样的，韩愈作为冤主，也并不是特别能想明白，后来的亲友、史官当然也只能根据史料，做出自己觉得更合理的猜测。事情的真相，也许只有那些陷害韩愈的人才会知道，其他人只能猜来猜去，有时还会义愤填膺地为此打一场笔仗。其实，即便是那些陷害韩愈的人，他们在陷害完韩愈之后，也很快就忘却了，因为他们可能马上就有了新的迫害对象。对他们而言，这不过是实现自己政治目标过程中所做的微不足道的小事；而对韩愈来说，这却是一段非常悲惨的人生历程。

二、贬谪路上的挚友

从长安到阳山的路程长达三千里。在这漫长的贬谪旅途上，韩愈从冬天走到了次年春天，他倒是也不会太寂寞，因为有一位叫张署的诗友一路相伴。

张署比韩愈大十岁，贞元二年（786）进士及第，与韩愈是同时的监察御史。在交往的过程中，韩愈认为他们二人脾性相当投合，在政治观点上也较为相近，《御史台上论天旱人饥状》就是他俩和李方叔三人共同进上的。这次贬官，韩愈被贬为连州阳山令，张署被贬为郴州临武县（今属湖南）令，李方叔被贬为江陵（今属湖北）掾。李方叔被贬的江陵离京城路途较近，而阳山、临武相距不远，所以韩愈和张署能够风雨同舟，一路相伴。

他们在接到贬官的命令之后，是要立刻就启程的。韩愈在诗中记录了全家被宦官驱赶上路的惨状：

中使临门遣，顷刻不得留。病妹卧床褥，分知隔明幽。

悲啼乞就别，百请不领头。弱妻抱稚子，出拜忘惭羞。

黾勉不回顾，行行诣连州。朝为青云士，暮作白头囚。

（《赴江陵途中寄赠翰林三学士》）

面对传达圣旨宦官的无情驱赶，生病的妹妹、柔弱的妻子、幼小的儿子等家人的仓惶无奈，深深地刺痛了韩愈的心，统治者的翻云覆雨，让他感受不到一丝生存的尊严。在多年以后的长歌当哭之中，我们还能够感受到韩愈心中的凄楚。

走上秦岭崎岖的山路时，尚是季冬时节。当时天寒地冻，舟车断绝。一路上寒风肆虐，大雪纷飞，马匹行走在湿滑的冰封山路上，有时会把人颠落到马下。路途的艰难，有时会让两个人绝望地失声痛哭，涕泗交流。晚上，在路边的驿站暂作休息，两个人躺在同一张席子上相互取暖，甚至要和关驿的仆隶士卒挤在一起睡。

等到达洞庭湖时，湖水漫无边际，与天相接，湖面上波涛拍打，发出霹雳一般的巨响。韩愈和张署都是北方人，不惯于走水路，看着乘坐的小舟在水波中沉浮前行，一路心惊胆战。在小船经过湖南南部的汨罗江时，屈原《渔父》中的沧浪之歌，自动在韩愈头脑中开始了单曲循环："沧浪之水清兮，可以濯我缨。沧浪之水浊兮，可以濯我足。"韩愈想去祭奠屈原，但不知道屈原怀沙自沉的具体地点在哪里，只能写了一首《湘中》诗，聊表纪念：

猿愁鱼踊水翻波，自古流传是汨罗。
蘋藻满盘无处奠，空闻渔父扣舷歌。

从汉初贾谊《吊屈原赋》开始，失意文人往往会把祭奠屈原作为自己感慨不遇于时的契机，想必韩愈在千年之下的贬谪旅途中，也是引屈原以为知己的吧。

两个人同行至湖南郴州西南的九嶷山后，韩愈又陪张署到了临武，然后张署就独自前往赴任。分别之后，韩愈又经过同冠峡、贞女峡，最终到达阳山。走到同冠峡时，韩愈似乎心情不错，还写了两首诗。其中一首说：

今日是何朝，天晴物色饶。落英千尺堕，游丝百丈飘。

泄乳交岩脉，悬流揭浪标。无心思岭北，猿鸟莫相撩。

（《次同冠峡》）

此时正值阳山的春天，天气晴朗之时，小船行驶在山中的河道上，漫天游丝飘荡，落英缤纷，远处猿声啾啾，鸟儿啭喉，沉浸在美景中的韩愈，暂时忘掉了贬谪之苦，心中竟产生了一丝留恋和快意。这可能是"十生九死到官所，幽居默默如藏逃"（《八月十五夜赠张功曹》）的过程中，韩愈心情最为愉悦的时间。

从临武到阳山的路程，不过两三百里路，两个人临别之时，还相约冬天在两县相交之处会面。到了年底，两个人都没辜负对方的期待，如约而至。他们白天一起赏玩山水，晚上就睡在一起，有时酣睡之中，胳膊和大腿都压在了对方身上。同榻而卧、抵足而眠，这是古代文人喜欢用来表达两个人的亲密无间的词句，最有名的故事，莫过于光武帝刘秀和严子陵的知交传说。韩愈日后回忆起这段生活，也袭用了这个叙事模式。

一天，两个人正在酣睡之时，仆人匆忙前来禀报，说一只老虎闯进马厩，把韩愈来时骑的驴子给叼走了。韩愈听了很沮丧，张署却笑着说，驴子跛蹇驽弱，不是好的坐骑，现在驴子被老虎叼走了，是不是意味着倒霉的运气该结束了，我们被流放的日子快到头了？韩愈也盼望着能够早日返京，所以听了张署的话，也觉得似乎是个好兆头。

如果张署的预感是真的，那这个好兆头就应验在次年唐顺宗即位后大赦天下上。果然，到了永贞元年（805）八月，韩愈与张署同时量移江陵，分别任命为法曹参军、功曹参军。当时韩愈从连州赶来，张署在郴州等着，"予出岭中，君俟州下"（《祭张十一文》）。相聚之后，两个人一起乘坐一叶扁舟，离开了郴州，前往江陵。路上，韩愈看着远处的群山像一把一把的利剑刺向天空，无风的江面像镜子一样平整，他回头笑着对张署说："我们天天盼望着能够回去，现在终于可以回去了。"返程之乐，溢于言表。

船到洞庭湖时，已经是十月，因大风无法前行，停留在湘水注入洞庭湖左侧的鹿角山，长达七天无法动弹。由于粮食准备不足，毫无准备的渡船陷入了困顿之中，船上的人们因为没有食物，难免会饥饿、恐慌：

犬鸡断四听，粮绝谁预谋。相去不容步，险如碍山丘。

清谈可以饱，梦想接无由。男女喧左右，饥啼但啾啾。

非怀北归兴，何用胜羁愁。

（《洞庭湖阻风赠张十一》）

这首诗详细描写了当时的窘境，可以算是韩愈返程之乐中的一个悲伤的小插曲。

到达江陵以后，韩愈还多次给张署写诗，可见两个人同处一城，交往较为频繁。在江陵半年之后，韩愈被朝廷召为国子博士，此后不久，张署也被任命为京兆府司录参军，两个人又同时在长安做官。当时孟郊、张籍等韩愈的旧友也在长安，韩愈经常和他们一起去张署家做客。

　　闲处光阴易过，倏忽又将离别。元和二年（807）二月，张署奉命赴任陇西节度使判官，同年夏末韩愈以国子博士分教洛阳，从此之后，缘尽于此，韩、张二人再未能够相聚。直到元和十二年（817），张署去世之后，韩愈为他撰写了墓志铭和祭文，满含深情地回忆了两个人的交往过程，为这段友谊留下了珍贵的文字记录。

　　从贞元十九年（803）冬同任监察御史，元和二年（807）春夏各奔东西，三年多的时间里，二人"余唱君和，百篇在吟"，写下了大量唱和作品。虽然历经风雨冲刷，韩愈写给张署的诗歌还流传下来十余首。张署本来也工诗善文，但不幸的是，他的作品已经散佚殆尽，无法窥其全豹；而侥幸的是，借助韩愈的诗文，张署也留下了人生的吉光片羽。幸与不幸之间，真是令人唏嘘不已。

三、阳山任上的交游

　　阳山县位于南岭山脉南麓，珠江北江的支流连江纵贯全境，是当时天下最为贫瘠的地区之一。阳山早期的人口情况，没有数据流传下来，但到明崇祯十五年（1642），县境内的人口也才六千余人，想必当时的人口是很少的。韩愈刚到阳山之时，发现县城里几乎没有居民，县衙里也没有县丞、县尉，属下只有十来个小吏，都说着自己听不懂的方言，长相也和中原人不太一样，这让韩愈倍感失落。

由于连个副手都没有，韩愈对县里所有的工作，从敦促播种到征收赋税，从文化教育到维持治安，都得事必躬亲。刚开始因为语言不通，韩愈为了让当地人听明白他的意思，只能用手比画和借助各种辅助方法来交流。最初做完了日常的政务工作后，连个可以交谈的朋友也没有，只能靠读书来排遣寂寞。现在阳山城郊东北有座贤令山，山上有韩文公读书台，据说就是韩愈当年闲暇时读书的地方。山上还有块摩崖石刻，刻着一首据说是韩愈写的《远览》诗："所乐非吾独，人人共此情。往来三伏里，试酌一泓清。"大有寄情山水、与民同乐的意思。但这首诗的风格与韩诗差别较大，韩愈的诗集里也没收，很可能是后人托名的伪作，不过当地人愿意相信这是真的，未尝不是一件美谈。

好在随着时间的推移，韩愈慢慢地适应了当地的生活，在阳山内外的社会交往活动也渐渐地多起来。朋友多起来，自然可以一起游山玩水，泛舟垂钓，饮酒赋诗。韩愈在《县斋读书》描述了当时的生活：

出宰山水县，读书松桂林。萧条捐末事，邂逅得初心。

哀狖醒俗耳，清泉洁尘襟。诗成有共赋，酒熟无孤斟。

青竹时默钓，白云日幽寻。南方本多毒，北客恒惧侵。

谪谴甘自守，滞留愧难任。投章类缟带，仁答逾兼金。

从末两句来看，这首诗是赠给朋友的，并且希望也能得到朋友的
讯息。诗中除了详细介绍自己在阳山任上的日常生活，还写到自
己害怕南方的瘴疠毒气，希望能够早日离开。其中"诗成有共
赋，酒熟无孤斟"两句，说明韩愈写这首诗时，已经从初到阳山
的孤独境遇中走出来了。

　　在阳山附近的州县，韩愈是有一些故交的。一个是郴州太守
李伯康，韩愈在来阳山的路上经过郴州时曾去拜访他，就任阳山
之后，还曾给他寄过阳山本地的特产黄柑。另一个是连州司户参
军王仲舒。据《新唐书》记载，王仲舒年轻时客居江南地区，与
梁肃、杨凭交好，以能写文章著称，而韩愈也与梁肃、杨凭有较
多的交往，所以二人很可能在长安时就已经认识了。王仲舒这时
由礼部考功员外郎贬为连州司户参军，郁郁不得志，只能寄情于
山水之间，于是就在连州城外燕喜山上建了一座亭子，方便自己

和朋友们游观赏玩。韩愈曾应邀到燕喜山亭游玩过，并写了一篇《燕喜山亭记》。

这篇文章如果让柳宗元来写，肯定会对燕喜山亭周围的秀丽山川进行生动的描写。但韩愈禀性与柳宗元大不相同，山水风景对他似乎没有那么大的魅力，就连这样一篇亭台之记，他也完全避开对亭台本身和周围风景的描写，只写王仲舒如何铲荒山上的杂树秽草，如何给景物取个有深意的名字，以及主人从长安到连州的一路艰辛，结尾处表达了王仲舒终将被朝廷重用的美好愿望。应该说，这篇亭记在韩愈的文章中不算是上乘的作品，好在王仲舒写文章也"有古风"，二人趣味相投，想必也不会感到不满意。

比较有趣的是，在连州时，王仲舒颇有佛缘，《燕喜山亭记》就说他喜欢和学佛人景常、元慧交游。韩愈可能是受王仲舒影响，在阳山与佛教徒也有一些交往，《送惠师》《送灵师》虽然明确表达了自己反对佛学的立场，但从文字上看来，韩愈与两位佛教徒的交往是较为亲密的。后来王仲舒可能是受到韩愈排佛思想的影响，在唐穆宗朝任江西观察使时，"有为佛老法、兴浮屠祠屋者，皆驱出境"。这可能也可以算上是韩愈处处以道化人的例子吧。

作为一代文章名家，被贬入阳山之前，韩愈已经声名鹊起，所以有不少景慕他的人不远千里地从外地专程来向他请教。其中杨仪之是韩愈故交杨凝的儿子，在湖南任观察支使。杨凭、杨凝、杨凌三兄弟俱有文名，并称为"三杨"。杨凝年长韩愈十余岁，与韩愈交往最密，在古文创作上对韩愈有一定的影响。所以，韩愈对杨仪之的到来是非常兴奋的，在《送杨仪之支使归湖南序》里夸他"智足以造谋，材足以立事，忠足以勤上，惠足以存下"，再加上能够努力学习《诗》《书》六艺之学和古圣先贤的言论，用来充实文章，立身成德，肯定会有很好的名声和政绩。在《别知赋》中，韩愈先是慨叹知心好友的难得，接着写与杨仪之欢聚畅饮时的往返会意，心有灵犀：

> 遇夫人之来使，辟公馆而罗羞。
>
> 索微言于乱志，发孤笑于群忧。
>
> 物何深而不镜，理何隐而不抽？
>
> 始参差以异序，卒烂漫而同流。

韩愈久处阳山这样的僻陋之地，独学而无友，实在是久违了这种较为平等的精神交流带来的愉悦。但是，天下没有不散的筵席，杨仪之很快就要回到自己的工作岗位上去。送别之时，两个人难免伤感流泪，有"欢乐极兮哀情多"的感慨。

　　除此之外，长安的窦存亮，南海的区册，还有刘师命、区宏等人，也先后来向韩愈学习。韩愈平时见惯了"鸟语夷面"的当地人，一旦有他熟悉的面孔，操着他熟悉的语言，来和他谈论诗文创作，简直是喜不自胜，所以对他们总是充满了褒奖和鼓励。在《答窦秀才书》中，韩愈赞赏了窦存亮"乘不测之舟，入无人之地，以相从问文章为事"的好学精神；在《送区册序》中，对"仪观甚伟""文义卓然"的区册从南海划船前来问学，也不吝推扬；在《刘生》诗中，对刘师命这个性格狂躁、无所拘束的白头浪子，也鼓励他"咄哉识路行勿休，往取将相酬恩雠"。正如林纾所说："身处烟瘴之区，与鸟言夷面之人为伍，一见斯文，自然称许过当。"所以，对于这些褒扬之词只能看作鼓励，不能看成韩愈对后学的客观评价。

　　韩愈从贞元二十年（804）春天到达阳山，第二年夏秋之际离开阳山。在这短短的一年多的时间里，韩愈颇有善政，当地百姓为了表达爱戴之情，按照当地的风俗，生了孩子经常用他的姓、字来取名。对一名基层行政长官来说，百姓口中之碑，可能是对他最大的嘉奖。

　　现在阳山县有贤令山、读书台、韩愈纪念馆等数十处与韩愈相关的文化景观，韩愈已经和阳山这个偏僻的小城结下了永久的缘分。

四、韩愈与永贞革新

韩愈被贬阳山，使他侥幸地避开了一场争夺政治权力的恶斗。柳宗元、刘禹锡正是因为参与了这场政治斗争，导致一个英年早逝于贬谪之所，一个被外放二三十年。

对于这场政治斗争，有人说是王叔文领导的政治革新运动，所以称之为"永贞革新"；也有人认为，这不过是唐顺宗周围以王叔文为核心的政治小集团，与重新集结在唐宪宗周围的唐德宗旧人政治小集团之间的权力之争。历史的是非可以任人评说，但逝去的芳华却是无法挽回的，我们为柳宗元、刘禹锡感到惋惜的同时，也为韩愈感到幸运，不然以韩愈的脾性，他在这场权力斗争中可能会受到更大的伤害。即便如此，韩愈还是与"永贞革新"发生了千丝万缕的联系，使之成为不得不说的故事。

就在韩愈在阳山苦闷度日的时候，长安城中的权力核心发生了变化。贞元二十一年（805）正月，唐德宗因病驾崩，太子李诵继位，这就是唐顺宗。不幸的是，唐顺宗在贞元二十年九月就已经中风，失去了言语的能力，到即位之前的正月初一，甚至因病无法到宫中给父亲祝贺。

顺宗即位之前，王伾和王叔文侍读东宫，常为太子言民间疾苦，颇得太子信任。王伾是杭州人，擅长书法，容貌丑陋，操着一口吴地方言，一直很得太子亲近宠幸。王叔文是越州山阴人，擅长下围棋，能够粗通文义，比较有政治抱负，所以经常借侍读东宫之际言事。一次，太子和侍读大臣讨论为政之道，有人提到了宫市之弊，太子说："等我见了皇上，一定极力劝谏。"其他侍读大臣都啧啧称赞，只有王叔文默然无语。事后太子问王叔文不说话的原因，王叔文说："皇太子对皇上要遵循儿子侍奉父母的礼法，每天问安视膳就可以了，不应干预朝堂之事，免得皇上受小人挑拨离间，误会殿下收取人情，结党营私。"一番老成之言，让太子幡然醒悟，从此太子非常倚重王叔文，东宫之中的各种事务，都仰赖王叔文裁决。所以，王叔文此时有机会在太子跟前褒贬人物，向太子推荐各类人才。太子对王叔文也是逢人说项，一次太子向唐德宗敬献佛像，唐德宗让翰林学士韦执谊创作画像赞词，并让太子赏赐韦执谊。韦执谊受到赏赐之后，到东宫感谢太子，两个人不是很熟，仓促之间也没有什么话说，太子就说："韦学士知道王叔文吗？他是个才华卓越的人。"这可能是后来韦执谊和王叔文交往甚密的开端。

唐顺宗即位之后，王伾任左散骑常侍、翰林学士，王叔文任起居舍人、翰林学士，韦执谊任尚书左丞、同平章事。唐顺宗因为口不能言，无法上朝裁决政事，经常在宫中的帘帷中上朝，身边只有宦官李忠言和嫔妃牛昭容。最终形成了王叔文听王伾的，王伾听李忠言的，李忠言听牛昭容的怪圈。在这段时间，王叔文一派对人事安排拥有很大的话语权，有时一天提拔好几位自己派系的人，可谓权倾一时，炙手可热。据说王伾还有贪贿之习，做了个大柜子来储藏缣帛珠玉，晚上夫妻二人就睡在柜子上面。这种夸张的笔法或许有失实之处，但也不是空穴来风，因为韩愈《永贞行》对这个政治局面就有类似的描述：

> 君不见太皇谅阴未出令，小人乘时偷国柄。
>
> ……狐鸣枭噪争署置，睒睗跳踉相妩媚。
>
> 夜作诏书朝拜官，超资越序曾无难。
>
> 公然白日受贿赂，火齐磊落堆金盘。

顺宗当时已经禅位给宪宗，所以诗中称之为"太皇"，将王叔文一派掌权看作"小人乘时偷国柄"，对人事安排的随意性极力丑诋，可见韩愈对王叔文一派的厌恶。

其实，王叔文一派掌权之初，颁布了一系列善政。这些善政或者与韩愈的政见相符，或者使韩愈从中受益：

首先，以各种名目拖欠的租税，一概蠲免；除了制度规定的常贡，不准另行进奉财物。与这一政策相一致的，是将横征暴敛的京兆尹李实贬为通州长史。百姓闻讯，市井欢呼，可见是大得民心之举。这些与韩愈《御史台上论天旱人饥状》中所倡导的内容是一脉相承的。

其次，罢宫市、五坊小儿。宫室的情况，我们在前文中已有介绍。五坊小儿是指唐代为皇帝饲养鹰犬的官署里的杂役人员，五坊包括雕坊、鹘坊、鹞坊、鹰坊、狗坊。韩愈《顺宗实录》载："贞元末，五坊小儿张捕鸟雀于闾里，皆为暴横，以取钱物。"和宫市一样，五坊由宦官控制，由于是为皇帝办事，难免横行乡里，欺压百姓，成为当时社会的一大弊端。这与韩愈上章数千言极论宫市之弊，在政见上也是相符合的。

最后，在唐德宗朝，十年无赦，大臣一旦被贬谪，就不复录用。唐顺宗即位不久就大赦天下，对大臣因罪被贬谪到边远地区者，移到距离长安较近的地区任职，召陆贽、郑余庆、韩皋、阳城等有声望却被贬谪的官员赴长安任职。韩愈在次年夏秋之际离开阳山，也是此次大赦天下的受益者。

在稍后的几个月里，王叔文一派为了能够更好地掌权，展开对执掌财政权和兵权的争夺。在争夺财政权方面，由于王叔文一派大多出身较低，不敢骤然取得重权，免得为天下人所不服，于是就任命素有会计之名的杜佑为度支及诸道盐铁转运使，而王叔文自己做度支、盐铁转运副使，其实杜佑只是"主其名"，王叔文专擅实权。可以说，这一时期王叔文一派基本实现了通过掌握国家财政大权来结交实权人物，获取军队支持，巩固自身权力的目的。

在争夺兵权方面，由于神策军等是由唐廷直接控制的、负责保卫京师和戍卫宫廷的武装力量，一直与宦官集团有着极为密切的关系，王叔文等为了从宦官集团手中夺取兵权，先以老将范希朝为左右神策京西诸城镇行营节度使，镇守奉天（今陕西省乾县），又以韩泰为其神策行营节度行军司马。当时范希朝年老多病，已经不能管理具体事务，这个人事安排其实是授韩泰以兵柄。

在王叔文一派不断攫取权力的同时，反对他们的势力也在持续集结。首先，由于顺宗久病不愈，朝廷内外都想早立太子，但王叔文为了不使大权旁落，不愿讨论立太子的事情。而宦官俱文珍等德宗朝旧臣则让翰林学士草拟立太子制，以"立嫡以长"为据，建议立李淳（后改名李纯）为太子。制书送达顺宗病榻之前，顺宗点头同意。李纯被立为太子后，韦执谊想了解太子的底细，就安排陆淳（后改为陆质）为太子侍读，以窥伺太子之意，以便想办法化解。但太子对此非常反感，当面训斥陆质说："陛下让你给我讲授经义而已，为什么要涉及其他的事情？"可见太子对王叔文一派是比较厌恶的。

其次，对于王叔文想夺宦官的兵权，宦官集团察觉后，密令诸将不要将军队归于他人，以致范希朝、韩泰到奉天赴任时，诸将无人前来听命。韩泰连夜返回长安向王叔文汇报此事，在军队中毫无根基的王叔文也是手足无措，徒呼奈何。

第三，王叔文一派骤然获取高位，做事往往不遵守固有的程序，引起了很多人的不满，贾耽、郑珣瑜两位德高望重的宰相先后称疾不出，御史中丞武元衡拒绝和王叔文一派合作，也被贬为太子右庶子。这在一定程度上减少了王叔文一派改革的掣肘力量，但也降低了自己的政治威信，为此后的迅速倒台埋下了伏笔。

第四，王叔文一派对藩镇势力比较排斥，也引起了藩镇的反对。在王叔文能够掌权之时，剑南西川节度使韦皋曾安排刘辟前往拜谒王叔文，表达了想总管剑南三川的意愿："如果能让我总管剑南三川，我一定会有所报酬的；如果不给我留意此事，我也会有所报答。"韦皋此举其实有寻求政治结盟的意味，但在态度上非常嚣张跋扈。王叔文一派政治根基较浅，如果有藩镇支持，肯定是有利的局面。但王叔文对此勃然大怒，要斩了刘辟以儆效尤，在韦执谊的坚决反对下，刘辟才脱身而去。韦皋因此知道王叔文书生意气，不随和人情，于是就上疏表请皇太子监国，荆南节度使裴均、河东节度使严绶也上表附和。这样一来，各地藩镇和宦官集团的意见趋向一致，政归太子已经是大势所趋。

而另一方面，王叔文一派却状况频出。五月，王叔文迁为户部侍郎，俱文珍等宦官集团成员厌恶王叔文专权，趁机奏请皇上削去王叔文翰林学士一职。在当时，翰林学士有"内相"之称，是皇上的顾问兼秘书官，负责起草任免官员、册立太子等重要的诏令敕诰，属于权力核心阶层。所以王叔文接到自己被削职的制书，大惊失色地对人说："我原先常常到翰林院讨论政务，如果没有翰林学士一职，那就没有理由去了。"宦官集团奏请削去王叔文翰林学士一职，并最终得到了顺宗的首允，这有两种可能：一种是顺宗对王叔文一派的信任是有限的，他还是要倚重于宦官集团；一种是顺宗被宦官集团挟持，已经大权旁落。而后一种的可能性明显更大一些。

而正在王叔文面临政治危机之时，他的母亲去世。按照当时的丧制，王叔文需要丁忧去职，这也为他的政敌提供了反击的机会。而就在这个关键的时刻，王叔文与韦执谊的矛盾不断加深，韦执谊不再听王叔文的调遣，改革派内部分裂。而与此同时，王伾先是上表请求起复丁忧的王叔文为宰相，接着又请求以王叔文为威远军使、平章事，都没能获准。王伾知道大势已去，于是就称病不出。

到七月末，在宦官集团和藩镇势力的支持之下，太子李纯权勾当军国政事，开始代理监国。八月初，顺宗禅位给太子。顺宗禅位之事，疑点重重，但有一点非常确定，就是王叔文一派彻底失势，王伾被贬为开州司马，王叔文被贬为渝州司马。过了不久，王伾死在了贬所，次年王叔文被赐死于贬所。当年九月，与王叔文结交的柳宗元、刘禹锡、韩泰等人被贬官为刺史，十一月柳宗元等八人又被贬为司马。所以，此次革新又被称为"二王八司马"事件。

对永贞革新的历史评价，历来争议很大。韩愈因为与相关诸人都有不同的关系，特别是与王叔文关系不好，所以称王叔文一派是"小人乘时偷国柄"，在主笔纂修《顺宗实录》时，对改革派的评价较低。陈寅恪先生认为："永贞内禅尤为唐代内廷阉寺党派竞争与外朝士大夫关系之一最著事例。"他认为韩愈之所以批评革新派，是因为韩愈与宦官俱文珍有故交，所以实录中多采纳俱文珍等人的意见。其实，正如上文所述，韩愈与王叔文一派在政见上多有相合之处，二者的分歧不在政见而在人事。可见政治是非常复杂的，并非政见相合就能意气相投，错综复杂的人际关系的影响也是很大的。那么，韩愈纂修《顺宗实录》之时，无法摆脱政局和人事的影响，也就在情理之中了。

五、量移江陵晤柳刘

贞元二十一年（805），唐顺宗即位后，照例下诏大赦天下，韩愈、张署分别从阳山、临武奔赴郴州候命。二人心情迫切地想回到长安，谁知因为湖南观察使杨凭从中作梗，让二人在郴州滞留了数月。直到同年八月，韩愈、张署才被任命为江陵府法曹参军、功曹参军。湖南观察使杨凭是柳宗元的岳父，是支持改革的一派，而韩愈在阳山时就不断表达对改革派的不满，所以杨凭在韩愈、张署的任命问题上，起了负面的作用。

永贞元年（805）九月初，韩愈和张署结伴从郴州出发，沿着湘江，经过潭州（今湖南省长沙市）、岳阳，穿过洞庭湖，最终到达江陵任所。

俗话说："船到郴州止，马到郴州死。"郴州在唐代是水路交通枢纽，由此南行以车马为主，由此北行则以船只为主。韩愈和张署上船后，一路水行，韩愈手持一部《楚辞》，心中无限感慨。船到潭州，在湘水西岸有道林寺、岳麓寺；船到岳阳，在洞庭湖东岸有岳阳楼，他们一路走一路看，还留下了《潭州泊船呈诸公》《岳阳楼别窦司直》《晚泊江口》等诗歌。

　　韩愈对朝廷任命他为江陵法曹参军是心怀不满的。《新唐书·百官志四下》："法曹司法参军事，掌鞫狱丽法、督盗贼、知赃贿没入。"这种掌管司法的俗吏职位，肯定是不能让韩愈满意的。所以，在去江陵的路上，他给当时在朝廷做官的王涯、李程、李建写了一首《赴江陵途中寄赠三学士》，其中说："三贤推侍从，卓荦倾枚邹。高议参造化，清文焕皇猷。协心辅齐圣，致理同毛輶。《小雅》咏《鹿鸣》，食苹贵呦呦。"希望三人能够施以援手，将自己从泥沼中拯救出来。但是，韩愈"倔强如昔，不肯折却腰骨"，只是以诙谐之词隐晦表达出来（《唐宋诗醇》）。后人对这首诗评价很高，认为能够直追杜甫，有《小雅》的神韵。

　　十月末，韩愈到达江陵，就任法曹参军。眼见给王涯等人写诗求援未能见效，韩愈又给兵部侍郎李巽上书，希望对方能够帮助自己重回长安。韩愈这种迫切地想找机会回到长安的心情是可以理解的，因为新的皇上登基之后，会选拔一些合用的人才，也会平反一些冤假错案以收服人心，一旦错过了这个时间，被贬谪到外地的底层官员，就很可能被彻底遗忘。

在这种焦灼的等待中，韩愈的诗歌创作也进入了一个丰收期。这段时间，他在创作上的一个很显著的特点，就是写了很多咏物诗。

经历了两年的岭南生活之后，韩愈来到气候、植被接近北方的江陵，有一种别样的欣喜。其中一种欣喜，就是能够见到雪，在永贞元年末（805）、元和元年（806）初，韩愈先后写了《喜雪献裴尚书》《春雪》《春雪间早梅》《早春云中闻莺》等四首和雪有关的诗。除了雪，江陵的草木也与岭南大不相同，韩愈在《杏花》中写道：

> 二年流窜出岭外，所见草木多异同。
>
> 冬寒不严地恒泄，阳气发乱无全功。
>
> 浮花浪蕊镇长有，才开还落瘴雾中。
>
> 山榴踯躅少意思，照耀黄紫徒为丛。
>
> 鸂鶒钩辀猿叫歇，杳杳深谷攒青枫。
>
> 岂如此树一来玩，若在京国情何穷。

诗中韩愈对南北风物的差异做了非常生动的对比。而最重要的是，江陵的杏花开放，让韩愈就像在京城长安一样，可以聊慰他的恋阙之情。

就在韩愈从郴州出发之时，刘禹锡、柳宗元等在长安皆坐交王叔文遭到贬官，刘被贬为连州（今广东省连州市）刺史，柳被贬为邵州（今湖南省邵阳市）刺史。十一月，二人在赴任的路上又被加贬为永州（今湖南省永州市）司马、朗州（今湖南省常德市）司马。永贞革新的失败，是柳宗元、刘禹锡一生中的重要转折点。

柳、刘二位走的路线不同，但都经过了江陵。刘禹锡因为要回洛阳老家看望家人，所以先东行到华州敷水驿（今陕西省华阴市），然后经湖城（今河南省灵宝市）、陕州（今河南省三门峡市）、洛阳、郑州（今河南省郑县）、襄阳等地到达江陵，在江陵和韩愈会面，并有诗歌唱和。

刘禹锡自云："予出为连州，途至荆南，又贬朗州司马。"（《子刘子自传》）荆南此处应该是专指江陵一带，因为刘禹锡在《韩十八侍御见示岳阳楼别窦司直诗，因令属和》诗中说："桃源访仙宫，薜服祠山鬼。"桃花源正好在刘禹锡加贬的朗州，可见写诗时刘禹锡已经获知被加贬的事情。

在江陵，刘禹锡见到了韩愈。韩愈对永贞革新的领导者王叔文一直都很不满，在《永贞行》中还说王叔文是"乘时偷国柄"。刘禹锡和韩愈的会面，破解了韩愈心中对被贬一事的芥蒂和疑问。为了让刘禹锡了解自己这两年的遭遇，韩愈将《岳阳楼别窦司直》一诗给刘禹锡看：

念昔始读书，志欲干霸王。屠龙破千金，为艺亦云亢。

爱才不择行，触事得谗谤。前年出官由，此祸最无妄。

公卿采虚名，擢拜识天仗。奸猜畏弹射，斥逐恣欺诳。

新恩移府庭，逼侧厕诸将。于嗟苦驽缓，但惧失宜当。

追思南渡时，鱼腹甘所葬。严程迫风帆，劈箭入高浪。

颠沈在须臾，忠鲠谁复谅。生还真可喜，克己自惩创。

庶从今日后，粗识得与丧。事多改前好，趣有获新尚。

誓耕十亩田，不取万乘相。

刘禹锡是绝顶聪明的人，从诗中看出了韩愈的意思，于是和诗一首《韩十八侍御见示岳阳楼别窦司直诗，因令属和》：

故人南台旧，一别如弦矢。今朝会荆峦，斗酒相宴喜。

为余出新什，笑抃随伸纸。晔若观五色，欢然臻四美。

委曲风涛事，分明穷达旨。洪韵发华钟，凄音激清徵。

羊濬要共和，江淹多杂拟。徒欲仰高山，焉能追逸轨。

湘洲路四达，巴陵城百雉。何必颜光禄，留诗张内史。

柳宗元走的是韩愈被贬阳山时走的路线，从长安一路向南，经过蓝田、商洛、襄阳等地到达江陵。由于柳宗元走的路线比刘禹锡的要直，路程要短，当刘禹锡到达江陵时，柳宗元应该至少已经走到洞庭湖一带，所以有些论著认为柳宗元、刘禹锡的再逐诏命是同时送达的说法是不可信的。

柳宗元诗文中最早提到加贬的是《吊屈原文》："后先生盖千祀兮，余再逐而浮湘。"此后他又在岳父杨凭任所潭州逗留了较长时间，从时间上来推断，写作此文时，柳宗元接到加贬的诏令时间不久。

柳宗元在江陵应该也有和韩愈会面，可惜没有留下诗文作品。由于柳宗元的岳父杨凭在韩愈回长安的问题上，可能又起到了负面作用，韩愈与柳宗元此时的关系，应该还是比较尴尬的。

刘禹锡在韩愈去世之后，曾在祭文中回忆他和韩愈、柳宗元同为监察御史时的情景："昔遇夫子，聪明勇奋。常操利刃，开我混沌。子长在笔，予长在论。持矛举楯，卒不能困。时惟子厚，窜言其间。"就是这样三位当时才华最出众的文人，曾经有过这么美好的友谊，但是因为政治的动荡，在时代洪流的冲刷之下，他们的人生轨迹都发生了急剧的改变，从此人生各有沉浮，再也难以齐聚在一起。

第五章

从长安到洛阳：韩孟诗派创作的高峰期

　　韩愈在江陵只待了八九个月的时间，元和元年（806）六月，他等来了日思夜盼的新任命，朝廷授他为权知国子博士。对韩愈来说，这个职位不但能使他回到长安，在官阶上还有一些提升，多少有一点让他喜出望外。

　　这一年韩愈三十九岁，算是他人生中的重要转折点。在未来的十几年，韩愈一直在长安、洛阳两京任职，在仕途上发展得比较平稳，一度任中书舍人、刑部侍郎，非常接近权力核心。

　　除了仕途通达之外，这段时间里，韩愈体力充沛、学问成熟、交游广泛，这些要素都助力了韩愈在诗文创作上达到巅峰。尤其是到洛阳任职之后，孟郊稍后定居于洛阳，卢仝、刘叉、马异、贾岛、李贺都成为韩愈的座上宾。这次盛大的集会，推进了韩孟诗派创作共同体的形成。

一、初返长安多联句

回到长安之后，韩愈感到最开心的，可能就是能够和知心好友重新相聚。在被贬谪的时候，物质贫乏，环境恶劣，都还是可以慢慢适应的，而最难以克服的困难，是独学无友的精神孤独。

就像初从阳山北返到江陵时，韩愈连见到北方的草木和大雪都感到惊奇。逃脱孤独回到长安的韩愈，更加乐意和朋友们相聚。一次，京兆府司录张署置酒相召，并邀请当时同在长安的孟郊、张籍作陪。韩愈很高兴地前往赴宴，还带上自己的侄子阿买。

酒至微醺，韩愈兴致很高，写下了《醉赠张秘书》一诗：

人皆劝我酒，我若不耳闻。今日到君家，呼酒持劝君。

为此座上客，及余各能文。君诗多态度，蔼蔼春空云。

> 东野动惊俗，天葩吐奇芬。张籍学古淡，轩鹤避鸡群。
>
> 阿买不识字，颇知书八分。诗成使之写，亦足张吾军。

诗中的张秘书指的是张署，当时任京兆府司录，因曾任秘书省校书郎，所以韩愈称他为张秘书。孟郊这时因为溧阳县尉任满进京听调，张籍在元和元年（806）调补太常寺太祝，二人都在长安，所以也都能够有机会相聚。

韩愈首先写了自己与张署不分彼此的友谊，平时别人劝酒都置若罔闻，今天到张署家喝酒，反而拿酒劝主人多喝。接着说在座各位都擅长文章，并对张署、孟郊、张籍诗歌的特点做了评价。连识不了多少字的阿买，也帮着用八分书抄写大家写好的诗。接着比较了文人雅集与“长安众富儿”的差别，嘲笑他们“不解文字饮，惟能醉红裙”。最后说现在正逢太平盛世，我们几个人正好没有什么事情，可饮酒到天亮。千年之后的我们，透过文字，似乎也能感受到这种与友朋相聚的欢愉。

贞元年间在汴州、徐州相聚时一起做联句诗的传统，在此时也得到了延续。其中，《会合联句》由韩愈、孟郊、张籍、张彻四人联合创作，全诗共三十四韵，六十八句。韩愈作十六韵三十二句，孟郊作十韵二十句，张籍作六韵十二句，张彻作二韵四句。其中，前半段都是一人一联，后半段是一人两联或四联：

> 离别言无期，会合意弥重。（张籍）
>
> 病添儿女恋，老丧丈夫勇。（韩愈）
>
> 剑心知未死，诗思犹孤耸。（孟郊）
>
> 愁去剧箭飞，欢来若泉涌。（张彻）
>
> ……
>
> 我家本瀍谷，有地介皋巩。
>
> 休迹忆沈冥，峨冠惭阔茸。（韩愈）
>
> 升朝高骞逸，振物群听悚。
>
> 徒言濯幽泌，谁与剃荒茸。（张籍）
>
> 朝绅郁青绿，马饰曜珪珫。
>
> 国雠未销铄，我志荡邛陇。（孟郊）

这首诗以诗人们久别之后重新相聚、韩愈贬谪重返京城为主题，各自逞才斗巧，所以诗风奇崛而略显生硬。但历代诗评家对此诗评价都很高，如宋洪迈《容斋四笔》认为这首诗雄奇激越，就像大江大河一样看不见涯涘，清代朱彝尊也说这首诗意旨宏肆，言词奇峭，"下语多新，句句醒眼"，是联句诗中的上乘作品。

在这一段时间，孟郊正好卸任溧阳尉，暂居长安等待新的职位，所以和韩愈相聚较多，两个人一起写了《纳凉联句》《同宿联句》《秋雨联句》《城南联句》《斗鸡联句》等大量的联句诗。这些联句诗几乎都是长篇巨制，在整个诗歌史上都是非常罕见的。其中，《城南联句》创造了一种新的联句法，即跨句联法。全诗长达一百五十四韵，三百零八句，先由韩愈作首句，次由孟郊作二、三句，再由韩愈作四、五句，以此类推，最后由韩愈作最后一句结尾：

> 竹影金琐碎，（孟郊）
>
> 泉音玉淙琤。琉璃剪木叶，（韩愈）
>
> 翡翠开园英。流滑随仄步，（孟郊）
>
> 搜寻得深行。遥岑出寸碧，（韩愈）
>
> ……
>
> 跃视舞晴蜻。足胜自多诣，（孟郊）
>
> 心贪敌无勍。始知乐名教，（韩愈）
>
> 何用苦拘仁。毕景任诗趣，（孟郊）
>
> 焉能守硁硁。（韩愈）

这种跨句联法的难度较大，一般人不敢尝试，唐代仅有陆龟蒙、皮日休、嵩起的《报恩南池联句》用过此法，但篇幅比这篇短得多。清人朱彝尊认为这首诗惊人之句层出不穷，要不是学富五车，才高八斗，是不能达到这个境界的。所以，这首诗可能是韩愈、孟郊商量好了篇法结构之后的联句，也可能即兴联句之后，又由韩愈进行了全面润色。

让人遗憾的是，韩愈这次长安任职的时间并不长。一年之后，韩愈因为他人的诽谤，自请前往东都洛阳任职。恰在此时孟郊也到洛阳入河南府郑余庆之幕，并很快在立德坊建房定居。前往洛阳一事，韩愈、孟郊是不是商量好的，我们现在无从了解，但韩孟诗派的活动中心也随之迁到洛阳，是确定无疑的。

二、遭谗请为东都官

韩愈重返长安之后，文名渐盛。宰相中有喜欢韩愈文章者，想给他安排一个文学侍从之职。但有竞争对手为了让韩愈被淘汰出局，四处制造不利于他的谣言。为此，韩愈还专门写了一篇《释言》为自己辩解。

当时的宰相郑絪年少有奇志，喜欢学习，善于属文，在德宗朝任翰林学士，就曾读过韩愈的诗歌，非常钦佩，但因为翰林学士是皇上的文学侍从，"职亲而地禁"，所以未能主动结交。宪宗即位之后，郑絪官拜中书侍郎、平章事，对韩愈返京一事比较关心，韩愈返京后去拜访他，曾赐座晤谈，并请韩愈将近日创作的诗文抄一份给他。

对于郑絪对自己的关照，韩愈是心存感念的：当年和张署、李方叔一起被贬官到江南，自己最先被宰相郑絪召回朝廷，这对韩愈来说是很大的恩赐；百官前往拜见宰相，其他人站着说几句话就离开了，而郑絪给韩愈赐座晤谈，对韩愈来说这是很大的礼遇；天下读书人想把自己的文章上呈宰相，以便得到赏识，而郑絪主动让韩愈把近期的诗文抄来赏读，这对韩愈来说也是一种知遇。韩愈刚刚从贬所归来，受够了那种求告无门的窘境，突然受到郑絪对自己的"赐大""礼过""知至"，难免有点受宠若惊，心怀感激也是人之常情。

但是，韩愈抄录诗文若干篇上呈郑絪之后，很快就有人向郑絪进谗，说韩愈对别人说："相国征余文，余不敢匿，相国岂知我者！"韩愈是一个对自己的文章自视甚高的人，他心里是否这么想，我们在千年之后不好推测，但他刚被贬遇赦返京，应该不至于这样口出狂言。过了不久，又有人向翰林舍人李吉甫、裴垍进谗，说了不少韩愈的坏话。而元和二年（807）初，李吉甫被任命为中书侍郎、同中书门下平章事。

两位当朝宰相都听过有关自己的谗言，韩愈夜深人静时想起这件事情来，难免为自己的处境担忧。所以，韩愈专门写了《释言》为自己辩解，在文章中，他故作轻松地说两位宰相肯定不会相信谗言，自己也不会有危险。但这就像是走夜路的口哨，越吹心里越怯火。他的《秋怀十一首》，大概就是在这个背景下写出来的，其中第十首写道：

> 暮暗来客去，群嚣各收声。悠悠偃宵寂，亹亹抱秋明。
> 世累忽进虑，外忧遂侵诚。强怀张不满，弱念缺已盈。
> 诘屈避语阱，冥茫触心兵。败虞千金弃，得比寸草荣。
> 知耻足为勇，晏然谁汝令。

夜幕降临之际，客人离去，万籁俱寂之中，"世累""外忧"让诗人难以入眠。诗人提到了"诘屈避语阱"，也许客人就是来告诉韩愈有人传播谣言，建议韩愈要谨言慎语。有人说这组诗很像阮籍的《咏怀》八十二首，而阮籍的这组诗也正是诗人忧思时局及个人命运的作品。

为了避免受到谗言的伤害，韩愈甚至主动摒除社交，以便全身远祸。在《剥啄行》诗中，韩愈表达了自己当时的心情：

> 剥剥啄啄，有客至门。我不出应，客去而嗔。
>
> 从者语我，子胡为然。我不厌客，困于语言。
>
> 欲不出纳，以埋其源。……从者语我，嗟子诚难。
>
> 子虽云尔，其口益蕃。我为子谋，有万其全。
>
> 凡今之人，急名与官。子不引去，与为波澜。

韩愈本想只要闭门谢客，减少人际交往，就会让谗言消退，但他的朋友告诉他，这样做是没有用的，造谣生事的人，是因为"急名与官"，只有离开这个是非之地，才有可能得到安宁。

所以，为了避免三人成虎，积非成是，韩愈决定离开长安这个是非之地。这个时候，正好孟郊、李翱等人都在洛阳任职，所以韩愈就主动申请分司东都。

东都国子监的规模较小，据《新唐书·选举志》记载，唐代天宝年间以后，学校衰落，生无定员。到了元和二年（807），学校有了定员，各类学校总的算来，西都有监生550员，东都监生才有100员。其中，"东都国子馆十人，太学十五人，四门五十人，广文十人，律馆十人，书馆三人，算馆二人而已。"而此时诏令始下，尚未来得及执行。所以，韩愈在洛阳国子监，几乎没有什么学生可教。

"学堂日无事，驱马适所愿。"（《秋怀诗十一首》其二）没有什么公务的韩愈，只能在洛阳四处游观来打发多余的时间。在《送侯参谋赴河中幕》中，韩愈写到了自己走遍洛阳的情景：

> 东都绝教授，游宴以为恒。秋渔荫密树，夜博然明灯。雪径抵樵叟，风廊折谈僧。陆浑桃花间，有汤沸如烝。三月崧少步，踯躅红千层。洲沙厌晚坐，岭壁穷晨升。沉冥不计日，为乐不可胜。

韩愈是元和二年（807）六月到洛阳任职，所以就按照秋天、冬天、春天的顺序，来写自己初到洛阳时的状态。

在韩愈分司东都之前，孟郊应河南尹郑余庆之辟，在洛阳任水路运从事。侯喜则继任东都国子监助教，与韩愈正好是同事。而李翱原先是东都国子监祭酒，后来入长安为国子监祭酒、史官修撰，二人在时间上应该也有交集。韩愈刚到洛阳时在各地游观，应该是有这些老朋友相陪伴的。

　　韩愈是一个喜欢与人交游的人，他很快和当地的同僚相熟，有时还会和同僚一起参访名胜古迹。这年十月，曾和吏部员外郎王仲舒、水部员外郎郑楚相、洛阳县令潘宿阳、前左武卫胄李演、处士石洪等同游洛阳福先寺塔并题名（见《福先塔寺题名》）。

　　韩愈在洛阳还遇到了裴度。贞元九年（793），韩愈和裴度一起参加博学宏辞科考试，韩愈被黜落，而裴度中选。此后裴度仕途比韩愈顺利，曾任监察御史等职位。后来，裴度因为密章奏论德宗宠臣时，措语直切，触怒了德宗，被黜为河南府功曹。这次两个人在洛阳相遇，由于境况相近，而且在很多政治事务上立场相同，于是惺惺相惜，逐渐发展成重要的政治上的搭档，日后互相成就之处甚多。

　　韩愈还认识了一些隐居于洛阳附近的高士。当时隐居在少室山的李渤，年轻时曾隐居嵩山，刻苦读书，颇有声名。元和初，户部侍郎李巽等人曾先后向朝廷荐举他，宪宗诏令授予右拾遗，但李渤上书拒绝出山。韩愈与李巽有过交集，在江陵时，韩愈曾上书李巽求援。这次来到洛阳，或许是因为有李巽介绍，与李渤有较多交往，并于元和三年（808）十二月写信给他，劝说他出山入仕。韩愈一生以儒者自居，不但用孔孟之道律己，也用孔孟之道劝人。这位隐居的李渤后来听从了韩愈的劝说，移家东都，并于元和九年（814）应著作郎之命。可以算是韩愈化被方外、移风易俗的成就。

三、禁哗众以正浮屠

元和四年（809）六月，韩愈被改授都官员外郎分司东都判祠部，就是以都官员外郎的身份，兼充祠部员外郎。都官员外郎、祠部员外郎，都是从六品上，前者属于刑部，后者属于礼部。据《唐六典》，祠部员外郎"掌祠祀享祭、天文漏刻、国忌庙讳、卜筮医药、道佛之事"。也就是说，在唐玄宗编纂《唐六典》时，佛教、道教是归祠部员外郎管理的，尤其是东都，由于寺庙宫观较多，寺观僧道管理占据很重要的内容。

但是，制度是不断发展的，祠部员外郎与佛教、道教的关系也是如此。据《唐会要》卷四九载，开元十五年（727）七月初七日制："道士、女冠宜隶宗正寺，僧尼令祠部检校。"已经与《唐六典》所载有所不同。到了宪宗贞元二年（786），开始由左右大功德使、东都功德使、修功德使来主管僧尼的入籍与寺庙的增减。元和二年（807）二月，更是诏"僧尼道士同隶属左街、右街功德使，自是，祠部、司封不复关奏"。这本是国家层面的行政职责的分工，韩愈"不在其位，不谋其政"，本不应插手自己职责之外的事情。但是，韩愈一生以排佛为志业，被任命"判祠部"后，非常在意对僧尼事务的管理。

因为出家人不用缴纳赋税，不用服徭役，很多人之所以出家，不是因为宗教信仰，而是为了避税或取得经济利益。早在唐高祖时，就已经出现了这个问题。所以，唐朝对出家人的人数是有所规定的，《新唐书·百官志》载："天下观一千六百八十七，道士七百七十六，女冠九百八十八。寺五千三百五十八，僧七万五千五百二十四，尼五万五百七十六。"出家总人数都是有限制的，而每年允许出家的名额也有限制。这很大程度上是国家从经济角度所做的考虑，而这也正是韩愈所关心的事情。

而元和二年（807），宪宗以吐突承璀为左右街功德使，佛教、道教的事物都由其掌管，从此祠部不复关奏。最为重要的是吐突承璀是宦官，也就是说，对佛道的管理是由宦官具体负责的。而在当时，宦官大多信仰佛教，很多人是虔诚的佛教徒，也乐于建设佛寺，布施钱财。所以，由他们来掌管佛教、道教事务，会导致佛教、道教人口过多，对社会经济、国家税收产生巨大的影响。三十年后的武宗灭佛，光被强迫还俗的僧尼就有26

万，拆毁佛寺 4600 余座，收缴良田数千万顷。

所以，韩愈在上任祠部员外郎之后，对左右街功德使夺走僧尼管理权非常不满。当时他之所以要争夺对僧尼的主管权，就是要防止佛教过度传布。但《唐六典》对祠部员外郎职责的规定，早已经被新的诏令覆盖，宦官对韩愈这种凭借旧制度夺权的行为当然也不会认可，所以韩愈与左右街功德使发生了激烈的冲突。

在任祠部员外郎两年之后，韩愈与宦官的矛盾达到了白热化程度，韩愈上疏给郑余庆，认为自己天天与宦官发生矛盾，感觉很危险，于是要求郑余庆把他改判其他部门。郑余庆没有立即答应韩愈的请求，韩愈竟然提出告病辞职，以此来要挟郑余庆。

郑余庆与韩愈算是旧相识，韩愈自言"三得为属吏，朝夕不离门下，出入五年"：元和元年（806）九月，郑为国子监祭酒，韩愈权知国子博士，两个人在长安是上下级关系；十一月，郑为河南尹，韩愈次年夏以权知国子博士分司东都，两个人在洛阳还是上下级关系；元和五年（810），郑为东都留守，韩愈被改授都官员外郎分司东都判祠部，不知是不是出于郑的推荐，但依旧是上下级的关系。

如果从客观的角度分析，僧尼道士同隶属左街、右街功德使，是宪宗元和二年（807）二月所下的诏令，韩愈以唐玄宗开元年间编纂的《唐六典》为依据，要求归祠部管理，是不符合当时的行政运作惯例的。韩愈所提出的要求，简直就是无理取闹，郑余庆对这位老下属可以说是极尽包容。

而对韩愈来说，他也未必不了解这些行政惯例，但是作为一个志于排佛老的儒家学者，在有机会抑制佛老之时，是不愿意放弃努力的。排佛老是韩愈的一贯主张，而将这种主张落实到自己的从政生涯之中，这是一个开始。从这里我们可以看到韩愈执拗的个性，也可以看到他以道事君的坚决意志。了解了这一点，数年之后韩愈上表谏迎佛骨，就显得非常合情合理了。

四、核军籍与禁私兵

元和五年（810）冬，韩愈被改授河南县令，算是郑余庆对这位个性倔强的老同事上疏的回应。河南县是京县，正五品上，从品阶上来说还有所提高。不过，在韩愈看来，是"沙汰为县"，看来他不是很满意郑余庆的安排。

韩愈从仕，以道事上，不求苟容。所以，每到一个地方，一旦发现有弊政，尽管与自己的利益并不相关，也是勇于作为。这可以说是韩愈一生从政的原则。

韩愈赴任河南令，并没有离开洛阳。当时作为东都的洛阳以洛水为界，洛水之南为河南县，洛水之北为洛阳县。

就任不久，韩愈发现街市上有自称军人的商贩。经过调查之后，才知道"坐军营，操兵守御，为留守出入前后驱从者，此真为军人矣；坐坊市卖饼，又称军人"（《为河南令上留守郑相公启》）。也就是说，有些商贩假冒军籍，以军人的身份招摇撞骗，违法乱纪，地方官吏前往查处时，又以军籍的名义凌驾于府县官吏之上。

这个现象说明两个问题：一个是当时军籍人员有一定的特权，所以市井商贩乐意假冒或买一个军籍来保护自己；另一个是军队中有人私自出卖军籍名额，既借此敛财，又冒领军费。这一类军籍虚占的现象，在唐代中后期是较为普遍的。但是，这显然不是地方官员能够管理的事情，所以大家心照不宣，不敢揭露真相。而韩愈对此深恶痛绝，对这些假冒军籍之人痛加责罚。

这些假冒军籍的人受到责罚之后，群起前往郑余庆处诉冤。郑余庆对此事肯定是心知肚明，但不敢和这些人背后的强大势力直接对抗，于是下令"追捕所告受辱骂者"，以平息事端。对于郑余庆的处理方式，韩愈非常不满意。为了表达自己对郑余庆处置不当的抗议，韩愈上书请求辞职以表达自己的无奈和愤怒。这篇后来被命名为《为河南令上留守郑相公启》的文章，清人曾国藩给予高度评价，认为韩愈能够对官位弃如敝屣，所以才能文气豪壮，文无沮词。正所谓"壁立千仞，无欲则刚"，正是因为韩愈不恋职贪禄，所以才能够持道以行。这和韩愈气盛言宜的说法，也是完全相符的。

洛阳是唐代仅次于长安的大都市，很多节度使在洛阳都有庄园，有些节度使的庄园内还养着私人武装力量。魏、郓、幽、镇都是手握重兵的藩镇，一旦有变，这些私人庄园中的武装势力，很可能会成为藩镇叛乱的内应，将产生极大的危害。所以，韩愈从朝廷安危的角度出发，禁止私人庄园拥有私人武装，在当时引起了很大的轰动。有使者将这个消息上报宪宗，宪宗非常高兴地说："韩愈助我者。"

但韩愈位卑权轻，根本无力扭转时局。后来，吴元济叛乱，郓州节度使私邸的武装力量在东都洛阳谋反，想屠杀东都留守，以迎合淮、蔡的叛乱。这说明韩愈揭露的问题并没有得到真正的治理。

总结韩愈在洛阳做官数年的事迹，无论是和宦官的祠部之争，查处冒籍军人，还是反对诸镇节度使私邸养兵，韩愈所关注的都是当时的弊政，所挑战的都是当时的权贵。他和欧阳詹当年一样，为了能够以道事君，甚至忘记了自己职位的卑微。

从另一个角度来看，像韩愈这样坚持正道直行，还有一点脾性执拗，在当时还能够不断地升职，一方面是韩愈的诗文才华为当世所赏识，总有贵人相助，另一方面，也可以看出宪宗朝君臣的格局和气度，中兴气象也蕴藏于其中。

五、文朋诗友再集结

韩愈不仅仅是一个官员、诗人、古文家，他还是唐代古文运动和韩孟诗派的领导者。所以，他和当时的诗人、古文家的交游，是元和文坛的大事件。就古文创作而言，韩愈是整个涟漪效应的核心，主要是他对其他古文运动的成员产生影响；而对于韩孟诗派而言，他和这一诗派成员的互动，促成了他诗歌风格的成熟，所以显得尤为重要。

韩孟诗派的成员有两次重要的集结，一次是贞元十二年（796）到十六年（800）期间，也就是韩愈从事于汴州、徐州时期；另一次是元和元年（806）到六年（811）期间，也就是韩愈从江陵返回长安到韩愈从洛阳返回长安期间。尤其是第二次集结，韩孟诗派的队伍更壮大，而且核心成员都到了创作高峰期，是中国诗史上的一个重要时刻。

　　韩愈被贬阳山以后，久处南国，就时常念及几位诗友："昔我在南时，数君常在念。摇摇不可止，讽咏日喁喁。"（《喜侯喜至赠张籍张彻》）元和元年（806）秋冬返回长安后，曾与孟郊、张籍、张署等人聚会联句。十一月，孟郊前往洛阳任水陆运从事，交流活动略有减少。不久，侯喜又来到了长安，和韩愈也相见甚欢。到洛阳之后，除了已在洛阳任职的孟郊、李翱，还有李贺、卢仝、樊宗师、皇甫湜、张彻、贾岛、马异、刘叉等人的加入，韩孟诗派因此增加了新生力量，而且各自的创作也达到了一个较高的水平。

　　孟郊（751—815）是韩孟诗派的核心成员，他早在贞元年间就对韩愈的诗歌有较大的影响。贞元二十年（804），孟郊辞去溧阳尉，回到长安寻求新的机会。韩愈当时权知国子博士，于是写了首《荐士》，向国子祭酒郑余庆推荐了孟郊。这首诗先梳理了从《诗经》到盛唐的诗歌发展史，然后从才华、品格、际遇等角度介绍孟郊，希望郑余庆能够帮助孟郊。其中写孟郊诗歌才华的一段云：

　　国朝盛文章，子昂始高蹈。勃兴得李杜，万类困陵暴。

后来相继生，亦各臻闻奥。有穷者孟郊，受材实雄鸷。

冥观洞古今，象外逐幽好。横空盘硬语，妥帖力排奡。

敷柔肆纤余，奋猛卷海潦。荣华肖天秀，捷疾逾响报。

从诗中可以看出，韩愈对孟郊诗歌的评价：上继陈子昂、李白、杜甫，雄健刚劲，具有强烈的个人风格特点。

郑余庆收到韩愈的荐诗，还没来得及回应，就于当年十一月被改任为河南尹，当时李翱在东都国子监任国子博士，在郑余庆履新后也向他推荐孟郊。二人的推荐起到了作用，郑余庆奏署孟郊为水陆运从事，试协律郎。于是孟郊决定定居洛阳，并在立德坊建造了一所新的住宅。

孟郊幼年丧父，由寡母一手抚养成人，成年后常年漂泊在外，传唱久远的《游子吟》是他真实生活的写照。现在生活安定下来了，孟郊将"临行密密缝，意恐迟迟归"的母亲也接到了洛阳。可惜好景不长，元和四年（809）春，孟郊因母亲去世，丁忧去职，接着儿子夭折，孟郊变成了一个"前无古人，后无来者"的失子老人。韩愈为了安慰他，写了一首《孟东野失子》，劝慰孟郊"且物各有分，孰能使之然。有子与无子，祸福未可原"。孟郊一生贫寒，老年孤独，正是这一生不幸的遭遇，成就了他"郊寒岛瘦"的诗歌风格特点。

定居洛阳期间，贾岛、卢仝、刘叉等都与孟郊交往频繁。尤其贾岛是元和年间受孟郊影响最大的诗人，他到洛阳之后，先后有《投孟郊》《寄孟协律》等诗写给孟郊，孟郊也有《戏赠无本二首》写给贾岛。由于二人都是贫士，身世相似，更容易同声相应、同气相求，而且诗歌创作都有苦吟精神，诗多有枯寂荒凉之境，风格较为相近，所以苏轼以"郊寒岛瘦"称之。元和十年（815）孟郊去世之后，贾岛哀恸不已，先后写《哭孟郊》《吊孟协律》《哭孟东野》等诗悼念，其中《吊孟协律》云："才行古人齐，生前品位低。葬时贫卖马，远日哭惟妻。孤冢北邙外，空斋中岳西。集诗应万首，物象遍曾题。"写孟郊生前才高位低、死后家贫无后的惨状，幸亏"集诗应万首"，期望能够"身死声名在，多应万古传"（《哭孟郊》）。

贾岛（779—843）早年出家为僧，法号无本。后来在韩愈的劝说下还俗，参加科举考试。韩愈和贾岛的相见，具有一定的戏剧性。据《刘公嘉话》载，贾岛到长安参加科举考试，一天在驴背上得到两句诗："鸟宿池边树，僧敲月下门。"开始想用"推"，后来又觉得用"敲"比较好，反复锤炼，于是就沉浸到了诗境之中，在驴背上一会做推门的姿势，一会做敲门的姿势，看到的人都感到很惊讶。后来，贾岛不小心冲撞了当时的权知京兆尹韩愈的车驾，于是略带恐慌地向韩愈汇报了这件事。韩愈听说之后，官威顿消，诗兴勃发，立马捻须，思考良久，然后对贾岛说："'敲'字佳。"然后两个人并辔骑行，共论诗道，流连数日，遂定为布衣之交。"推敲"二字，也从此成为诗人炼字的代名词。

这种小说家言说的未必是实情，有时间错乱和张冠李戴之处。韩愈与贾岛相识，应该不晚于元和六年（811）秋，当时韩愈由河南令迁职方员外郎，贾岛随韩愈入长安，居青龙寺，作《题青龙寺》及《题青龙寺镜公房》。后来，贾岛欲归范阳老家，韩愈还有《送无本师归范阳》一诗相送："家住幽都远，未识气先感。来寻吾何能，无殊嗜昌歜。始见洛阳春，桃枝缀红糁。遂来长安里，时卦转习坎。"可见，在洛阳时，韩愈和贾岛就已经熟识。

卢仝（约795—835）是"初唐四杰"之一卢照邻之孙，祖籍范阳（今河北省涿州市）人，自号玉川子。卢仝一生穷苦，"平生四十年，惟著白布衣"。早年隐少室山茶仙泉，后迁居洛阳，可能就是此时与韩愈相识。韩愈有一首《寄卢仝》，生动地写出了卢仝的穷困潦倒：

玉川先生洛城里，破屋数间而已矣。

一奴长须不裹头，一婢赤脚老无齿。

辛勤奉养十余人，上有慈亲下妻子。

卢仝的代表作是《月蚀诗》，这首诗描写了元和五年（810）十一月十四日发生的月全食的经过，全诗长达一千七百余字，虽为诗歌，但纯用散文笔法，风格险怪。韩愈非常欣赏这首诗，极称其工，后来还作《月蚀诗效玉川子作》，仿效卢仝的风格。

李贺（790—816）是韩孟诗派中年龄最小，加入也较晚的一位，但其诗风险怪奇崛，以苦吟见长，和韩孟诗派的整体风格是一致的。李贺为人早慧，七岁能诗，体形细瘦，通眉长爪，气质异于常人。李商隐《李贺小传》对他的早年"苦吟"有着非常生动的描写：

恒从小奚奴，骑距驴，背一古破锦囊，遇有所得，即书投囊中。及暮归，太夫人使婢受囊出之，见所书多，辄曰："是儿要当呕出心乃已尔。"上灯，与食。长吉从婢取书，研墨叠纸足成之，投他囊中。

认识韩愈之时，李贺可能还不足二十岁。据说李贺前往拜谒国子博士韩愈，韩愈当时送客归来，非常疲惫，接过门人送来的诗卷，一边解衣带一边翻阅，看到《雁门太守行》"黑云压城城欲摧，甲光向日金鳞开"两句时，立即重新把衣带结上，命门人将李贺迎进来。

李贺的父亲名叫李晋肃，有好事者因为嫉妒李贺的才华，就说"晋"与"进"同音，李贺不能参加科举考试，不然就是冒犯自己父亲的名讳，是不守孝道。这件事情给李贺带来了较大的困扰。其实，早在唐代贞观年间，唐太宗就曾下诏"二名不偏讳"，其依据是《礼记·曲礼》。但后来在执行避讳制度时，大都比诏令规定的要严格。韩愈为了破解李贺的困惑，专门写了一篇《讳辩》："今贺父名晋肃，贺举进士，为犯二名律乎？为犯嫌名律乎？父名晋肃，子不得举进士，若父名仁，子不得为人乎？"韩愈的文章很雄辩，后来成了一篇名作，但李贺作为当事人，却无法以一己之力与世俗的力量相抗衡，所以一生郁郁寡欢，英年早逝。

李贺的诗歌以古体诗为主，想象丰富，语言瑰诡，在整个唐代诗坛独树一帜。他的诗中常用鬼意象，如《苏小小墓》："幽兰露，如啼眼。无物结同心，烟花不堪剪。草如茵，松如盖。风为裳，水为佩。油壁车，夕相待。冷翠烛，劳光彩。西陵下，风吹雨。"简短的诗句中刻画出清幽梦幻的凄冷鬼境，冷气森森而不让人生厌，一读之下，便难忘怀，甚至有些心生向往。所以，李贺被后人称为"诗鬼"，和"诗仙"李白、"诗圣"杜甫、"诗佛"王维相并列。

从这里也可以看出，韩孟诗派的形成，虽然是以韩愈、孟郊为核心，但不完全是在韩愈、孟郊诗风的影响下产生的诗派。很大程度上是一批志同道合的诗人聚在一起，互相砥砺，互相影响。所谓"文变染乎世情，兴废系乎时序"，韩孟诗派是应时代的风潮而生，韩愈、孟郊不过是浪头上的弄潮儿。

六、韩诗风格的成熟

重返长安之后的几年，是韩愈诗歌创作成熟的阶段。除了和孟郊、张籍等人的联句长诗，创造了文学史上的奇特景观外，韩愈这一时期的诗歌创作，还取得了多方面的创获。如《秋怀诗十一首》取法阮籍《咏怀诗》等，寄意深曲，或庄或讽，被清方世举称为："昌黎短篇，以此十一首为最。"但是，最能代表韩愈诗歌风格的，是《南山诗》《元和圣德诗》《石鼓歌》等长篇的五言、四言、七言诗。

　　韩愈的诗歌气势磅礴，一扫大历以来的纤巧卑弱的诗风，"驱驾气势，若掀雷挟电，奋腾于天地之间"（司空图《题柳柳州集后》）。最能够代表这种风格的，就是创作于元和元年（806）秋天的《南山诗》。这首诗的第一部分先写南山的地理位置，在不同天气、不同季节远眺终南山的景色，以及终南山主峰太白山的雄奇秀景。我们选取四季望南山一节：

　　　春阳潜沮洳，濯濯吐深秀。岩峦虽嵂崒，软弱类含酎。
　　　夏炎百木盛，荫郁增埋覆。神灵日歊歔，云气争结构。
　　　秋霜喜刻轹，磔卓立癯瘦。参差相叠重，刚耿陵宇宙。
　　　冬行虽幽墨，冰雪工琢镂。新曦照危峨，亿丈恒高袤。

从这节可以看出，此诗意象尖新，语句瘦硬，气势阔大，而且好用僻字。以四季写景是前代诗人常用的手法，但韩愈写来，则毫无俗滥之气。第二部分自"昆明大池北"至"脱险逾避臭"，写自己从昆明池北前望终南山，俯瞰池中南山的倒影，从杜陵崎岖而上，才能仰见南山的全貌。而诗人在登山之时，居然迷了路：

行行将遂穷，岭陆烦互走。勃然思坼裂，拥掩难恕宥。

巨灵与夸娥，远贾期必售。还疑造物意，固护蓄精祐。

力虽能排斡，雷电怯呵诟。攀缘脱手足，蹭蹬抵积甃。

茫如试矫首，堛塞生怐愗。威容丧萧爽，近新迷远旧。

拘官计日用，欲进不可又。

这一段以登山之难写山势之险、游兴之浓，想象力极为丰富。接下来便重点写游湫的情景。最后写自己遭谪阳山途中，所见冰雪中的南山之景色。第三部分写自己重返长安任职后，第三次前往游览终南山，并最终登上山巅，将秀丽景色尽收眼底。这个部分最大的特点是先用了五十一个"或"字句，又用了十四个叠词句，完全用赋法来体物。"大哉立天地"以下，以自己作歌诗以回报南山的灵异。

《南山诗》最大的特点，就是以赋为诗。宋洪兴祖说："此诗似《子虚》《上林》，才力小者，不可到也。"近人程学恂《韩诗臆说》认为："读《南山诗》，当如观《清明上河图》，须以静心闲眼，逐一审谛之，方识其尽物类之妙……昔人云赋家之心，包罗天地者，于《南山诗》亦然。"但也有人对连用五十多个"或"字的写法表示不认可，明末清初蒋之翘就认为："连用或字五十余，既恐为赋若文者，亦无此法。"(《辑注唐韩昌黎集》)连辞赋、文章中都没有这种写法，何况是诗歌创作？从文学创作的角度来看，蒋之翘的说法是有道理的。

元和二年（807）正月，唐宪宗以平叛成功祭告太庙、祀昊天上帝于郊丘。韩愈作《元和圣德诗》，歌颂了宪宗即位之后就讨平了西川（治所在今四川省成都市）节度副使刘辟、夏绥（治所在今陕西省靖边县正北白城子）节度使韩全义外甥杨惠琳两处藩镇叛乱。诗序称："臣见皇帝陛下即位已来，诛流奸臣，朝廷清明，无有欺蔽，外斩杨惠琳、刘辟，以收夏、蜀，东定青、齐积年之叛，海内怖骇，不敢违越。郊天告庙，神灵欢喜，风雨晦明，无不从顺。"这体现了韩愈反对藩镇割据的一贯态度，而压制藩镇割据也是元和中兴的重要政治保障。

《元和圣德诗》是一首四言诗，长达一千零二十四字。全诗可以分为四个部分：第一部分自"皇帝即阼"至"降幡夜竖"，简括朝廷之师有征无战；第二部分自"疆外之险"至"训厥氓亩"，写平定西川之乱的终始及强藩畏威入朝；第三部分自"正月元日"至"仁滂施厚"，写宪宗郊天告庙、大赦天下；第四部分自"皇帝神圣"到全诗最后，描写由于宪宗至诚格天，神灵急速下临享祀之状。这首诗最后以"博士臣愈，职是训诂。作为歌诗，以配吉甫"结尾，可能是以尹吉甫作《嵩高》等诗赞美周宣王自比。

对于这首诗的艺术价值，历来褒贬不一。如胡震亨《唐音癸签》卷九云："柳州之《平淮西》，最章句之合调；昌黎之《元和圣德》，亦长篇之伟观。一代四言有此，未觉风雅坠绪。"是认为这首诗不但是韩愈四言诗的力作，也是唐代四言诗的代表作。但是蒋之翘《韩昌黎集辑注》云："退之《元和圣德诗》，列铭颂体中，文尚质实可观；若论四言诗，则韦、曹诸人，已失前轨，三唐间安复论此。"意思是四言诗到西汉韦孟、三国曹操之后，已经逐渐失去了前人的规范，不应该从四言诗的角度去评价此诗，而应该将它列入铭颂之体。二人评价的角度有所不同，虽然殊途同归地肯定了这篇作品的成就和价值，但蒋之翘显然是认为《元和圣德诗》的诗味不足。

安史之乱后，文人普遍渴望中兴之主。宪宗刚刚即位，韩愈就将其比作周宣王。无独有偶，创作于元和六年（811）的《石鼓歌》中，"宣王中兴"也成为韩愈对宪宗的期望。《石鼓歌》中提到的石鼓，是唐贞观元年（627）在凤翔府陈仓山（今陕西省宝鸡市石鼓山）发现的十个形状不一的鼓状石头，所以后来被称为石鼓。石鼓上面刻着周代的籀文，经后人识别，每个石鼓上刻着一首四言诗，共十首，总共七百一十八字。这十个石鼓被发现之后，历经千余年的历史变迁，目前被收藏在北京故宫博物院珍宝馆。

这组石鼓被发现之后，曾在京城文人中引起轰动，很多人前往凤翔做拓本。杜甫《李潮八分小篆歌》曾提到石鼓文字："苍颉鸟迹既茫昧，字体变化如浮云。陈仓石鼓又已讹，大小二篆生八分。"但未涉及石鼓的具体年代。韦应物《石鼓歌》云："周宣大猎兮岐之阳，刻石表功兮炜煌煌。石如鼓形数止十，风雨缺讹苔藓涩。"认为石鼓诗记载的是周宣王出猎，最早提出"乃是宣王之臣史籀作"这个后世聚讼纷纭的看法。

韩愈的《石鼓歌》先是写张籍拿来石鼓文的拓本，劝他写石鼓歌，但韩愈认为李白、杜甫都已经去世了，自己才薄，写不了这种重大题材的作品。次写周宣王生逢王室衰微之际，即位后奋起讨伐四夷，整顿朝纲，然后"镌功勒成告万世，凿石作鼓隳嵯峨"。次写张籍所持拓本，"辞严义密读难晓，字体不类隶与蝌"。次写石鼓诗没有被编入《诗经》原因，并倍感惋惜，"嗟余好古生苦晚，对此涕泪双滂沱"。接着韩愈回忆起自己元和元年（806）时曾建议用骆驼将石鼓运到太庙或太学，但是朝中大员一个个老于世故，无人肯为此发声，石鼓只能留在原地，让牧童在鼓上敲火，让牛用它磨角。最后韩愈呼吁道："方今太平日无事，柄任儒术崇丘轲。安能以此尚论列，愿借辩口如悬河。石鼓之歌止于此，呜呼吾意其蹉跎。"这首诗除了建议保护石鼓、崇尚儒学之外，其实也有一层隐喻，就是以宣王中兴之石鼓，预示着一个新的中兴时代的到来。

韩愈《石鼓歌》被后人称为"昌黎集中第一篇杰作"，百年之后，苏轼也写了一篇《石鼓歌》，但立意不同，最后用"兴亡百变物自闲，富贵一朝名不朽。细思物理坐叹息，人生安得如汝寿"四句作结，余意无穷。后人多喜臧否韩、苏之诗，非要分出个优劣轩轾。其实，正如清施补华《岘佣说诗》所说：每个人各有千秋，都是大家，不必强分高下。

这段时间是韩孟诗派交游的高潮，也是韩愈以文为诗创作风格的高潮。元和六年（811）韩愈调离洛阳之后，远离了孟郊、贾岛等人，由于人生境遇的变化，以及交游圈子的更新，韩愈的诗歌逐渐发生了一些变化，创作的近体诗越来越多，而他最擅长的五古、七古的创作，却逐渐变得沉寂了。

第六章

参赞中兴之局：八载沉浮的官宦生涯

正如《元和圣德诗》《石鼓歌》所隐喻的，追求中兴是韩愈在政治上的一个执念。其实，安史之乱后，中兴之梦就一直萦绕在那些忠君爱国的士人心中，杜甫期望唐肃宗"再光中兴业，一洗苍生忧"（《凤凰台》），高仲武编选肃宗至德初至代宗大历末期间的诗歌，则直接命名为《中兴间气集》，元结撰文、颜真卿书写的《大唐中兴颂》也表达了中兴大唐的渴求，可惜肃宗、代宗配不上他们的殷殷期盼。而元和年间正是宪宗励精图治之时，尤其是平定、削弱了部分藩镇势力，结束了从唐代宗以来近半个世纪的藩镇割据局面，被后世史家称为"中兴之局"。

对韩愈而言，元和六年（811）秋调任长安之前，他不过是这个所谓的"中兴之局"的旁观者，最多不过是颂扬圣德、润色鸿业；而在此之后，他历任兵部职方员外郎、国子博士、刑部比部郎中、吏部考功郎中知制诰、中书舍人、太子右庶子、刑部侍郎，在频繁的职位调整之中，开始慢慢接近权力核心。

可以说，这次长安八年的仕宦生涯，是韩愈参赞中兴之局的人生阶段。直到元和十四年（819），韩愈因上《论佛骨表》被贬潮州，而所谓中兴之局也走向了终结。

一、三年之中四改官

从元和六年（811）夏到元和九年（814）十月，韩愈先后任职方员外郎、国子博士、比部郎中兼史馆修撰、考功郎中兼史馆修撰。

兵部职方员外郎是一个从六品上的职位，而韩愈原先担任的河南县令是正五品上，看起来似乎是职位降低了，但职方员外郎是朝官，拥有比地方官大得多的优势。从行政历练的角度来讲，职方员外郎的任职经历，让韩愈增加了很多军事方面上的知识，为日后参与平定淮西、任兵部侍郎、宣慰地方割据势力做了充分的准备。

刚到长安之时，韩愈因为举家搬迁，耗费甚巨，在经济上可能出了点小问题，以至于在送别贾岛时，没有能力资助他一点盘缠。他在《送无本师归范阳》中写道："遂来长安里，时卦转习坎。老懒无斗心，久不事铅椠。欲以金帛酬，举室常顦顇。"之所以出现这么窘迫的局面，可能是因为韩愈刚刚举家从洛阳迁到长安，履新之后，相关的手续尚未办理妥当，官府应该发放的职田月俸和餐钱役食都未能及时拿到手，所以导致韩愈暂时出现了经济上的困难，以至于着急得想辞职归田。

韩愈任职方员外郎不久，就因为介入了一场纠纷而被降职。当时，华州刺史阎济美因为公事停止华阴县令柳涧的县令职务，让他代行属吏职事。数月后，阎济美被免除刺史职务，就迁出官衙，居住在公馆。柳涧因为心怀私怨，就煽动百姓拦路索要前几年拖欠的军务劳役费，趁机报复阎济美。继任刺史赵昌查出柳涧的罪行，上报朝廷，柳涧被贬为房州司马。韩愈这时恰巧因为公差经过华州，认为继任华州刺史赵昌有庇护前任的嫌疑，于是就上疏为柳涧辩护。但后来经过朝廷派人核查，查出柳涧贪污受贿，于是将其再贬为封溪县尉。韩愈也因为妄论刺史结党偏袒，于次年二月被降职为国子博士。

这件事情本来是微不足道的，与韩愈也没有什么关系，韩愈上疏进言，不知是因为熟悉并相信柳涧，还是纯粹是因为好议论。如果是后者，那么数年之后，柳宗元在《与韩愈论史官书》说"学如退之，辞如退之，好议论如退之"云云，真可谓对韩愈的传神写照。

这是韩愈第三次任国子博士，他对此非常不满。于是，韩愈就在《石鼎联句》中，对当时的宰相做了一番丑化和讥讽：

> 巧匠斫山骨，刳中事煎烹。直柄未当权，塞口且吞声。
>
> 龙头缩菌蠢，豕腹涨彭亨。外苞干藓文，中有暗浪惊。
>
> 在冷足自安，遭焚意弥贞。谬当鼎鼐间，妄使水火争。

鼎三足而立，所以用来象征三公；鼎本来应该是金鼎，而这个鼎却是用石头凿成的，可见品质之恶劣。这首诗本来署名为轩辕弥明、刘师服和侯喜，但后人认为这首联句诗其实是韩愈自作，之所以托名于他人，又写了篇长序做了掩饰，是为了发泄私愤而不被有关权贵察觉。

稍后，韩愈又写了篇《进学解》，借学生之口表达自己的激愤不平。首先，写国子先生韩愈召见学生训话，希望学生能够努力向学，因为"业精于勤荒于嬉，行成于思毁于随"。接着，有学生起来以韩愈为例进行反驳，说韩愈多年来勤于批阅六艺、诸子之文，崇尚道统、排斥佛老，对儒学很有功劳，文章、为人都很成功，而结果呢？"然而老师您于公得不到信任，于私得不到友朋的帮助。瞻前顾后，动辄得咎。当了几天御史，然后就被发配到南方的蛮荒之地。即便是暖冬，小孩也冻得哭号；即便是丰年，老婆也饿得啼喊。未老先衰，头童齿豁，坚持到老又能得到什么好处？"这种努力、才华、道德与现实人生的成功毫不匹配的情况，如何有说服力让大家相信人生需要努力向学呢？最后，韩愈回答道，宰相治理国家，就像工匠建房子、医师配药治病一样，要量才而用，任用合适的人。连孟子、荀子这样的人，都不一定能够被重用，而现在我学习虽然勤奋却没有沿着道统，说话虽多但不合乎中正之道，文章虽然出奇却无益于实用，行为虽然有修养却没有什么突出于一般人的表现，被安排到国子博士这样的闲散位置上，是非常合适的。

《进学解》是韩愈非常经典的古文名篇，展现了韩愈至为高超的语言艺术水平，后人从这篇文章中提炼出来的成语，就有二十多个，几乎达到了汉语文学创作的极限。它取法于东方朔

《答客难》、扬雄《解嘲》、班固《答宾戏》，是用问答的形式来发泄自己怀才不遇的牢骚。明茅坤说："以怨怼无聊之辞托之人，自咎自责之辞托之己，最得体。"也就是说，将牢骚之词借别人之口说出，而自谦、自责之词由自己说出，其实是自问自答，左右互搏，巧妙地表达出了自己对现实的不满。

或许是因为《进学解》的牢骚之词产生了一定的社会影响，执政大臣也读到了这篇文章。元和八年（813）三月，执政大臣就以韩愈具有史才为由，任命他为比部郎中、史馆修撰。任命韩愈的制文，也高度评价了韩愈的学问、文采和史才："学术精博，文力雄健，词措意，有班马之风，求之一时，甚不易得。"（《韩愈比部郎中史官修撰制》）可见，韩愈在过去二十几年一直推崇儒学、倡导古文，所取得的成绩已经得到了官方的充分认可。

元和九年（814）十月，韩愈被任命为吏部考功郎中、依前史馆修撰。据《新唐书·百官志》记载，考功郎中是从五品上的职位，"掌文武百官功过、善恶之考法及其行状"。这个职位因为能影响到很多官员的任用和晋升，所以具有较大的权力。而官员去世之后，还要根据其一生的行谊，让史官作传，让太常寺决定谥号，所以韩愈继续兼任史馆修撰。

二、勉以中道明唐史

韩愈从元和八年（813）三月始授史馆修撰，到元和九年（814）十二月不再担任此职，前后共有将近两年的时间。在这期间，韩愈曾编纂过《顺宗实录》，对史官编纂史书，既有实践，又有理论思考。

在韩愈任史官期间，有个刘秀才写信勉励韩愈著史。韩愈在《答刘秀才论史书》中指出，撰著史书极不容易，他列举孔子不遇、左丘失明、司马迁受宫刑等十余名史家的不幸遭遇，认为凡是撰著史书的人，"不有人祸，则有天刑，岂可不畏惧而轻为之哉"？而唐朝有天下二百年，圣君贤相，文武之士，功名超越前人的不计其数，恐怕不是一个人所能够撰著流传的。而宰相之所以让他就任史官，不过是因为没有其他才能，不足以委以重任，只是可怜他又老又穷困，姑且给他安排这么个职位，"非必督责迫蹙，令就功役也"。在文中，韩愈指出了撰著当代史书的难处，拒绝了刘秀才的建议，并且认为现在史官里没有什么人才，将来一定会有勤奋撰著史书的人，"后生可畏，安知不在足下？亦宜勉之"！最后对刘秀才提出了期望，其实是反将了一军。

　　柳宗元读到这篇书信之后，非常不能认同于韩愈的说法，于是写了《与韩愈论史官书》一文，批评了韩愈的说法。首先，柳宗元认为韩愈如果仅仅是"荣其号、利其禄"，就不应该虚受史官之职。撰著史书要褒贬人物，会得罪他人，那么做御史大夫、做宰相，涉及的利害关系更大，难道也要避祸全身，尸位素餐？所以，出任官职应该"居其位，思直其道"，如果不能正道直行，还不如不做这个官。其次，柳宗元又批驳了韩愈撰著史书的人"不有人祸，则有天刑"的观点，认为韩愈所列举的那些史官的例子，大多不是因为编纂史书而遭遇祸患，他们或是因为不遇其时，或是因为遭遇疾病，或是因为触天子怒，韩愈应该恪守中正之道，不忘正道直行，不能用无中生有的事情吓唬自己。接着，对于韩愈所说的"我一人也，何能明"，柳宗元认为，如果任史官的人都这样想，那么最终就会无史可传；而如果韩愈与其他史官共同努力，各自将自己听闻到的内容认真写出来，那么唐史就有希望不坠落，最终能够将明明白白的唐史撰写出来。最后，柳宗元认为韩愈在智慧、学问、文辞、议论和人品上，都是撰写唐代史书的不二人选，如果自己不写，却去勉励别人写，是很难有效的。

　　柳宗元的观点和韩愈在《争臣论》中对阳城的批评是一致

的。韩愈一生为官，恪尽职守，他在《答刘秀才论史书》所说的内容，很可能是一时的牢骚之词。而柳宗元对朋友是爱人以德，而不是爱人以姑息，林纾说是"朋友相知之深，故责望如此"，是合乎实际的。韩愈当时说辞，很可能与当时史馆修撰多虚应故事有关，这可能也是韩愈当时不是特别重视这个职位的重要原因。

在任史馆修撰期间，韩愈做的最重要的工作，是编纂《顺宗实录》。实录是一种编年体史书，一般是皇上驾崩之后，根据起居注等史料编年撰写。这种史书体裁在南北朝时已经出现，唐代以后，继位之君让史官编纂先皇的实录，已经成为定制。除了《顺宗实录》，唐朝其他皇帝的实录都没能够流传下来，这让《顺宗实录》物以稀为贵，极受后人珍视。

顺宗朝时间很短，不足一年，但是面临着如何评价"永贞革新"的问题，所以编纂《顺宗实录》的难度是很大的。元和八年（813）十一月，监修李吉甫将以前史官韦处厚编纂的《顺帝实录》三卷交给韩愈，说是不够周密详细，让韩愈重新编纂。于是，韩愈和修撰左拾遗沈传师、直馆京兆府咸阳县尉宇文籍等人，一起调查访问，搜集史料，并翻检顺宗朝的诏令敕文，最终修成《顺宗实录》五卷。韩愈对自己定稿的这个版本，还是很有信心的。

李吉甫收到新纂的实录之后，对这件事特别重视，想要重新加以详细研究讨论之后再定稿。但直到李吉甫于元和九年（814）十月去世，也没能完成审定工作。于是，韩愈到李吉甫宅取回《顺宗实录》五卷本，重加刊正。次年夏天，韩愈修改完《顺宗实录》，再一次进呈于朝廷。次月，宰相因为其中偶尔有一些讹误之处，令韩愈重加修订。

现存《顺宗实录》五卷，在韩愈定本的基础上，可能还曾被修改过。尤其是其中涉及禁中之事、触犯宦官利益的部分，可能没有能够保持韩愈修订的原貌。但其主体部分是出自韩愈的手笔，是可以肯定的，所以历来都被收入到韩愈的文集中。由于今本《顺宗实录》涉及宦官的部分，多有回护之词，有人认为是因为韩愈与俱文珍关系密切的原因，韩愈未能据实直书。其实，一则俱文珍早期确实弹压藩镇割据有功，二则相关内容可能有被篡改。所以，对韩愈的相关批评，是不能完全成立的。

除了编纂《顺宗实录》，史馆修撰还要负责国史的编纂。国史的编纂，涉及大臣的盖棺论定，是否能够被收入或收入了能否被正确评价，都是非常重要的问题。譬如韩愈《张中丞传后叙》就对李翰的《张巡传》做了重要的补充，并纠正了当时人对许远的看法。而正是因为史馆修撰在这个过程中起到重要的作用，元稹、柳宗元曾先后给韩愈写信，推荐自认为合适的人，建议韩愈将其选编入国史。

先是元稹在《与史馆韩侍郎书》中推荐甄逢之父甄济。甄济是定州无极人，年轻的时候隐居在卫县青岩山（今河南省淇县西），屡征不起。安禄山慕名亲自前往卫县请他出山，甄济担心被迫害，勉强答应。后来甄济发现安禄山有谋反的征兆，就装病告退，重新隐于青岩山。一年之后，安禄山叛乱，派遣伪节度使蔡希德用利刃逼迫甄济附逆，甄济"嗫闭无言，延颈承刃，气色和定，若甘心然"。蔡希德觉得他是个义士，就把他释放了，安禄山最终未能将他招到麾下。后来安庆绪继位，将甄济虏获到洛阳，囚禁于太平公主在洛阳的旧宅，也就是安国女道士观。等到洛阳光复之后，肃宗皇帝高度评价甄济的品行，于是在御史台、刑部、大理寺官衙为他安排行馆，在审理附逆案时，让附逆的大臣都来参拜甄济，用来羞辱他们。但元稹在读《注记》（当时的一种官纂史书）时，发现里面竟然没有收录甄济的传记。于是就写信给韩愈，极力推荐。

韩愈收到元稹的推荐信后，很快就回信肯定了甄济的德行。甄济不屈服于安史叛军的事迹，和韩愈《张中丞传后叙》所载张巡、许远、南霁云的事迹非常相近，都与韩愈反对藩镇割据势力的立场相一致，所以韩愈很快就将甄济的事迹收入国史。现在两唐书都有甄济的传记，可能就是依据韩愈撰写的国史传记编纂的。

元和九年（814），柳宗元贬居永州时，因为世人对段秀实勇击叛贼朱泚一事多有误解，认为他不过是一时之勇，遂暴得无穷之名，是名实不符的。段秀实的事迹发生在德宗建中四年（783），当时泾原士兵在京哗变，德宗皇帝仓皇出逃，叛军拥立卢龙节度使朱泚为帝。当时群臣噤声，不敢多言，唯独泾州刺史段秀实找机会用朝笏击打朱泚的面额，并痛骂朱泚是狂贼，最后被杀害，死后被追赠太尉。柳宗元为了消除世人的误解，写了《段太尉逸事状》一文，选取段秀实勇服朔方将领郭晞、仁愧焦令谌、节显治事堂三个人生横截面，展现了段秀实的不畏强暴、仁爱百姓、清正廉洁的形象，用事实消解了世人的误解。

文章写完之后，柳宗元给韩愈写了一封信，并随信附上了这篇文章，希望韩愈能够将段秀实的事迹收入国史。可惜韩愈收到信时，已经辞去了史职，便只能回信婉告柳宗元。

元稹、柳宗元都是中唐文学巨擘，所以他们向韩愈推荐选入国史人物的书信等资料都保存了下来，而大多数同类的资料，在历史潮水的冲刷之下，已经荡然无存。但可以确定的是，韩愈在史馆修纂的两年时间，为唐代前期国史的编纂做了较多的贡献。

三、淮西一役立战功

元和中兴之局的形成，有一个非常重要的部分就是宪宗对藩镇割据势力的弹压。韩愈曾在汴州、徐州有过多年的幕府生涯，对各地藩镇兵悍将勇不受节制的危害特别熟悉，所以一直力主削弱藩镇势力，并亲身参与其中。他不但曾随裴度平定淮西，还曾只身赴敌，宣慰镇州，而且两次都胜利归来，可以说是参与了元和中兴的缔造。唐代有军事才能的诗人，除了高适之外，都很难和韩愈相比，苏轼说韩愈"勇夺三军之帅"，不是溢美的虚辞。

元和年间，藩镇中最难统御的是平卢（淄青）、魏博、成德（桓州）和彰义（淮西）。此四镇在唐德宗建中二年（781）时，曾要求实行藩镇传子的制度，德宗皇帝不允，导致藩镇叛乱。最后虽然叛乱被平定，但是由于德宗皇帝后来的姑息政策，藩镇问题痼疾未除。

元和九年（814）闰八月，彰义节度使吴少阳去世，其子吴元济秘不发丧，自为留后，接管了军政大权。在李吉甫等人的强力支持之下，宪宗于元和十年（815）正月下令削去吴元济官爵，任命严绶为招抚使，会同宣武等十六道兵马讨伐吴元济。四镇节度使唇齿相依，互为奥援，成德节度使王承宗、平卢节度使李师道都上表请求赦免吴元济。宪宗为了以儆效尤，断然拒绝了他们的请求，决心全力讨平淮西叛乱。

李师道等人被朝廷拒绝之后，面对吴元济的求援，一方面兔死狐悲，另一方面也不愿直接出兵支援，于是就暗中组织人手，破坏朝廷存储粮草等后勤物资的河阴转运院，放火焚烧了钱财布帛三十余万缗匹，谷物粮食三万余斛。河阴转运院被焚毁，在朝廷上引起了较大的震动，群臣惶惑不安，而战场之上，讨淮之战却没有任何进展。于是朝廷上主和的意见逐渐上升，唯有宰相武元衡、御史中丞裴度等坚持主张讨伐吴元济。

面临朝臣的和战之争，宪宗也陷入了犹豫狐疑之中。此时正好裴度奉命宣慰淮西行营归来，向宪宗上奏，认为讨伐淮西一定可以取得胜利，并推荐忠武节度使李光颜参与平叛，后来李光颜多次击败淮西军队。而韩愈也上书《论淮西事宜状》，分析战争局势，力主讨伐，认为朝廷以天下之力讨伐淮西，本应立待可胜，之所以旷日持久，无法成功，是因为皇上不够决断，所以韩愈建议皇上要下定决心平叛，并提出了平定贼军的几条建议：

一是诸道援军势力单弱，士气不振，应该让他们都返回本道，而招募当地百姓，加以训练。和淮西接壤的陈州、许州、安州、唐州、汝州、寿州等地，"村落百姓，悉有兵器，小小俘劫，皆能自防，习于战斗，识贼深浅，既是土人，护惜乡里"。目前还没有招募他们，他们都愿意自备衣服、粮食，互相联络照应，准备敌寇的来袭，如果下令招募，立刻能够成军。而且等平定叛贼之后，也容易让他们解甲归田，不留后患。

二是环绕叛贼的州县现在都有防御用的堡栅，各置兵马，导致兵力分散，一旦被攻劫，难以互援，损失惨重。"今若分为四道，每道各置三万人，择要害地，屯聚一处"，那么进攻时四道一时俱发，不进攻时深壁高垒，以逸待劳，自然不要各个地方都要防备。

三是蔡州士兵大多是被胁迫参军的普通百姓，要将吴元济和蔡州士兵区别对待，优待失去抵抗能力的贼军，以起到分化贼军的效果。

四是在战略上坚定平叛决心，有打持久战的准备，不求速胜，让叛军消除侥幸心理。

五是"兵之胜负，实在赏罚"。要重赏时不惜财物，厚罚时不惮于行刑，奖惩严明，以鼓舞士气。

六是安抚淄青、恒冀两道，许诺淄青、恒州、范阳等道节度使，肯定他们祖上各自有功于大唐，世代承受皇帝授予的符节，年月已经很久了，皇上一定不会贪图他们的土地，轻易改变授命。通过这种方式安抚各道节度使，让他们不敢出兵援助蔡州叛军。

韩愈这篇状文对淮西用兵局势的分析，剖析了平定淮西之战久而不胜的根本原因，表现出很高的军事才能。这可能是因为韩愈曾长期在幕府任职，并曾任兵部职方员外郎，一直对唐王朝的藩镇军事形势有较多关注。

与此同时，被韩愈劝说出仕的李渤也上疏，说平定贼人的三种办法，一是感，二是守，三是战。感化不成，不失为守；守而不成，继之为战。后来李渤又奉上《御戎新录》，为平定淮西出谋划策。宪宗以著作郎征召，李渤出山赴任，结束了自己的隐居生涯。

就在韩愈上《论淮西事宜状》之后不久，长安发生了一件震惊朝野的大事。元和十年（815）六月初三日清晨，宰相武元衡在上朝的路上被刺客杀害，而同时被刺伤的还有御史中丞裴度。武元衡和裴度都是主战派的大臣，可见这是藩镇割据势力对主战派发动的有组织的袭击。

这件事引起了朝野上下的人心恐慌，但也更坚定了宪宗和主战派的决心。武元衡被刺死当天，义愤填膺的太子左赞善大夫白居易顾不上东宫官的身份，越职上书，请求皇帝捕贼，以雪朝廷之耻。兵部侍郎许孟容涕泣而上谏："自古未有宰相横尸路隅而盗不获者，此朝廷之辱也。"韩愈也上《论捕贼行赏表》，请求宪宗悬赏奖励告发、捕贼有功之人。

事隔三日，宪宗为了显示自己平定藩镇叛乱的决心，任命主战派大臣裴度为中书侍郎、同平章事，主持淮西用兵。

元和十一年（816）正月，韩愈迁中书舍人。韩愈以元和九年（814）十月转吏部考功郎中，十二月以考功郎中知制诰，一年后迁任中书舍人，算得上是破格超迁。这可能也是宪宗、新相裴度为了充实主战派的力量而做的人事安排。

由于前线战况胶着，财力损耗巨大，和战两派的角力也从未停止。不久，白居易因为越职言事，被贬为江州司马，韩愈也"以他事改太子右庶子"。太子右庶子是一个职位较高的闲职，儒家讲究"不在其位，不谋其政"，在淮西、恒州战火连天之际，韩愈却只能四处闲游，做了"忙里偷闲"之人，心情其实是苦闷的。在他的《游城南十六首》中，可以看到这种心情。其中《遣兴》云："断送一生惟有酒，寻思百计不如闲。莫忧世事兼身事，须著人间比梦间。"可见韩愈不是不关心"世事兼身事"，只是无可奈何而已。可喜的是，当时好友张籍眼疾痊愈，改官国子助教，可以一起游玩。《赠张十八助教》："喜君眸子重清朗，携手城南历旧游。忽见孟生题竹处，相看泪落不能收。"此时孟郊已经去世，不由得睹物思人，伤感不已。

元和十二年（817）七月，与淮西、恒州两个藩镇的战争已经持续三年有余。为了表示对平叛战争的决心，裴度请求亲自前往淮西督战。于是，宪宗命裴度以宰相兼彰义节度使、充淮西宣慰招讨处置使，前往淮西督战。裴度奏请韩愈以太子右庶子兼御史中丞，充彰义行军司马，随其前往淮西。行军司马这一职位，仅次于节度使裴度、节度副使马总，是非常重要的职位。裴度在危急存亡之际让韩愈担任如此重要的职位，显然不仅仅是因为韩愈主战的立场，更为看重的是韩愈的军事识见和谋略水平，这一点很快就会得到验证。

"时穷节乃现，危难见英雄。"就在裴度即将誓师出发之际，神武将军张茂和因为对平定淮西抱有悲观态度，假托疾病拒绝前往。裴度此行之吉凶，从此就可以看出端倪。

临行之前，宪宗亲自为三军送行，裴度表达了不成功便成仁的决心："臣若灭贼，则朝天有期；贼在，则归阙无日。"然后，远征淮西的军队，就从长安通化门浩浩荡荡地出发了。诗人王建目睹了裴度率领军队走出城门的壮观景象，在《东征行》里写道："马前猛士三百人，金书左右红旗新……曈曈白日当南山，不立功名终不还。"对裴度的破贼决心深表感佩。

为了能够给讨伐淮西的军队多一些援助，韩愈先去了汴州，去游说淮西诸军都统韩弘。走到荥阳鸿沟之时，念及刘邦、项羽的楚汉之争，感慨系之："龙疲虎困割川原，亿万苍生性命存。谁劝君王回马首，真成一掷赌乾坤。"（《过鸿沟》）其实，在当时，战况胶着，亿万苍生命存一线，讨伐淮西的军队出发之际，将士们虽有必胜的决心，但是并没有必胜的把握。裴度、韩愈率领将士慷慨赴义，确实是有"虽千万人吾往矣"的道义之勇。

韩弘是韩愈在汴州幕府任职的故交，在平叛的过程中，拥兵自雄，态度较为消极。经过韩愈游说，韩弘见裴度亲自督战，朝廷决心很大，于是派儿子韩公武率兵前往蔡州，并在后勤上支援讨淮诸军。战端未开，韩愈先立一功。

然后，韩愈从汴州至宜阳与裴度会合，同赴偃师。当时，忠武节度使李光颜、河阳怀汝节度使乌重胤、淮西诸军都统之子韩公武率军居于城北，鄂岳观察使李道古率军居于城东南，寿州团练使李文通率军居于城东，唐邓随节度使李愬率军居于城西，形成了四面合围之势，而裴度坐镇郾城，负责督军调度。

据李翱《韩文公行状》记载，到了偃师之后，韩愈知道蔡州的精锐部队都集中在两军交锋的前线，而守城的都是些老弱病残之辈，而且不过千把人，"亟白丞相，请以兵三千人间道以入，必擒吴元济"。韩愈还主动请缨，要求带领精兵千人，前往擒拿吴元济。与此同时，唐邓随节度使李愬在淮西降将李祐的建议之下，趁着晚上大雪，领兵直捣吴元济老巢，生擒吴元济及其部属。当时，大家都为韩愈感到遗憾。不过，对韩愈来说功成不必在我，再者韩愈本是文臣，短兵相接也不是他的长项，即便是从职位上来讲，他也不适合与各路兵马争功。所以，凭借此事知道韩愈擅长谋略是可以的，如果真的觉得韩愈可以率兵擒吴，未免有些过于大胆。

蔡州平定之后，韩愈于十一月从裴度返朝，副使马总为蔡州留后。韩愈作《酬别留后侍郎》："为文无出相如右，谋帅难居郤縠先。归去雪销涢浍动，西来旌旆拂晴天。"对马总的文韬武略做了颂扬。

历经三年的艰苦作战，淮西叛乱终于在宪宗君臣的通力合作下被平定了。蔡州从建中四年（783）淮西节度使李希烈叛乱开始，五十年间私相授受，已然成为国中之国。这场持续三年的平叛战争的胜利，展示朝廷平定藩镇叛乱的决心，震慑了各怀鬼胎的藩镇割据势力，加强了中央权威，为宪宗中兴之局奠定了坚实的基础。

宪宗的决心，李吉甫、裴度等人的谋略，李光颜、李愬等人的战功，都是这场战争取得胜利不可或缺的因素。而韩愈从战争开始到战争胜利，多次上书献策，都验证了他在军事谋略方面的杰出才能。

四、千载断碑人脍炙

恢弘壮阔的事业，需要铭石刻碑，润色鸿业，以期传之不朽。

元和十三年（818）正月，朝廷讨论此事，大臣们纷纷请求刻石纪功，昭告天下，作为将来的榜样。韩愈是元和时代的大手笔，又是平定淮西之战的亲历者，撰写碑文的任务自然而然地落在了韩愈的肩上。

韩愈知道，平定淮西是名垂青史的大事件，他所撰写的碑文，也必将因此而载入史册。所以，韩愈接受任务之后，准备了将近一个月，还不敢着手写作。因为韩愈知道，如此重要的历史性的文字，要做到文辞和史事相互匹配，既内容完善，又文辞优美，是很不容易的。

其实，对于韩愈来说，碑文撰写之难，并不在于文字，韩愈的才学当时罕有其匹，最能堪此重任；碑文撰写之难，在于厌服天下人心。淮西平定之后，人各居功，想找到君臣上下都能接受的平衡点，需要的不仅是才华与学问，还有长袖善舞的政治敏感度。

所以，韩愈从正月十四日受命开始，焚膏继晷，竭虑费心，字斟句酌，反复增删，经过七十多天的切磋琢磨，这篇不足两千字的碑文，终于在三月十五日定稿。撰表上呈之时，肯定又是再三斟酌，唯恐有一丝纰漏。在进呈碑文表中，韩愈自言厚着脸皮完成了碑文的创作，勉强完成了皇上的诏命，感觉战战兢兢，不胜羞愧。言辞之中，韩愈虽然不无过谦之处，但他心里着实也存有几分不安。

《平淮西碑》由序文和铭文两部分组成。序文部分首先从唐初承受天命写起，历数各朝帝王功业，这是宪宗权力的合法性来源，是平叛战争的政治正确的依据，看似枝蔓，实则非常必要。接着写宪宗平叛的成绩："明年平夏，又明年平蜀，又明年平江东，又明年平泽潞，遂定易定，致魏、博、贝、卫、澶、相，无不从志。"也就是元和元年（806）先后平定夏州（属于关内道，治朔方县，今陕西省靖边县境）留后杨惠琳、剑南西川节度行军司马刘辟叛乱，元和二年（807）平定浙西节度使（驻润州，今江苏省镇江市）李锜叛乱，元和五年（810）平定昭义节度使（驻潞州，今山西省长治市）卢从史叛乱，义武节度使（驻定州，今河北省定县）张昭茂将易州（今河北省易县）、定州归于朝廷，元和七年（812）魏博节度使（驻魏州，今河北省大名县）田弘正以魏州、博州、贝州、卫州、澶州、相州等地归顺朝廷，这些都是最终平定淮西的背景，也是宪宗下定决心平定淮西的底气。

清人沈德潜评价韩愈《平淮西碑》说："《淮西碑》记叛乱，记廷议，记命将，记战功，记赦宥，记论功，而总归之于天子之明且断；井井整整，肃肃穆穆，如读《江汉》《常武》之诗，西京后第一篇大文字。"（《评注唐宋八家古文读本》）言简意赅地总结了碑文序言的结构和内容：记叛乱的部分，写元和九年（814）吴少阳死后，蔡州人拥立其子吴元济。请示朝廷，朝廷不允许，于是"烧舞阳、犯叶、襄城，以动东都，放兵四劫"。记廷议的部分，写宪宗上朝时讨论如何处理此事，除了裴度等少数大臣，都说："蔡帅之不庭授，于今五十年，传三姓四将，其树本坚，兵利卒顽，不与他等。因抚而有，顺且无事。"从至德元载（756）置淮西镇，李希烈、陈仙奇、吴少诚、吴少阳都是私相授受，已经成为惯例，所以大臣们都想继续过去的政策，免得节外

191

生枝。而宪宗不愧是中兴之主，说："惟天惟祖宗所以付任予者，庶其在此。予何敢不力？况一二臣同，不为无助。"宪宗认为平定叛乱是天命和祖宗赋予他的责任，他不敢不执行。从这里就可以看出，碑的序文开头写唐初故事，有着明确的目的性。记命将部分，连用十二个"曰"字，写任命李光颜、乌重胤、韩弘、李文通、李道古、李愬、裴度、梁守谦等将领前往平叛，皇上在通化门为将士们送行，为了和将士们同甘共苦，除了郊庙祠祀，都不再奏乐。记战功部分，写大军从四方合围，各有战功，元和十二年（817）八月，裴度来到主力部队驻地，韩弘督战也越发紧迫，各方将士也更加奋力进攻。十月二十二日，李愬利用擒获的敌将，从文城栅（今河南省遂平县西南五十里）出发，趁着天下大雪，疾驰一百二十里，半夜到达蔡州，攻破城门，俘获吴元济及其部属。记赦宥部分，写裴度于十一月初一进入蔡州城，大张宴席，庆祝淮西平定，赦免蔡州将士，将九成不愿当兵的人放归家乡，将吴元济斩于京师。记论功部分，写给参战将领加官晋爵。

铭文部分以四言诗的形式，前半段简要概括序文中陈述的内容，后半段写蔡州在叛乱平定后的和平繁荣、民众安居乐业的局面，并和蔡州被叛军统治时进行了对比，蔡州人对皇上的圣明无比感激。最后，对皇帝进行了颂扬：

始议伐蔡，卿士莫随。既伐四年，小大并疑。

不赦不疑，由天子明。凡此蔡功，惟断乃成。

既定淮蔡，四夷毕来。遂开明堂，坐以治之。

韩愈经过反复斟酌，权衡利害，终于将碑文定稿。他先是将碑文恭敬地抄录，进呈到宪宗之处，宪宗表示满意，韩愈悬着的心才放下了一些。接着，宪宗命令书手抄录数份，分赐给淮西功臣。过了几天，似乎也没有传来什么异议，韩愈才有些放心。随后，朝廷决定将碑文铭石，立于蔡州紫极宫，韩愈终于放下了心里的石头，感觉踏实了很多。

蔡州紫极宫原先有一块吴少诚德政碑，吴少诚是吴元济的父亲，任淮西节度使长达二十余年，这块功德碑在一定程度上象征了吴氏家族在淮西政治地位的政治合法性。而如今朝廷选择将这块碑石上的文字磨掉，刻上韩愈撰写的《平淮西碑》。以当时唐王朝的财力，肯定缺少的不是一块刻碑的巨石，而一磨一刻之间，充满了政治的宣示和隐喻。就像当年魏徵的德政碑立而复毁，毁而复立，在一定程度上也是一种政治宣示。

作为功德碑，《平淮西碑》是为皇帝、功臣歌功颂德的。而功臣们各自对战功的理解，可能和韩愈的认知并不一样。韩愈写完碑文之后，之所以内心无比忐忑，就是因为这篇碑文涉及十余名高级将领的评价问题。好在碑文上呈之后，皇上没有异议，大臣们也没有提反对意见，碑文被顺利地刻在了碑石上，韩愈才有了一种如释重负的轻松感。立碑之日，韩愈身在长安，一定也听他人说起过当时立碑的盛况，心中难免泛起一丝自得的涟漪。

　　然而，就在韩愈认为此事已经尘埃落定的时候，一场剧烈的震荡却在酝酿之中。过了不久，李愬之妻就提出碑文以裴度功居第一，褒贬失实，没能如实反映李愬的功劳。

　　李愬之妻是唐安公主的女儿。唐安公主是宪宗的姑母，其女儿是宪宗的表姐妹。唐安公主之女能够出入禁中，干预朝政，一是因为她是外戚，二是因为她是功臣之妻。揆诸情理，在帝制时代，反对地方割据，维护国家统一，维护中央权威是唯一的出路，而裴度作为御史，代表皇上前往指挥，是不能不予以强调的。裴度力排众议，坚决支持宪宗平叛，其实也是维护中央权威，使宪宗能够杀伐果断地下令平叛。从这个角度来说，以裴度功居第一是没有问题的。但是，宪宗不愿意得罪手握重兵的武臣，于是下令磨掉韩愈撰写的碑文，让翰林学士段文昌重新撰写。

　　除此之外，据说李愬部下石孝忠还曾有推倒石碑之举。据罗隐《说石烈士》记载，平淮西碑被立起来之后，有人读了碑文后大怒，想推倒石碑。官府派人制止，还被打死，事情还闹到了宪宗那里。

相信段文昌接到重新撰写《平淮西碑》的任务之后，心中的压力比韩愈还要大。因为毕竟韩愈碑文的内容已经得到了从皇上到大臣的广泛认可，如果擅自改动，说不定会引起另一场轩然大波。

幸运的是，段文昌撰写的碑文也流传到了现在。比较段碑和韩碑，在内容上其实差距不大，在涉及裴度、李愬时，也没有特别突出李愬的战功，更没有贬低裴度作为御史的作用，只是段文昌擅长骈体文，文风纤弱，也没有韩愈效法《尧典》《舜典》的典雅之美。让一场闹剧最后终结在了一堆华辞丽句之中，这可能就是段文昌做官为人的高明之处。

大约在韩愈撰写《平淮西碑》后不久，柳宗元写了《平淮夷雅》。《平淮夷雅》有两篇，其中《皇武》歌颂裴度，《方城》歌颂李愬。在《献平淮夷雅表》中，很明确地将平淮西一事和唐王朝的中兴联系了起来。刘禹锡的《平蔡州》三首，也对平定淮西的胜利做了高度的评价。其二云："汝南晨鸡喔喔鸣，城头鼓角音和平。路傍老人忆旧事，相与感激皆涕零。老人收泣前致辞，

官军入城人不知。忽惊元和十二载，重见天宝承平时。"明确地
将平定淮西和开天盛世相比拟。

多年以后，李商隐写了一篇七言古诗《韩碑》。作为不同时
代的文学巨匠，李商隐本来很少写古体诗，但为了向韩愈表示致
敬，这篇七古写得极为雄健。下面我们不避繁琐，摘录其中描写
韩愈从受命撰写碑文到立碑情景的一段：

> 帝曰汝度功第一，汝从事愈宜为辞。愈拜稽首蹈且
> 舞，金石刻画臣能为。古者世称大手笔，此事不系于职
> 司。当仁自古有不让，言讫屡颔天子颐。公退斋戒坐小
> 阁，濡染大笔何淋漓。点窜《尧典》《舜典》字，涂改
> 《清庙》《生民》诗。文成破体书在纸，清晨再拜铺丹
> 墀。表曰臣愈昧死上，咏神圣功书之碑。碑高三丈字如
> 斗，负以灵鳌蟠以螭。

李商隐明确地说裴度是"功第一"，在观点上和韩愈相一致。

《平淮西碑》一文的变故，对韩愈来说，肯定有较大的影响。
从受命后的欣悦，到撰写过程中的谨慎，到上呈定稿后的忐忑，
再到刻碑时的振奋，虽韩愈现在传世的诗文中，没有明确提到此

事，但我们都能够感受得到。而稍后石碑扑倒，文字磨尽，对韩愈来说，不但是极大的羞辱，也是较大的政治压力。不过，淮西平定之后，韩愈被任命为刑部侍郎，和裴度及诸位武将一样获得了升迁，并没有因为《平淮西碑》的变故而受影响仕途。可见宪宗下令改撰碑文，不过是为了绥靖武装割据势力，而并非真的认为韩愈的评价有问题。

北宋元丰二年（1079）末，苏轼因为"乌台诗案"被贬黄州。三年（1080）正月，苏轼路过蔡州，写下了《沿流馆中得二绝句》，第一首云："淮西功业冠吾唐，吏部文章日月光。千载断碑人脍炙，不知世有段文昌。"可以算是后人对这桩公案的定论。

"试玉要烧三日满，辨材须待七年期。"一时的荣辱，最终会消解在淘沙的大浪之中，而韩愈所撰的《平淮西碑》虽然被扑倒磨光了，却永远立在后世文人的心中。

五、卅年以有此屋庐

这次长安八年定居，是韩愈一生中生活较为安定的一段时间，职位的升迁也给韩愈带来了较高的收入。略有积蓄之后，他开始有求田问舍的想法，因为长安虽有一百零八坊，至今还没有一所住宅属于韩愈。

诗人顾况曾打趣白居易的名字，说："京城米贵，居大不易。"后来读到"野火烧不尽，春风吹又生"时，又改口说："有此才华，居有何难。"后来白居易才知道，长安岂止是米贵，更贵的是房子，所以白居易在《卜居》中感叹道："游宦京都二十春，贫中无处可安贫。长羡蜗牛犹有舍，未如硕鼠解藏身。"而韩愈的经济状况比白居易要更糟糕，三十年才买上房子："始我来京师，止携一束书。辛勤三十年，以有此屋庐。"（《示儿诗》）而韩愈、白居易都是中唐文人中仕途相对顺畅的人，可见当时想在长安城拥有一所住宅，是多么不容易。

因为长安城内的房子太贵，为了安置家人，当时很多人会先在郊区买一座比较便宜的房子。白居易《泛渭赋》云："予为校书郎，始徙家秦中，卜居于渭上。"说的就是贞元二十年（804），他在家人的资助之下，在今渭南下邽县义津乡金氏村购买了一处房产。不过，这座房子离长安太远，以至于白居易还要继续租房上班。韩愈也先在长安城南购置了一处房产，位置可能在今长安城南韦曲东皇子陂附近。孟郊《游城南韩氏庄》云："初疑潇湘水，锁在朱门中。时见水底月，动摇池上风。清气润竹林，白光连虚空。浪簇霄汉羽，岸芳金碧丛。"可见韩氏庄的景色非常优美。韩愈的孩子韩符等曾在此读书，韩愈晚年也曾在此养病。

大约在元和十一年（816），韩愈在长安靖安里买了一栋住宅。靖安里在唐代皇城正南朱雀门街东第二街街东从北第五坊（今西安市长安路至翠华路、南二环至兴善寺东路之间）。唐代坊里有东贵西富、南虚北实之说，据《长安志》卷七"开明坊"下记载，从朱雀门往南到第六道横街以南，几乎就没有住人的宅第，而从兴善寺以南的四个里坊，东西两面连着城墙，即便偶尔有人居住，也是炊烟稀少，甚至有人在这里开荒种地，田间阡陌纵横。而兴善寺就在韩愈居住的靖安坊正西边，可见韩愈购买的这处住宅是属于相对偏远的地区。

但是，对于韩愈来说，自己通过三十年的奋斗，总算在长安城内拥有了一套自己的房子，还是感到很满意的：

此屋岂为华，于我自有余。中堂高且新，四时登牢蔬。

前荣馔宾亲，冠婚之所于。庭内无所有，高树八九株。

有藤娄络之，春华夏阴敷。东堂坐见山，云风相吹嘘。

松果连南亭，外有瓜芋区。西偏屋不多，槐榆翳空虚。

山鸟旦夕鸣，有类涧谷居。主妇治北堂，膳服适戚疏。

（《示儿》）

住进新房子之后，韩愈回顾自己从宣州走出来三十年间的坎坷经历，忍不住向孩子们一通炫耀："恩封高平君，子孙从朝裾。开门问谁来，无非卿大夫。不知官高卑，玉带悬金鱼。问客之所为，峨冠讲唐虞。"最后勉励孩子们要努力学习："嗟我不修饰，事与庸人俱。安能坐如此，比肩于朝儒。诗以示儿曹，其无迷厥初。"对此，有人认为韩愈对孩子的教育，"所示皆利禄事"，格局不高。

其实，对于年纪较小的孩子来说，以大道理劝说，难免过于空洞，反而是以切近生活的富贵利禄劝诱他们，更符合人之常情。而另一方面，韩愈一生崇儒行道，给自己的人生带来了很多额外的苦恼，作为一位慈爱的父亲，他也未必愿意让孩子走自己的路。苏轼《洗儿诗》云："人皆养子望聪明，我被聪明误一生。惟愿孩儿愚且鲁，无灾无难到公卿。"这何尝不是苏轼对自己一生的反思？能够在诗歌中真诚地表达自己的想法，而不顾及世人的非议，这可能是韩愈为人不矫饰的地方。

当然，《示儿》仅是韩愈的一时感发，《符读书城南》更能较为全面地体现他的育儿理念。首先，韩愈认为人最初都是一样的，后来之所以会有那么大的差异，主要在于是否努力学习：

木之就规矩，在梓匠轮舆。人之能为人，由腹有诗书。

诗书勤乃有，不勤腹空虚。欲知学之力，贤愚同一初。

由其不能学，所入遂异闾。

接着，韩愈就举了一个例子，两家都生了一个孩子，小时候都是一样的，幼年的时候一块玩耍，也看不出差别，但到十几岁、二十岁的时候，差别就越来越明显："三十骨骼成，乃一龙一猪。飞黄腾踏去，不能顾蟾蜍。一为马前卒，鞭背生虫蛆。一为公与相，潭潭府中居。"之所以会有这么大的差别，是什么原因呢？

问之何因尔，学与不学欤。金璧虽重宝，费用难贮储。

学问藏之身，身在则有余。君子与小人，不系父母且。

不见公与相，起身自犁锄。不见三公后，寒饥出无驴。

韩愈指出，原因全在于是否能够努力学习。最后，韩愈劝说孩子要努力学习：

文章岂不贵，经训乃菑畬。潢潦无根源，朝满夕已除。

人不通古今，马牛而襟裾。行身陷不义，况望多名誉。

时秋积雨霁，新凉入郊墟。灯火稍可亲，简编可卷舒。

岂不旦夕念，为尔惜居诸。恩义有相夺，作诗劝蹒躇。

从这首诗中，我们可以看出韩愈对子女的教育非常上心。为了让孩子接受到高质量的教育，韩愈还曾请诗人张籍教儿子韩昶读书。

这段时间韩愈能够安心持家和他的心境有关。翻看韩愈的诗集，我们可以看出，除了交游诗之外，这段时间他还创作了一批咏物、写景、游览诗，不少作品在诗风上接近于王维、孟浩然。

韩愈作诗以古体诗见长，风格瘦硬怪奇，但在元和八年（813）却写了一组五言写景诗，即《奉和虢州刘给事使君三堂新题二十一咏》。这组五绝组诗虽然是奉和之作，但颇成体系。三堂在今河南省灵宝市弘农涧河西，唐代开元年间，岐王李范、薛王李业为虢州刺史时所建，语本《国语·晋语一》："民生于三，事之如一。"意思是人生在世，是由父亲养育，由老师教导，由君主保障衣食，所以对待老师、君主和对待父亲是一样的。元和七年（812）刘伯刍任虢州刺史，重修三堂，并作写景诗二十一首，有《新亭》《流水》《竹洞》《月台》《渚亭》《竹溪》《北湖》

等。后来，这组诗歌流传到了长安，大家争相唱和。韩愈是刘伯刍的好朋友，所以也创作了一组唱和诗歌。韩愈这组诗师法王维、裴迪酬和的《辋川杂诗》，但因为五绝诗篇幅短小，受字数局限，没有腾挪躲闪的空间，并非韩愈擅长的诗体，所以后人要不就是认为"不免落宋人口吻"，要不就是认为"音调却不及彼之风雅"，整体评价不高。但是，这一类相对闲适的内容，以前韩愈是不关注的，这反映了韩愈在心态上的变化。

此外，韩愈的《游城南十六首》含七绝十二首，五绝三首，五律一首，诗体不一，但因为题材相类，被后人编辑在一处。其他纪游、咏物诗的数量，也明显增多。翻阅这段时间韩愈的诗歌作品，有一个较为强烈的感受，就是此时韩愈可能受王维的影响是比较多的。尤其是他的《桃源图》，就是在王维《桃源行》的影响下创作的，不过韩愈的这首七古诗写得雄奇壮丽，与王维《桃源行》风格迥异。

生活安定还是动荡，对诗歌创作的影响是很大的。一向诗风怪奇尖新的韩愈，在走上仕途的正轨之后，也创作出了一些平易冲淡的作品。孟子说："颂其诗，读其书，不知其人可乎？是以论其世也。"对于了解韩愈的创作而言，这确实是切中肯綮之言。

第七章

忠犯人主之怒：再次贬谪期间的政绩与创作

　　韩愈在从裴度出征淮西还朝之后，论功行赏，被封为刑部侍郎，成为朝廷举足轻重的大臣。如果韩愈像白居易一样，转而追求闲适生活，俗世幸福，此时他无疑是具有这方面的能力的。

　　但是，韩愈没有因为职位升高而患得患失，当唐宪宗将法门寺的佛骨舍利迎入宫中之后，韩愈毅然决然地上奏《论佛骨表》。很快，这封奏书给韩愈带来了极大的麻烦，他差点因此丧失性命；而从更长远的角度看，这封奏书又给韩愈带来了极高的荣誉。可谓福祸相依，否极泰来。

一、供养佛骨有传承

元和十四年（819）正月，唐宪宗派遣专人去凤翔法门寺迎接佛骨，将其放到宫中供养。一时民众为了供养祈福，有"废业破产"捐钱的，有"烧顶灼臂"自残的，正应了"上有所好，下必甚焉"的老话。

从我们今天的眼光来看，皇上亲自礼佛，带动宫里宫外，一片癫狂，似乎是有些荒诞之处的。我们的心中不禁有所疑问，宪宗是一位昏庸的皇上吗？其实，唐宪宗自从顺宗内禅登基之后，一度励精图治，任贤举能，大力削弱藩镇割据势力，实现了大唐王朝的再度统一，即位十余年，便成"元和中兴"之局，后人将之与唐太宗、唐玄宗并列，后世蒙学读物中有"汉称七制，唐羡三宗"之说。可见，在唐代二十一名皇帝之中，宪宗不但算不上昏庸之君，还是颇有功勋的佼佼者。

但越是雄才大略的人，尤其是帝王，在实现了人世间能够实现的所有欲望之后，他们有一天会突然非常害怕这美好的一切会随着自己生命的结束而烟消云散。所以，很多帝王在年老或者病弱之时，就会求仙问药，希望借助外力延年益寿，长生不老。唐宪宗也是如此，在迎接佛骨之时，他已经即位十四年，虽然年仅四十余岁，但似乎身体并不太好，于是就非常喜欢搜求方外之士帮助他炼制丹药。元和十三年（818），大臣李道古向皇上推荐方士柳泌，宪宗命他待诏翰林，居于兴唐观，专门为自己炼丹。柳泌炼丹无果，就欺骗宪宗说台州天台山上有奇花异草，便于炼丹，于是宪宗就任命他为台州刺史，开了任方士为刺史的先河。

元和十三年十二月，管领天下僧尼的功德使上奏称："凤翔法门寺塔有佛骨，相传三十年一开，开则岁丰人安，来年应开，请迎之。"对于唐宪宗来说，这是正中下怀的事情，于是他就非常愉快地答应了。次年正月，唐宪宗派人持香花前往临皋驿迎佛骨，在宫中供养三天，才送到长安城的各个寺庙之中。

对于佛骨的来历，据说是释迦牟尼去世之后，他的遗体在火化时结成了佛骨舍利。随着佛教的传播，这些佛骨舍利被分散到各地建塔供养，其中一段佛指舍利供养在法门寺。法门寺兴建于北魏时期，在北周武帝灭佛期间曾一度沉寂，后因隋文帝崇佛再度崛起。入唐之后，唐太宗曾开启法门寺地宫供养佛骨舍利，从此形成了法门寺地宫三十年一开的传统，在宪宗之前，高宗、武后、中宗、肃宗、德宗都曾有供养之举，宪宗之后，也有懿宗、僖宗两位皇帝曾供养佛骨。

可以说，宪宗此时迎佛骨是顺应了前人故事，在当时的政治环境中，并不是特别出格的行为，但在社会上引起的不良影响却是显而易见的。

在当时社会，佛道信仰是相通的。韩愈有一首《华山女》，所载事实与迎佛骨时的情景极为相似，所以这里一块看一看：

> 街东街西讲佛经，撞钟吹螺闹宫廷。
>
> 广张罪福资诱胁，听众狎恰排浮萍。

诗的开头四句，先写长安佛教俗讲的盛况，讲经的僧侣遍布大街小巷，撞金钟，吹法螺，喧闹之声可达宫廷。他们大肆宣扬因果报应的故事，用来诱惑、胁迫那些愚昧的听众，而听众也甘受迷惑，像浮萍一样密密麻麻地挤在一起。

> 黄衣道士亦讲说，座下寥落如明星。
>
> 华山女儿家奉道，欲驱异教归仙灵。
>
> 洗妆拭面着冠帔，白咽红颊长眉青。
>
> 遂来升座演真诀，观门不许人开扃。
>
> 不知谁人暗相报，訇然振动如雷霆。

扫除众寺人迹绝，骅骝塞路连辎軿。

观中人满坐观外，后至无地无由听。

抽簪脱钏解环佩，堆金叠玉光青荧。

这一段写道教徒在与佛教徒争夺信众的过程中，最初是处于下风的，听众稀稀拉拉，寥若晨星。为了扭转这种不利的局面，道教徒便请来了一位美貌的华山女冠，让她梳洗打扮，涂粉施朱，青黛描眉，凤冠霞帔，盛装出席。这个女道士不但人美妆俏，还擅长饥饿营销，升座讲道之日，紧闭道观大门，似乎有真诀秘传，却暗中传播消息，制造声势，一时轰然雷动。原先聚集在各个佛寺的信众，纷纷受到吸引，一窝蜂地奔涌而来，车水马龙，以致交通堵塞。很快，道观中人满为患，道观外也水泄不进，大家都争相"抽簪脱钏解环佩"，供奉给华山女道士，很快，华山女道士身边就堆金叠玉了。在韩愈的笔下，这种出佛入道，居然不是因为道法玄妙，而是因为华山女道士姿貌动人，工于心计，个中奥妙，不禁令人会心一笑。

天门贵人传诏召，六宫愿识师颜形。

玉皇颔首许归去，乘龙驾鹤来青冥。

豪家少年岂知道，来绕百匝脚不停。

云窗雾阁事恍惚，重重翠幕深金屏。

仙梯难攀俗缘重，浪凭青鸟通丁宁。

华山女道士擅长讲道的消息如涟漪渐开，不胫而走，最终传到了宫里。宫中的妃嫔身份地位尊贵，但在精神上也是庸常趋俗的，听闻消息之后，都想见一见这个耸人听闻的华山女道士。皇上正好是个求仙问药的，也乐得顺水推舟，于是华山女道士就乘着皇家车辇进了宫。那些痴迷华山女道士的豪家纨绔子弟，还在道观附近游逛，希望能够见到她，哪里知道隔着皇宫的云窗雾阁、重重翠幕，再也没有了过去的缘分。在唐代，女道士在私生活上颇有争议，韩愈诗歌的后四句可能有一种难以明言的隐喻，但因事涉宫闱秘辛，后人没有必要做无端的猜测。

《华山女》虽然主要写的是华山女道士的故事，但从中可以窥见当时社会宗教信仰风气之一斑，也可见韩愈毅然决然地冒死上奏的原因。

二、一封朝奏九重天

这种从皇上到士庶都沉溺于佛教信仰中的局面，对于一贯坚持反对佛教、复兴儒学的韩愈而言，是非常无法忍受的。

早在数年之前，韩愈就在《进学解》中借学生的话说：

> 觝排异端，攘斥佛老。补苴罅漏，张皇幽眇。寻坠绪之茫茫，独旁搜而远绍。障百川而东之，回狂澜于既倒。先生之于儒，可谓有劳矣。

正因为韩愈期望自己能够"回狂澜于既倒"，扭转佛老尊显、儒学式微的局面，所以他在元和十四年（819）正月丁亥（初八）皇上派遣宦官往迎佛骨后不久，就上了一封《论佛骨表》。

《论佛骨表》是一篇声满天地的讨佛明儒的雄文，但也有人认为韩愈没有顾及唐宪宗体弱祈寿之心，犯了皇上的大忌，导致韩愈险些为此丧命，未能像陆贽的奏疏那样，达到"使人主必以听"的效果。评价一篇奏疏文章，当然是一则看其立意，二则看其行文，三则看其功效。但是，功效之大小，却未必以一时一地为准。

《论佛骨表》全文共可以分为三个部分：

第一部分开章明义地指出佛教本是夷狄的一种法术。从立意上讲，韩愈将佛教归为夷狄之法，远承孟子将杨朱、墨子比作洪水猛兽，一下子将这个问题提升到华夷之辩的高度，使自己立于不败之地。从行文上讲，韩愈先说上古未尝有佛教时，黄帝、少昊、颛顼、帝喾、帝尧、帝舜及夏禹，大多享寿百余岁，在位七八十年以上；再说商周佛法未入中国之时，殷汤、太戊、武丁、周文王、周武王、周穆王，也多寿禄俱永；最后说佛教传入之后，东汉明帝以后的皇上，乱亡相继，国祚很短。梁武帝笃信佛教，三度舍身施佛，虽在位四十八年，但最终为侯景所逼，饿死在台城，不久梁国也随之灭亡。前两者和后者形成了鲜明的对比，然后韩愈归纳说："侍奉佛祖本来是为了求得福报，而事实上却更生祸端。由此看来，佛祖是不值得侍奉的，这是显而易见的事情。"

第二部分从唐高祖曾下诏抑制佛教入手，以"祖宗之法"作为抓手来申明白己的立场。根据《资治通鉴》记载，唐高祖在武德九年（626）四月，"诏有司沙汰天下僧尼、道士、女冠"，减少各级寺庙宫观。然而两个月之后，玄武门之变爆发，唐高祖成了太上皇，权移政息。接着，韩愈又提到宪宗"即位之初，既不许度人为僧尼道士，又不许创立寺观，臣常以为高祖之志，必行于陛下之手"，既对宪宗提出了期望，又提醒他政令的前后矛盾之处。最后，韩愈指出，宪宗下令迎佛骨之后，引起民间各种激进极端的崇拜，断指、散钱，大家都不从事经济生产，如果不加以禁止遏制，一定会有断臂脔身以为供养的人，到时伤风败俗，传笑四方，就不是小事了。

第三部分韩愈从儒家文化的立场出发，重申"佛本夷狄之人，与中国言语不通，衣服殊制，口不信先王之法，身不服先王之服，不知君臣之义，父子之情"，即便是佛祖活着到唐朝来，代表他的国家出使，皇上也不过是接见一下，略有赏赐，就让他回去了，也不会让他迷惑百姓。何况现在佛祖已经死了那么久，一把枯朽的骨头，是凶秽不祥之物，皇上更应该向孔子那样敬鬼神而远之。所以，韩愈建议宪宗将佛骨投到水火当中，下决心消灭佛教，让天下人不再怀疑。为了祛除宪宗的疑惑，韩愈表示如果佛祖真的有灵，能够为祸作祟，那就让所有的灾祸责罚都加到自己身上。这种以退为进的姿态，一方面坚定地表达了自己不佞信佛教的立场，另一方面也给予宪宗一定的道德压力，是相当高明的论辩技巧。

在这篇上表中，韩愈从福祸报应、祖宗之法、儒家之道三个角度，对不能迎佛骨于宫中做了非常充分的阐述。就文章而言，正如林纾所言"就文论文，可谓声满天地，能言人所不敢言"。但就内容而言，其实是存在一些瑕疵的，比如上古三代君王的年龄和在位时间，从史实的角度来看，可能不尽真实；又如从祖宗之法的角度看，唐宪宗之前的皇上，供养佛骨的多达六位，而主张抑制佛教的仅有唐高祖一人，而且发布的诏令尚未能落到实处。

对于这些事情，韩愈肯定比今人知道得更为详尽，但正如《春秋》在义不在事"，韩愈写作这篇上表，目的是阐明反对宪宗迎佛骨，而不是讨论这些具体的史实。对今人来说，我们的着眼点应该在于韩愈能够以道事君，敢于直言正谏，气有浩然，文气沛然，正如韩愈所说的"气盛言宜"，而不应拘泥于史实细节的推敲。

三、夕贬潮州路八千

《论佛骨表》进呈之后，宪宗读罢果然勃然大怒。

第二天上朝时，宪宗将韩愈的奏表出示给大臣传看，要将韩愈处以极刑。大臣裴度、崔群上奏云："韩愈虽然忤逆皇上，但是为人十分忠诚，还是应该宽容一下。"宪宗说："韩愈说我奉佛太过，我还是可以容忍的。但是他说自从东汉奉佛之后，帝王都寿命短促，这话说的是何等违忤失当！韩愈作为臣子，居然如此狂妄，我绝不能宽容他。"诚如后人所言，韩愈对弱病的宪宗说供养佛骨的帝王"乱亡相继，运祚不长"，确实是犯了宪宗的忌讳。最终，在大臣的劝谏之下，韩愈免于死罪，被贬为潮州刺史。当时冯宿与韩愈交好，都曾是裴度的属下，宰相皇甫镈怀疑冯宿参与了起草表文，把他贬为歙州刺史。

从韩愈上表到被贬潮州，不过是数日之间的事情，韩愈再一次感受到了冰火两重天。诏令元月十四日颁下，韩愈即刻启程奔赴潮州，稍后几日，家人也被谴逐，被迫千里随迁。这一次被贬谪和上次不同的是，此时韩愈已经五十多岁，有一子四女，加上兄弟韩岌、韩弇、韩俞的子女及侄子韩老成的子女，家眷多达数十口，在如此苦寒的时节，远行千里，可谓举步维艰。更为糟糕的是，韩愈本来以为不用带家眷同行，所以启程较早，行速也快，而家眷被迫随迁时间较晚，人多行缓，无法相互照顾。

韩愈这次去潮州，元月中旬启程，从长安出发，经过商洛到南阳的商於古道，然后从邓州（今河南省南阳市）南下宜城（今湖北省襄阳市），经过江陵（今湖北省荆州市）、长沙、衡阳，然后到了韶州，再到岭南节度使治所增城（今广东省广州市），最终到达潮州。

当走到蓝关之时，适逢暴雪，韩老成的儿子、韩愈的侄孙韩湘听闻他被贬之后，也赶来陪同韩愈。韩愈见到韩湘之后，心中既感到欣慰，又有些凄凉，于是写下了《左迁至蓝关示侄孙湘》：

> 一封朝奏九重天，夕贬潮阳路八千。
>
> 欲为圣明除弊事，肯将衰朽惜残年。
>
> 云横秦岭家何在？雪拥蓝关马不前。
>
> 知汝远来应有意，好收吾骨瘴江边。

这首诗历来评价都比较高，如李光地在《榕村诗选》中说："《佛骨表》孤映千古，而此诗配之。"又如俞陛云《诗境浅说》："昌黎文章气节震铄有唐，即以此诗论，义烈之气，掷地有声，唐贤集中所绝无仅有。"这都是从韩愈气节的角度入手做的评价。从艺术上来讲，《唐宋诗举要》引用吴北江之说："大气盘旋，以文章之法行之，然已开宋诗一派矣。"从韩愈心情的角度来看，韩愈此时已经五十二岁，头童齿豁，身体病弱，恋阙畏远是人之常情，而他曾两次前往岭南，熟知前途之艰险，对于自己能不能活着北归，估计也不是很有信心。然而，虽然韩愈对自己的未来充满了惆怅，但也并不后悔自己的人生选择，"欲为圣明除弊事，肯将衰朽惜残年"两句诗，尤其能够体现韩愈以道事君的人生格局。

由于此时天气逐渐回暖，韩愈的社会地位也比以前要高，物质条件可能要比十几年前去阳山时好一些，所以韩愈没再描述路途的辛苦。当走到武关西边时，韩愈遇到一个被唐朝俘虏后流放到湖南的吐蕃人，看着吐蕃人凄惨的样子，韩愈不禁兔死狐悲，而转念一想，自己还不如那个吐蕃人："嗟尔戎人莫惨然，湖南地近保生全。我今罪重无归望，直去长安路八千。"（《武关西逢配流吐蕃》）吐蕃人不过是配流到湖南，而自己却要继续南行到八千里之外，连个吐蕃俘虏都不如。

出了武关，就逐渐进入了楚地，路旁每隔五里就有单堠，每隔十里就有个双堠。"堆堆路傍堠，一双复一只。迎我出秦关，送我入楚泽。千以高山遮，万以远水隔。"（《路傍堠》）韩愈看着这些路傍堠，心想不知什么时候才能回来，在这些路傍堠的迎接下，离长安越来越近，那时肯定是不一样的心情吧？

南下到了邓州界，韩愈心里面想着自己离长安越来越远，不觉恋阙忆家，心下悲伤，他在《次邓州界》写道：

> 潮阳南去倍长沙，恋阙那堪又忆家。
>
> 心讶愁来惟贮火，眼知别后自添花。
>
> 商颜暮雪逢人少，邓鄙春泥见驿赊。
>
> 早晚王师收海岳，普将雷雨发萌芽。

韩愈走到南阳（邓州属县）城郭之外，看着桑树下麦苗青青，听到远处布谷鸟不停地鸣叫，离别的忧伤还是荡漾在心间。在到达穰县（今河南省邓州市）曲河驿时，这种悲伤的情绪还是没有削减："晨及曲河驿，凄然自伤情。群乌巢庭树，乳燕飞檐楹。而我抱重罪，孑孑万里程。"（《食曲河驿》）

元和十四年（819）二月初二日，韩愈走到了湖北的宜城驿，驿内有楚昭王庙，韩愈在此写了《记宜城驿》《题楚昭王庙》等作品。但他不知道，就在此时，他年仅十二岁的女儿韩挐病死在了商南层峰驿，并草草地葬在了路边。直到到了韶州，韩愈和家人会面，才知道这一噩耗。

接下来，韩愈经过岳州、衡州、郴州等地。在郴州之时，受柳宗元之托，桂管观察使裴行立派元集虚给韩愈一行送来了药物和书信。元集虚和韩愈一见如故，相携而行十余日，在到达清远县（今广州市）时，元集虚辞别韩愈，韩愈写下了《赠别元十八协律》六首。这组五古诗词义和婉，发自肺腑，在情感和表达方式上和韩愈前期的诗歌有较大的不同。

经过六十多天的跋山涉水，到达了岭南道韶州乐昌（今广东省乐昌市）。在昌乐泷边，韩愈看到河水急湍，船头不时撞击在石头上，险况百出。他看着路途如此艰难，不由得有了畏难情绪，就问泷头吏：潮州离这里有多远？大概走多长时间能到？那边的风土人情是怎样的？泷吏见韩愈相问，恭敬地垂着手，却笑着回答说：

> 官何问之愚。譬官居京邑，何由知东吴。东吴游宦乡，官知自有由。潮州底处所，有罪乃窜流。侬（我）幸无负犯，何由到而知。官今行自到，那遽妄问为？

泷吏说的也有道理，京官尚且不了解东吴的情况，潮州是流窜罪犯的地方，泷吏又没有被流放到那里去，哪里能够知道那边的详细情况呢？韩愈仓促之间被问得瞠目结舌，羞愧到汗下。泷吏看出韩愈的窘迫，也知道韩愈是诚心请教，就和他说，刚才是调侃之词，他其实曾经去过潮州，岭南的风俗是大致相似的，只是前面路途遥远，要有三千里路才能到达目的地。泷吏接着说，潮州的自然环境恶劣：

> 恶溪瘴毒聚，雷电常汹汹。鳄鱼大于船，牙眼怖杀侬。
>
> 州南数十里，有海无天地。飓风有时作，掀簸真差事。

泷吏见韩愈听闻此语神色慌乱失意，就安慰他说，圣人对于天下，是包容一切的，最近听说潮州虽然环境不好，但被贬官到潮州的人，也有活着回来的。你本来因为是戴罪之身，被贬官到这里也是情理之中的事情，还有什么好嫌弃的？有什么必要在这泷水之畔神色慌乱呢？因为看韩愈不是奸邪之辈，就劝勉他说：

> 旆大瓶罂小，所任自有宜。官何不自量，满溢以取斯。
>
> 工农虽小人，事业各有守。不知官在朝，有益国家不。
>
> 得无虱其间，不武亦不文。仁义饬其躬，巧奸败群伦。

意思是就像大瓶小罐各尽其职，无论官员还是手工业者、农民，都要恪守其职，作为朝廷官员，关键是要有益于国家，不要不自

量力，也不能尸位素餐，甚至假冒仁义，蠹害国家。韩愈见泷吏
有如此不凡的见识，赶紧上前行礼感谢：

> 叩头谢吏言，始惭今更羞。历官二十余，国恩并未酬。
>
> 凡吏之所诃，嗟实颇有之。不即金木诛，敢不识恩私。
>
> 潮州虽云远，虽恶不可过。于身实已多，敢不持自贺。

韩愈一路恋阙怀乡，自怨自艾，心情沉闷不堪，经过泷吏的一番
话，心里豁达了很多。在韩愈的诗中，泷吏就像屈原《渔父》中
渔父的形象一样，用一种幽默戏谑的笔调宣泄出了自己的悲慨和
惆怅。

接着南下，到了临泷（韶州属县），韩愈写了一首《题临
泷寺》："不觉离家已五千，仍将衰病入泷船。潮阳未到吾能
说，海气昏昏水拍天。"根据《旧唐书·地理志》，韶州距离长安
四千九百四十二里，与韩愈所言是相合的。

韶州是韩愈熟悉的地方，四十年前，韩愈曾随长兄在此寄
居。这次重新来到韶州，韩愈回忆起自己当年跟随兄长韩会贬官
韶州的往事："忆作儿童随伯氏，南来今只一身存。目前百口还
相逐，旧事无人可共论。"（《过始兴江口感怀》）当时韩愈还是一

个孩子，然而数十年之后自己被贬官时，却担负着养活百口之家的责任。

熟悉的韶州毕竟不是韩愈的目的地，稍作休整之后，他要继续风雨兼程。走到宣溪边上，在韶州任职的张端公写信叙别，韩愈写了两首绝句回复，一首写离别之情："韶州南去接宣溪，云水苍茫日向西。客泪数行先自落，鹧鸪休傍耳边啼。"另一首写情谊之真，并互相勉励："兼金那足比清文，百首相随愧使君。俱是岭南巡管内，莫欺荒僻断知闻。"当时潮州、韶州都归岭南节度使管辖，韩愈与张端公分别是潮州、韶州的刺史，所以才有这种说法。

在到潮州之前，韩愈先绕道去了岭南节度使的治所广州。当时的节度使孔戣是孔子第三十八代孙，为官颇有清誉，《新唐书》本传说他"雅善韩愈"。孔戣曾为了避免劳民伤财，奏罢明州岁贡海虫、淡菜、蛤蚶，为宪宗所赏识，元和十二年（817）授岭南节度使。在此之前，长安的权贵多委托岭南节度使购买南人做奴婢，孔戣就任后，不但不接受这种委托，还严令禁止买卖女性，还曾冒着风涛祭祀南海神（见韩愈《南海神广利王庙碑》）。孔戣对韩愈的欣赏，很可能是因为赞赏韩愈谏迎佛骨那种力挽狂澜的勇气，所以对韩愈颇多照顾，甚至还每月给钱五十千，供韩愈养家。韩愈对孔戣也投桃报李，不但在处理政务时仿效孔戣，后来还曾上疏建议皇上延缓孔戣致仕。在孔戣去世之后，韩愈还给他写了墓志铭。

大概是三月二十五日左右，韩愈到达了潮州，正式开始了他的贬谪生涯。对韩愈来说，被贬潮州是一个万分不幸的人生遭遇；而对潮州人民来说，他们直到今天还在庆幸韩愈曾到过潮州。

四、谢上表文惹争议

经过七十多天奔波，韩愈终于到达了此行的终点——潮州。韩愈在潮州仅仅半年，但对潮州来说，几乎是开天辟地的大事件；在韩愈的人生历程中，这半年也是最有生命密度的时间。在这半年中，他将实施新的治理政策，体验别样的生活，并将经受各种各样的争议。

当时潮州还比较落后，韩愈初来乍到，很不适应当地的气候，不了解当地的风土人情，也不喜欢当地的饮食习惯，加上自己老病体衰，所以非常期望自己能够尽快离开潮州。

到任之初，按例要上表谢恩。从《潮州刺史谢上表》中，可以看出韩愈初到潮州时的心态。表文首先对自己上表论迎佛骨时的不敬，以及皇上对他免予刑诛，表示认罪和感恩。接着，韩愈向皇上汇报了自己奔赴潮州和初至潮州履职的情况。这两部分是例行公事，不是本表的核心关切。第三部分韩愈先介绍了潮州地理僻远，在广府（今广东省广州市一带）最东边的边界上，虽说距离广府仅有二千里，但往来一趟要花费一两个月的时间。而且潮州的自然环境十分恶劣："过海口，下恶水。涛泷壮猛，难计程期；飓风鳄鱼，患祸不测。州南近界，涨海连天；毒雾瘴氛，日夕发作。"而自己年老体弱，发白齿落，"单立一身，朝无亲党，居蛮夷之地，与魑魅为群，苟非陛下哀而念之，谁肯为臣言者？"这一部分是韩愈的核心诉求，就是希望能够离开潮州，回朝做官。

但韩愈知道，如果自身没有价值，皇上也不会怜惜一个一无是处的废人。于是，韩愈对自己的学问、文章做了自我肯定，说自己酷爱学问，擅长文章，不曾有一天荒废，是被时辈所一致推崇的，而行文尤其是长于润色鸿业：

至于论述陛下功德，与《诗》《书》相表里；作为歌诗，荐之郊庙；纪泰山之封，镂白玉之牒；铺张对天

之闳休，扬厉无前之伟绩，编之乎《诗》《书》之策而
无愧，措之乎天地之间而无亏。虽使古人复生，臣亦未
肯多让。

接下来，韩愈极力赞美唐朝开国功业，并对天宝以来藩镇割据的
局面表示了遗憾，而对宪宗即位之后的中兴之功则无比推崇，认
为唐高祖创制天下，功劳很大，但没有能够享有太平，唐太宗虽
享有太平，但都是高祖功业奠定下的基础，二者都比不上宪宗在
安史之乱后挽回六七十年颓势的"巍巍之治功"。

唐宪宗虽然是中兴之主，但若说功业超出高祖、太宗，可能
大多数人是不予认可的。不过，对时君的评价有些虚高，倒是文
人行文的通例。但接下来，韩愈认为宪宗"宜定乐章，以告神
明，东巡泰山，奏功皇天"，这种鼓励皇帝到泰山封禅的做法，
引起了后人较多的非议。其实，对于韩愈来说，他所要表达的核
心内容是：

当此之际，所谓千载一时不可逢之嘉会，而臣负罪
婴衅，自拘海岛，戚戚嗟嗟，日与死迫，曾不得奏薄技
于从官之内、隶御之间，穷思毕精，以赎罪过，怀痛穷

天，死不闭目，伏惟陛下天地父母哀而怜之。

也就是说，皇上有千秋功业，而我有如椽巨笔，把我贬谪到潮州，让我没有办法给皇上润色鸿业，我感到非常痛心和遗憾。

可见，这篇上表的核心关切在于能够让自己返回朝廷做官，其他的部分都是策略性撤退，未必是韩愈的真心话。金人王若虚批评韩愈不善于处穷，文章之中经常有穷愁时的哀号之语，而对韩愈建议宪宗封禅更是不以为然："封禅，忠臣之所讳者。退之不忍须臾之穷，遂为此谀悦之计，高自称誉。"这种说法虽然自有其道理，但我们应该注意到的是，韩愈没有收回他反佛的言论，至于建议皇上东巡泰山封禅，虽然有言过其实之弊，但尚是儒生的本分。宋代理学盛行，士人往往用气节操守来褒贬历史人物，连被汉唐文人奉为楷模的扬雄也被黜落神坛，对韩愈求全责备，也不算意外。但对于今人而言，要更多地看到韩愈"欲为圣明除弊事，肯将衰朽惜残年"的刚贞之气，而不是将目光聚焦在白璧微瑕之上。

韩愈的上表起到了一定的作用，宪宗看了之后，感到有些后悔，想要重新重用韩愈，对大臣们说："韩愈前面的议论，也是极为爱朕的，只是不当说天子侍奉佛祖会短命。"这本是大臣们趁机为韩愈求情返京的好机会，但因为受到宰相皇甫镈等人的阻拦，没能成事。

五、一篇祭文驱鳄患

韩愈在潮州任职仅有半年，但做了不少事情。潮州地处南方，好淫祀，韩愈入乡随俗，写了好多篇祭祀神灵的祭文，现存的五篇被汇集在一处，命名为《潮州祭神文五首》。这五篇祭文都比较简短，其一、其五是祭湖神文，其二是祭止雨文，其三是祭城隍文，其四是祭界石神文。可见韩愈作为潮州这方水土的行政长官，虽然任职时间不长，但也是恪尽职守的。

韩愈在潮州创作的祭文，最有名的是《祭鳄鱼文》。潮州以有鳄鱼著称，韩愈在《潮州刺史谢上表》说："飓风鳄鱼，患祸不测。"《泷吏》也说："鳄鱼大于船，牙眼怖杀侬。"鳄鱼给当地百姓带来了一定的危害，所以，韩愈决定把它们赶出潮州。于是，韩愈在派人用一头羊、一头猪祭祀之后，并写了一篇《祭鳄鱼文》，向鳄鱼下了逐客令。

很多人认为，韩愈这篇文章是"以文为戏"，其实这篇文章中有一个重要的隐喻，就是韩愈将驱除鳄鱼纳入华夷之辩的框架，形成了道义与邪恶的二元对立，而韩愈明显是道义的一方。这种结构在韩愈谏止弊政时也是常用的，所以他在写这类文章之时，总能做到气盛言宜。

文章首先写尧舜禹汤等先王统一天下后，焚烧山陵、沼泽，以绳为网，以刀为刺，将那些祸害百姓的凶恶动物驱逐到了四海之外。这就形成了内中国而外四夷的框架，为驱逐鳄鱼建立了合理性。

韩愈接着说，由于后王德薄，不能维系原有的疆域，长江、汉水之间的土地，尚且被楚国、越国等蛮夷占领，何况是潮州这种距离京师万里之外的地方？所以，鳄鱼在这个地方繁衍生息，是可以理解的。但是，现在唐朝的皇帝神圣慈武，统治四海之外、六合之内的土地，而潮州是当年大禹治水所划分的扬州，朝廷派出刺史、县令加以管理，缴纳物产、赋税用来供奉天地、宗庙和各种神灵的祭祀，所以鳄鱼是不可以和刺史混居在这片土地上的。这在一定程度上把宪宗比作尧舜之君，将潮州看作教化之所，所以鳄鱼已经不适宜继续居住在潮州了。

通过上面的论述，以华变夷、以道义对抗邪恶的局面就已经形成。如果鳄鱼继续与受天子任命前来守土治民的刺史对抗，不安分守己地待在溪流深潭之中，反而盘踞陆地，到处吃百姓的牲畜和各种野兽来肥身衍嗣，那么，虽然刺史驽笨软弱，但是既然承受天子的命令前来为官，怎么能够对代表邪恶势力的鳄鱼低声下气，心生畏惧，忍辱苟活呢？所以，韩愈劝告鳄鱼：

> 潮之州，大海在其南，鲸、鹏之大，虾、蟹之细，无不归容，以生以食，鳄鱼朝发而夕至也。今与鳄鱼约：尽三日，其率丑类南徙于海，以避天子之命吏；三日不能，至五日；五日不能，至七日；七日不能，是终不肯徙也。

韩愈义正辞严地警告鳄鱼，如果它们冥顽不灵，不听从劝告，那么，他将选拔有才能的官吏和民众，拿起强弓毒矢，与鳄鱼进行较量，直到把鳄鱼杀尽。

所以，从幽默诙谐的角度去解读此文，认为韩愈是逞其才华"以文为戏"，未必是韩愈的初衷。韩愈在上《论佛骨表》之后，被贬官到潮州，在他的眼中，鳄鱼之害民，与佛教之惑民如出一辙，所以这篇文章看似荒诞，实则寄托遥深。

至于后人附会韩愈令人将一羊一猪投入鳄鱼聚居的韩江溪水之中，当天晚上有暴风震雷起于深潭，几天后潭水干涸，西迁六十里，从此潮州就不再有鳄鱼之患。这当然是人们的美好愿望，也是对韩愈的一种神化。其实，潮州直到明代，一直有鳄患。明代之后，由于气候的变化和人类活动的增多，潮州鳄鱼才逐渐消失。

六、兴学昌化捐俸钱

韩愈在潮州做的另一件重要的事情是兴办学校，培养人才。

从唐代初年开始，教育机构除了中央的国子学、太学、四门学之外，各地府州县乡按规定一律要设学校，甚至对学校的招生人数都有规定。但潮州处于僻远之地，人口稀少，经济落后，兴建学校、聘请师资的能力都极其有限，所以处于一片荒芜的局面。

韩愈曾多次在国子监任职，又长期倡导推行儒学教育。所以，他到潮州不久，了解到潮州的州学废弃日久，百十年间没有人在科举考试过程中获得进士、明经，人才极度匮乏。基层官员不知道何为乡饮酒礼，也没听过《鹿鸣》等《诗经》上的歌曲，面对这样的局面，韩愈经过深入的调查之后，就发布了《潮州请置乡校牒》，认为孔子说过"十室之邑，必有忠信如丘者"，现在潮州有一万多户，难道没有值得培育的人吗？在韩愈认识的当地儒生中，秀才赵德"沉雅专静，颇通经，有文章，能知先王之道，论说且排异端而宗孔氏，可以为师矣"，于是韩愈派他去摄海阳县尉，为衙推官，专门管理州学，督促学生努力学习，兴起儒家孝悌教化。韩愈还从微薄的俸禄之中拿出一部分资金，协助州学的运营。

韩愈在潮州期间，对赵德多有仰赖，所以他在离开潮州之时，写了一首《别赵子》来描写他们的友情。诗的开头说：我谪谪到了揭阳，而赵德一直居住在揭阳。揭阳这个地方，距离长安大约有一万里。我没想到在这样小城里，能够遇到你这样的朋友，可以一起谈心娱乐，也可以一起阅读《诗》《书》。没想到的是，我马上又要离开潮州，前往江西宜春任职。

临行之前，韩愈邀请赵德一起去江西宜春，赵德摇摇头拒绝了，还笑着说：

> 我岂不足欤？又奚为于北，往来以纷如。海中诸山中，幽子颇不无。相期风涛观，已久不可渝。又尝疑龙虾，果谁雄牙须。蚌蠃鱼鳖虫，瞿瞿以狙狙。识一已忘十，大同细自殊。欲一穷究之，时岁屡谢除。今子南且

北，岂非亦有图。人心未尝同，不可一理区。宜各从所

务，未用相贤愚。

这个赵德，是和泷吏一样的人物，他们有自己的价值判断，也有
自己的人生追求，对人生有着非常独到的见解。

赵德曾经选编韩愈的七十二篇文章，称为《文录》，是潮州当
地不可多得的人才。韩愈是震烁古今的大文豪，但对于潮州来说，
实在是匆匆一过客，后世夸大韩愈对潮州的影响，清康熙年间两
广总督吴兴祚甚至说："文章随代起，烟瘴几时开。不有韩夫子，
人心尚草莱。"其实不过是一种慕强心理。潮州文化事业的持续推
动，最终所依赖的，还是像赵德这样奋发有为的潮州人。

七、结交大颠起谣传

韩愈到达潮州之后，无疑是非常苦闷的。与被贬阳山时不
同，此时他已经垂垂老矣，且家人寄住在韶州，只有侄孙韩湘随
行，这种孤独寂寞的心情，不是常人所能了解的。

偶尔也会有一些朋友写信、写诗来，譬如贾岛曾有一首《寄
韩潮州愈》：

此心曾与木兰舟，直到天南潮水头。

隔岭篇章来华岳，出关书信过泷流。

峰悬驿路残云断，海浸城根老树秋。

一夕瘴烟风卷尽，月明初上浪西楼。

诗中写到了自己与韩愈的友情，也说到韩愈沿途创作的诗文作品已经传到了长安，并对韩愈在潮州的生活提出了美好的愿望。曾经随手拿走韩愈撰写墓志润笔的损友刘叉也写了《勿执谷寄韩潮州》，劝韩愈不要在迎佛骨的问题上执古不化，缺少变通，那样会导致"自取行坐危"，刘叉的说法自然是出于爱护韩愈，但韩愈不能被友人理解，更是徒增烦闷。

当时的潮州是化外之地，当地人的文化程度较低，韩愈很难找到一个人和自己进行心灵的对话。凑巧的是，潮阳灵山禅院里有一个大颠和尚，他虽出生在潮州，但祖籍是河南颍川，与韩愈有同乡之谊。韩愈被贬潮州之时，大颠和尚已经八九十岁，门人弟子上千人，是闻名遐迩的一代高僧。韩愈到潮州后，听闻大颠和尚"颇聪明，识道理"，于是派人请他到州衙一叙，结果一见如故，畅谈十余日才送大颠和尚回去。后来韩愈到潮阳祭祀海神时，还曾到灵山禅院拜访大颠和尚；前往袁州做官之前，还把衣服留给大颠和尚作为分别的留念。

韩愈被贬潮州，礼佛之人拍手称快，如今见韩愈与大颠和尚往来甚密，就谣传韩愈被贬之后，痛改前非，开始改信佛教。后来韩愈从潮州到袁州赴任，经过吉州（今江西省吉安市），吉州司马孟简就写信询问此事。孟简精通诗歌、书法，曾翻译过佛经，《旧唐书》本传说他"溺于浮图之教，为儒曹所诮"，所以他自然对韩愈结交大颠和尚的事情是非常感兴趣的。

对于韩愈来说，这正好是一个宣明自己态度的机会，所以他很快给孟简回了一封信。这封题为《与孟尚书书》的信，是继韩愈《原道》《论佛骨表》之后，表明自己思想立场的重要著作。回信在简单客套之后，便捻出这次回信的主题，就是最近有人谣传自己开始改信佛教，这种传闻是虚妄的谣言。接着，他介绍了自己和大颠和尚的交往情况：

> 潮州时，有一老僧号大颠，颇聪明，识道理，远地无可与语者，故自山召至州郭，留十数日。实能外形骸，以理自胜，不为事物侵乱。与之语，虽不尽解，要自胸中无滞碍，以为难得，因与来往。及祭神至海上，

遂造其庐。及来袁州，留衣为别。

接着，韩愈对这种交往做了定性："乃人之情，非崇信其法，求福田利益也。"也就是说，他和大颠和尚来往甚密，是基于人情世故，而不是皈依佛门，希望积善得福，寻求佛教所谓的"福田利益"。这一点也解释了韩愈为何一面辟佛，一面又先后与澄观、文畅、惠师、灵师、高闲、盈上人等僧人交往。正如孔子所说，交朋友要"择其善者而从之"，要和别人的优点交朋友。在现实生活中，也不是所有的佛教徒都是儒生的死对头，韩愈因谏迎佛骨被贬潮州之后，有个叫简的僧人就为韩愈愤愤不平，甚至要不畏"蛇山鳄水万里之险毒"，要去潮州拜访韩愈。所以，韩愈以"乃人之情"解释他与大颠和尚的交往是合情合理的。

然后，韩愈延续《论佛骨表》的说法，对皈依佛教以求福报提出了批驳。在论述中，他引用孔子生病时，他的学生子路要为孔子向鬼神祈祷，孔子听闻之后说"丘之祷久矣"这个例子，这个例子出自《论语·述而》，宋代大儒朱熹解释说，如果立身行事不符合道理，向鬼神祈祷也没有用；如果立身行事符合道理，那平时的行径就与神明相合，没有必要再向鬼神祈祷。其实，韩愈早在数百年前，就对此作了阐释：

> 凡君子行己立身，自有法度，圣贤事业，具在方
> 策，可效可师。仰不愧天，俯不愧人，内不愧心，积善
> 积恶，殃庆自各以其类至。何有去圣人之道，舍先王之
> 法，而从夷狄之教，以求福利也？

这段文字从儒家的立场出发，以"积善之家必有余庆，积不善之家必有余殃"的德福一致的逻辑，否定了佛教能够给人带来福祸的说法。韩愈质问道：从儒家的角度来说，佛到底是君子还是小人？"若君子也，必不妄加祸于守道之人；如小人也，其身已死，其鬼不灵。"这一番论述，对那些迷惑于佛教祸福的人来说，无疑是釜底抽薪般的打击。有人说韩愈对佛教的批驳，没有太多的理论创新，其实，从帝王到庶民，他们的佛教信仰大都建立在福祸报应上的，韩愈对佛教的批判，才是命中了佛教传播的要害之处。

然后，韩愈对自己排佛的依据做了详细的说明。尤其是比《论佛骨表》更明确地提出自己是继承了孟子距杨墨的做法：

> 孟子云："今天下不之杨，则之墨。"杨墨交乱，而

> 圣贤之道不明，则三纲沦而九法斁，礼乐崩而夷狄横，
> 几何其不为禽兽也！故曰："能言距杨墨者，皆圣人之
> 徒也。"

接着，韩愈从时代的角度，纵向梳理了从战国时期杨朱、墨翟的学说横行，儒学正道被废弃；到秦朝焚书坑儒，毁弃先王之法；再到汉初近百年不知道修明先王之道，后来虽然除挟书之律，逐渐搜求亡书，重用儒生，但经书残缺的有十之二三，圣人之道大坏，至今未能恢复。

韩愈认为，之所以会出现这种局面，都是因为"杨墨肆行而莫之禁"，而孟子有德无位，只能发诸空言，无法施行到现实政治中去。好在仰赖孟子的"空言"，现在的学者才能够知道尊敬孔子，崇尚仁义，贵王道，贱霸道，所以韩愈推尊孟子，认为他的功劳不在大禹之下。

孟子原先不过是诸子之一，和荀子的地位相当。正是因为经过韩愈的推扬，孟子的地位开始升高，《孟子》一书到宋代还从诸子书升格成为经书。在这个过程中，韩愈所起的作用是至关重要的。

最后，韩愈接着《原道》一文的逻辑，认为汉代以后，儒

家的正道式微，对于这种千疮百孔的局面，儒生也只能修修补补，危险得如同千钧一发。而正是在这样的局面下，佛教、道教兴起，鼓动天下人信从。韩愈虽然知道是自不量力，但因为具有文化的责任感和道统接续的自觉意识，所以不忍心见死不救，即便是能够粗传其道，也是万死不辞。并且他对儒学的前途充满信心，也坚信天地鬼神不会"自毁其道，以从于邪"。

这篇文章痛陈儒学所遭遇的危机，表达了韩愈继承孟子的道统、振兴儒学的决心。文章有"雄肆之气，奇杰之辞"（张裕钊语），"反复变幻，昌黎书当以此为第一"（茅坤语），沈德潜认为"熟读此等文，增长见识，亦增长笔力"，是义理、辞章皆为上乘的名篇佳作。可以说，这封《与孟尚书书》践行了以文明道的文学主张，是韩愈文学理论与文学创作完美结合的代表作。

八、初味南烹多叹惊

由于潮州临海，海产品极为丰富，所以潮州的饮食与中原地区差别很大。晋人张华《博物志》卷三载："东南之人食水产，西北之人食陆畜。食水产者，蛤螺蚌以为珍味，不觉其腥臊也。"清《（乾隆）潮州府志·风俗》也称潮州人"所食大半取于海族"。

韩愈在《初南食贻元十八协律》中列举了各种海鲜：

> 鲎实如惠文，骨眼相负行。蚝相黏为山，百十各自生。
>
> 蒲鱼尾如蛇，口眼不相营。蛤即是虾蟆，同实浪异名。
>
> 章举马甲柱，斗以怪自呈。其余数十种，莫不可叹惊。

诗的头两句说鲎长得像秦朝时一种叫惠文冠的帽子，像螃蟹一样，眼睛长在骨头里，过海的时候，雌雄相负而行。《本草纲目》记载最为详细："鲎，状如熨斗之形，广尺余，其甲莹滑，青黑色，鳌背骨眼，眼在背上，口在腹下，头如蜣螂，十二足，似蟹……每过海，相负示背，乘风而游，俗呼鲎帆。"蚝也就是牡蛎，俗称生蚝或海蛎子，无论是蒸着吃还是烤着吃，都是百十个堆成小山包似的一堆。蒲鱼就是魟鱼，身体扁平，略呈圆形，有长尾如蛇，嘴巴在腹部，眼睛在背部，所以韩愈说"口眼不相营"。蛤在中原地区指的是蛤蜊，韩愈没想到在潮州指的是虾蟆，就是青蛙，也叫田鸡，现在潮州还有一道菜叫"水晶田鸡"。章举就是章鱼，马甲柱即江珧柱，也就是贝壳闭壳肌。

　　韩愈从数十种未曾吃过的食物中列举出这几种来写，应该是这几种食物让他印象特别深刻。面对饮食上的不适应，韩愈努力入乡随俗，加上各种调料，忍着一股腥臊之气，大口吞咽，吃得面红耳赤，热汗淋漓：

> 我来御魑魅，自宜味南烹。
>
> 调以咸与酸，芼以椒与橙。
>
> 腥臊始发越，咀吞面汗骍。

让韩愈无论如何也不能接受的，就是吃蛇。对于岭南人来说，吃蛇的风俗至今还在，但对于韩愈来说，蛇虽然是在中原也常见，但把它当作食物是匪夷所思的，于是就决定将其放生了：

> 惟蛇旧所识，实惮口眼狞。开笼听其去，郁屈尚不平。
>
> 卖尔非我罪，不屠岂非情。不祈灵珠报，幸无嫌怨并。
>
> 聊歌以记之，又以告同行。

韩愈这首诗所记载的自己初至潮州时吃鲨、牡蛎、蒲鱼、虾蟆、江珧柱等海鲜的情景，为记录潮州的饮食文化留下了非常珍贵的材料。潮州菜是粤菜的重要组成部分，从今天的潮州菜中，我们还可以看到韩愈在一千年前吃到的菜。

对于"蛤即是虾蟆"一句，有人认为虾蟆就是蛤蚧的一种，《岭表录异》有"蛤蚧首如虾蟆"的说法。不过，潮州现在似乎不太把蛤蚧当作食物，而且柳宗元还曾写过一首关于吃虾蟆的诗给韩愈，从韩愈答诗的内容看，是青蛙的可能性更大一点。韩愈的《答柳柳州食虾蟆》对虾蟆写得很生动："虾蟆虽水居，水特变形貌。强号为蛙哈，于实无所校。虽然两股长，其奈脊皱皰。跳踯虽云高，意不离汀淖。鸣声相呼和，无理只取闹。"韩愈对吃虾蟆有一个从不接受到接受的过程，"余初不下喉，近亦能稍稍"；而柳宗元在南方居住了十余年，对南方的各种饮食已经习以为常，甚至还有些享受，所以韩愈感到好生奇怪："而君复何为，甘食比豢豹。"可见，风俗移人，一个人的口味也会随着环境的变化而改变。

作为最早用文字描写潮州菜的诗人，韩愈可能想不到，那些让他不堪忍受的充满腥臊之气的海鲜，由于后人烹饪技术的发展，现在已经成为非常可口的美味。如果能够让韩愈来到今天的潮州，不知他将如何用他的如椽之笔，写下他所能吃到的一切美食。

九、袁州归来似胜游

元和十四年（819）冬，韩愈被移为袁州（今江西省宜春市）刺史。虽然袁州也还是偏远落后的小地方，但毕竟被北移了一千五百里路，这让韩愈的内心燃起了希望之火。那么，韩愈为什么会被北移呢？其实是早就有端倪的。

唐代从武则天开始，创设了给皇帝上尊号的制度，武则天的尊号初为"圣母神皇"，即位后称"圣神皇帝"，后来又有多个尊号。而唐玄宗最后的尊号是"开元天地大宝圣文神武孝德证道皇帝"，长达十四字。宪宗两次上尊号，第一次在元和三年（808）七月，所上尊号是"睿圣文武皇帝"，第二次在元和十四年（819），所上尊号是"元和圣文神武法天应道皇帝"。按照惯例，皇帝上尊号，大臣要上表祝贺，而且在上尊号之后，要大赦天下。

对韩愈来说，上贺尊号表是分内之事，柳宗元、刘禹锡等人也都有此类文字；另一方面，这也是一个获取赦免、返京任职的非常好的机会。韩愈的贺表除了极力歌颂宪宗的功德之外，核心内容是对宪宗的尊号"元和圣文神武法天应道皇帝"逐字做了阐释，并进行了发挥。其中，"元"对应的是"子育亿兆，视之如伤，可谓体仁以长人矣"，"和"对应的是"喜怒以类，刑赏不差，可谓发而中节矣"，"圣"对应的是"明照无私，幽隐毕达，可谓无所不通矣"，"神"对应的是"发号出令，云行雨施，可谓妙而无方矣"，"文"对应的是"三光顺轨，草木遂长，可谓经纬天地矣"，"武"对应的是"除划寇盗，宇县清夷，可谓戡定祸乱矣"，"法天"对应的是"风雨以时，祥瑞辐凑，可谓先天而天不违矣"，"应道"对应的是"国内无饥寒，四夷皆朝贡，可谓道济天下矣"。虽说是敷衍成文，但将宪宗的尊号完全纳入了儒学的阐释体系之中，也可以看出韩愈一生崇儒的努力所在。此类文字，即便是以古文家自居的韩愈写来，仍是偏于骈俪之体，可见官样文章的传统势力并不容易被打破。

而文章的最后，韩愈再次提醒宪宗，他还"假息海隅，死亡无日"，无比地"感恩恋阙"，希望能够得到赦免，返京任职。其实，当韩愈刚到潮州，上表谢恩之时，宪宗对韩愈就已经芥蒂渐消，但是碍于皇甫镈等人的反对，未能将其召回。此次天下大赦，遂将韩愈量移于袁州。

值得一提的是，早在元和三年（808），韩愈的同年进士王涯就曾在袁州任职，当时韩愈还写了一首《秋字》送别：

　　淮南悲木落，而我亦伤秋。况与故人别，那堪羁宦愁。

　　荣华今异路，风雨昔同忧。莫以宜春远，江山多胜游。

诗中暗用《淮南子·说林》"桑叶落而长年悲"之句，从淮南王刘安悲秋说起，言及与朋友分别的羁旅之愁。接着，用《淮南子·说林》"有荣华者，必有憔悴"和《诗经·风雨》"风雨如晦，鸡鸣不已"，表达了对王涯的关怀。最后安慰朋友说，不要以为宜春离京城很远，那边风景秀丽，你就聊且当作快意的旅游吧。这次韩愈前来袁州的路上，不知是否会想起这首诗。

　　为了更好地了解韶州，在从潮州到袁州的路上，经过韶州，他还写信给韶州长官张端公借阅当地的图经，以便入乡问俗："曲江山水闻来久，恐不知名访倍难。愿借图经将入界，每逢佳处便开看。"（《将至韶州先寄使君借图经》）

　　元和十五年（820）闰正月初八日，韩愈正式到袁州任职，按照惯例，他又上了谢表。而此时宪宗已经于正月二十六日驾崩，穆宗已经登基。所以，韩愈接着上了《贺皇帝即位表》《贺册皇后表》《贺赦表》《贺册皇太后表》《贺庆云表》，几乎每一个表的最后都要提及自己在前朝因论事获罪，不能在朝廷上随例称贺。这些贺表可能都是韩愈在新皇上那里刷存在感的手段，免得穆宗忘记还有韩愈这号人的存在。

到了袁州之后，韩愈按照治理潮州的经验来治理袁州。袁州的风俗，如果父母借了别人的钱款，可以将子女典押在债主家作仆隶，如果到期没能还钱，就没入债主之家，"鞭笞役使，至死乃休"。韩愈到了袁州之后，设法帮助欠债的人赎回子女，无力偿还的，按照律令，计算做工的时间，折算成钱财，足够还债便需放还，当时袁州境内被放还的多达七百三十一人。这项措施柳宗元在柳州就已经实施，桂管观察使裴行立还把这个办法推广到其他州县，一年内被放还的将近千人（《柳子厚墓志铭》）。韩愈返朝之后，还上《应所在典帖良人男女等状》，希望天下诸州都能够严加检责，全部放免。从这件事上，我们可以看到，作为一个儒者，韩愈无论是在地方任职，还是在中央任职，都能够以仁爱之心对待底层百姓。

在袁州期间，韩老成的次子韩滂病死。韩滂聪明和顺，记忆力出众，又喜好文章，同辈之中罕有其匹，然天不假年，英年夭折。韩愈此次贬官潮州，短短一年多时间，就先后有两位亲人去世，悲痛之情，可以想见。

韩愈在袁州任职仅有九个月，但给袁州留下了丰厚的文化遗产。就在韩愈将要离开袁州之时，江西观察使王仲舒在洪州（今江西省南昌市）重新修建滕王阁，写信请韩愈撰文。洪州滕王阁初建于唐太宗贞观年间，因为王勃的一篇《滕王阁序》而誉满天下，后来又有王绪《滕王阁赋》、王仲舒《滕王阁记》。而韩愈从未见过滕王阁，凭空撰文，难度是比较大的。

　　在这篇《新修滕王阁记》中，韩愈从少时听闻滕王阁为江南美景之首入手，写自己读了王勃《滕王阁序》、王绪《滕王阁赋》、王仲舒《滕王阁记》后，对滕王阁更加向往；后来任官于朝廷，没有办法前往登临；元和十四年（819）被贬谪潮州，又没能路过南昌；移刺袁州后，非常希望能够一偿所愿。接着，又写观察江南西道王仲舒将八州治理得政通人和，而自己因为政务缠身，无法前往。通过这种屡次想去而不得的遗憾，以虚写实，烘托了滕王阁的独特魅力。后面又写王仲舒与众人宴于滕王阁，倡议重新修葺，并写信请韩愈作记。最后说自己遗憾没有能够前往南昌登上滕王阁欣赏美景，但私下里为能够将自己的名字写到滕王阁上，自己的文章能抄在王勃等人的文章后面感到荣耀，所以不加推辞地接下了撰写文章的任务。

　　这篇文章采用这种写法，既避免了与王勃的《滕王阁序》短兵相接，又写得曲折有致，不落俗套，可见韩愈文思俊逸，构思精巧。未见其景而撰写诗文，前有李白《蜀道难》，后有范仲淹《岳阳楼记》，中有韩愈《新修滕王阁记》可谓有异曲同工之妙。

　　韩愈被贬潮州、袁州，加上往返路途，不足两年。在这将近两年的时间里，韩愈对这两个地区进行了移风易俗的治理，政绩卓著。但长途跋涉，水土不服，也给年老体弱的韩愈带来了健康上的隐患，导致他重返长安之后，身体每况愈下。韩愈晚年所患的脚气病，很可能就是在这段时间埋下的病根。

第八章

君子和而不同：韩愈和柳宗元的友谊及创作互动

元和十四年（819）十一月，柳宗元在柳州去世，当时韩愈正走在前往袁州的路上。临终之前，柳宗元立下遗嘱，安排了自己的后事。其中，委托刘禹锡整理自己的诗文作品，委托韩愈执笔撰写自己的墓志。墓志是一个人一生功业的盖棺论定，柳宗元如此托付，可见他对韩愈的信任。

但是，令人遗憾的是，韩愈、柳宗元之间，不像李白和杜甫、白居易和元稹那样，有较多赠答、唱和诗文传世，让后人可以了解他们友谊的细节。韩愈和柳宗元之间也有一些文字往还，但流传下来的并不多，以致这两个千百年来一直并驾齐驱的文人的交往详情，至今尚是谜一样的存在。

一、韩柳交游之始末

韩愈与柳宗元的相识，可能是始于宣城。建中二年（780），韩愈和嫂子郑夫人在埋葬韩会之后，为了避乱，迁居宣城，而此时柳宗元的父亲柳镇正好是宣城令。柳镇与韩会是故交，据柳宗元《先君石表阴先友记》记载："韩会，昌黎人。善清言，有文章，名最高。然以故多谤。至起居郎，贬官，卒。弟愈，文益奇。"那么，作为韩会的生前好友，柳镇在做宣城令期间，很有可能会对韩愈一家有所照顾，如果柳宗元也曾到宣城看望父亲，那么二人在年幼时就可能有交集。

后来，韩柳二人都曾到长安参加科举考试，分别于贞元八年（792）、贞元九年（793）进士及第。贞元十九年（803）还曾经同在察院任监察御史，后来韩愈、柳宗元先后遭到贬谪，见面的机会就变得很少。综合前人的研究成果，韩愈、柳宗元有五个时间点是有过交集的。

一是二人在贞元九年前后，曾同登慈恩塔。大慈恩寺是唐高宗做太子时为其生母建造的，寺中有塔，被称为慈恩塔。慈恩塔建立之后，很快成为京城士子的打卡胜地。天宝十一载（752）秋，杜甫就曾和高适、岑参、储光羲、薛据一起登塔，并留下诗歌唱和。《四部丛刊》影元本《朱文公校昌黎先生文集》书末附有《长安慈恩塔题名》载："韩愈退之、李翱翔之、孟郊东野、柳宗元子厚、石洪浚传同登。"这是见诸文献记载的韩愈、柳宗元最早的交往记录。他们可能也曾创作登临的诗歌，可惜没能流传下来。

二是贞元十五年（799）冬至贞元十七年（801）三月。当时韩愈在汴州任职，有机会回到京师朝正，柳宗元娶了杨凭的女儿。而杨凭之弟杨凝是韩愈在汴州的同僚，韩愈前往京师时，难免会与旧同僚会面。所以，此时韩愈可能有见到柳宗元的机会。不过，二人在时空上虽有交集，但文献上没有二人直接接触的明确记载。

三是贞元十九年（803），韩愈、柳宗元和刘禹锡同为监察御史，交往应该比较多，甚至语及私密，无话不谈。但由于柳宗元、刘禹锡属于王叔文、韦执谊这个小团体的核心成员之一，而韩愈则与王、韦的关系较为疏离，最终还产生了一些误会。后来，韩愈被贬阳山，他甚至怀疑是因为他和柳、刘说的话被泄露出去导致的，一度心存芥蒂。

四是贞元二十一年（805）九月，王叔文集团事败，核心成员皆被贬斥，柳宗元被贬邵州刺史，刘禹锡被贬连州刺史。十一月，柳宗元被改贬永州司马，刘禹锡被改贬朗州司马。而韩愈此时被任命为江陵法曹参军。柳、刘二人在前往被贬地点时，都要经过江陵，与韩愈都有会晤，其中的嫌隙得到了化解。

五是元和十年（815）初，柳宗元奉召入京，次月又出为永州刺史。虽无诗文流传，二人阔别十年，在长安应该是见过面的。

此外，元和十四年（819）韩愈被贬潮州，途经广州清远县时，元集虚曾奉桂管观察使裴行立之命，携带书籍、药物赠与韩愈。从韩愈《赠别元十八协律六首》（其四）来看，韩愈与裴行立素无深交，"嶷嶷桂林伯，矫矫义勇身。生平所未识，待我逾交亲。遗我数幅书，继以药物珍。药物防瘴疠，书劝养形神"。而柳宗元与裴行立是上下级关系，且相交甚笃；与元集虚也是故交，元和四五年间曾作《送元十八山人南游序》，称元集虚为人"阔旷而质直"，为学"学恢博而贯统"。此时柳宗元身在柳州，距离清远一千余里，而桂州距离清远仅三百余里。所以，元集虚此行，很可能是受柳宗元的辗转委托，所以韩愈在《赠别元十八协律六首》其三中，有提及柳宗元："吾友柳子厚，其人艺且贤。吾未识子时，已览赠子篇。痡痵想风采，于今已三年。不意流窜路，旬日同食眠。"

还有两个人之间也有一些书信来往。早在元和八年（813），柳宗元曾写过《与韩愈论史官书》，次年又有《与史官韩愈致段秀实太尉逸事书》，向当时作为史官的韩愈介绍段秀实的事迹。韩愈在潮州时，柳宗元曾写过一首有关"食虾蟆"的作品给韩愈，所以韩愈有《答柳柳州食虾蟆》。不过柳宗元的诗已经散佚了，从韩诗中可以看出大致是柳宗元认为虾蟆非常美味，而韩愈对此感到惊奇："余初不下喉，近亦能稍稍。常惧染蛮夷，失平生好乐。而君复何为，甘食比豢豹。"可见，韩愈此时还没有适应岭南的饮食。

韩愈、柳宗元在成年之后，有五次在同一时空相聚的机会，但时间都不是很长；二人的往还诗文传世数量也不多，而且意见通常还不太一致，甚至连饮食的口味也相差甚远，所以他们算不上志趣相投的朋友。但是，柳宗元临终之际能够将身后之事托付给韩愈，可见柳宗元对韩愈的信任。

二、和而不同见真诚

韩愈与柳宗元之间的关系，因为二人在政治见解、学术思想、为人处世等方面皆有一些分歧，所以引起了后人的各种猜测和揣摩。而对于韩柳二人来说，他们并不隐晦彼此之间的意见差异，都能够真诚地表达自己的意见，而且并不会因为意见分歧而交恶，反而是相互砥砺，相得益彰，可谓和而不同、周而不比，是非常典型的君子之交。

二人在政治上的分歧，前文已有较多涉及，由于柳宗元属于王叔文集团的核心成员之一，而韩愈后来怀疑自己是受该集团排挤才会被贬官，所以芥蒂很深。但韩愈一方面不避讳自己对王叔文集团的立场，另一方面也不认为柳宗元参与该集团是人品的问题，而是对他的遭遇极为惋惜。下面就二人对佛教、天人关系、师道、诸子百家等方面的异同，略作述说：

（一）韩愈、柳宗元论佛教

在思想上，韩愈继承孟子"辟杨墨"的做法，对佛老之学极度排斥，认为应该让这些宗教徒还俗，烧掉他们的书，拆掉寺庙。所以他对宪宗迎佛骨冒着生命危险也要反对，有舍生取义、杀身成仁的信念。正如陆游《杂兴》云："孟子辟杨墨，吾道方粲然；韩愈排佛老，不失圣所传。伐木当伐根，攻敌当攻坚……安得孟韩辈，出为吾党先？"陆游之所以将孟子、韩愈相并列，正是因为二人都是捍卫儒道的急先锋。而柳宗元对佛道则相对较为包容，上文提到的在广州清远接待韩愈的元集虚就是佛教徒，柳宗元认为诸子百家的学说，都可以成为辅佐国君治理国家的思想资源，而佛教的情况与诸子百家的情况是一样的。而柳宗元对元集虚愿意接受各种不同的思想取向，并试图融合它们的态度表示赞赏，而韩愈则反对这样的态度，对于这篇赠序，曾写信批评柳宗元。

但柳宗元并没有因为韩愈的批评而改变自己的观点，他在《送僧浩初序》中较为完整地阐述了自己对佛教的看法。文章开宗明义地说："韩愈是个儒者，是我的朋友，但是他对我喜读佛经，好交僧侣，是深痛恶绝的。"然后，柳宗元又针锋相对地指出："佛教当中也有好的方面，无法排斥出去，而且他们的见解也往往与《易》《论语》有相通的地方。"直接将佛教学说和儒家经典相提并论。接着，柳宗元以扬雄不排斥庄子、墨子、申不害、韩非为例，指出佛教学说反而不如庄子、墨子、申不害、韩非"怪僻险贼"，不能因为它出自蛮夷而抛弃它，而应该"去名求实"，吸收它与《易》《论语》相合之处，为我所用。

柳宗元还特意指出，韩愈对佛教的批评主要着眼于佛教徒的行迹，认为佛教徒剃光了头，穿上缁素之服，不顾及夫妇、父子等人伦关系，不从事农耕蚕桑，不利于养生丧死。在这一点上，柳宗元和韩愈是基本一致的。不同的是，柳宗元认为，韩愈是"忿其外而遗其中，是知石而不知韫玉也"，也就是只顾及了佛教徒的行迹，没有欣赏到他们的精神。而柳宗元之所以乐于结交浮屠，是因为他们"不爱官，不争能，乐山水而嗜闲安"，不像俗世之人追名逐利，为了官位而相互倾轧。对此，韩愈被贬官到潮州时，在深入接触元集虚之后，在《赠别元十八协律》里说："读书患不多，思义患不明。患足已不学，既学患不行。子今四美具，实大华亦荣。"在一定程度上也对柳宗元的观点表示理解。

值得一提的是，柳宗元在《送僧浩初序》中以扬雄作为参照，认为韩愈喜好儒学，未能超过扬雄。其实，韩愈早就说过，"孟子是最为纯粹的儒家，而荀子与扬雄都是有一定缺点的儒家。"(《读〈荀子〉》)韩愈立身行道，并不以扬雄为榜样，他是要直追孟子的。有趣的是，扬雄在唐代以前是备受推崇的，而到了宋代以后，名声一落千丈。有人说这是因为宋儒重视气节，而扬雄曾写《剧秦美新》称颂王莽新朝，其实，韩愈给扬雄"大醇而小疵"的评价，可能也是扬雄跌落神坛的重要原因之一。

（二）韩愈、柳宗元、刘禹锡论天人关系

二人在天人关系的讨论上，也存在一定的分歧。柳宗元的《天说》，就是专门针对韩愈的观点而写的。韩愈认为，天是有意志的，会奖赏有功的人，惩罚有过错的人："吾意天闻其呼且怨，则有功者受赏必大矣，其祸焉者受罚亦大矣。"但是，现实的情况是，有时会出现"残民者昌，佑民者殃"的反常情况。这是儒家德福一致思想的体现，但儒家所认同的"天道无亲，常佑善人"，是经不起现实的检验的，司马迁在《史记·伯夷列传》中就曾经提出质疑。而韩愈认为这只是一种误解，是"不知天"。韩愈认为，人与天的关系是"元气阴阳之坏，人由之生"，人类"垦原田，伐山林，凿泉以井饮，窾墓以送死，而又穴为偃溲，筑为墙垣、城郭、台榭、观游，疏为川渎、沟洫、陂池，燧木以燔，革金以镕，陶甄琢磨"，都是破坏元气阴阳。也就是说，韩愈认为，德福不一致的原因是人类的活动破坏天的元气阴阳。而柳宗元则认为天是没有意志的，"功者自功，祸者自祸，欲望其赏罚者大谬"，因为天玄地黄，元气浑然处于天地中间，阴阳则不过是寒暑的变化，都是像瓜蓏、痈痔、草木一样的自然现象，不可能有赏功罚祸的功能。针对韩愈和柳宗元的观点，刘禹锡写

了《天论》，认为韩愈是"阴骘之说"，柳宗元是"自然之说"，都不能将天人之际解说明白。刘禹锡认为，"天与人交相胜耳"，"天之所能者，生万物也；人之所能者，治万物也"。

韩愈、柳宗元、刘禹锡对天人关系的讨论，是中国哲学研究的一个重要课题。按照他们的说法，韩愈的说法是唯心主义天人观，而柳宗元的说法是唯物主义天人观，而刘禹锡的说法则是辩证主义的天人观。正是因为他们追求和而不同，才能够呈现出唐人在天人观念上多元和合的局面。

（三）韩愈、柳宗元论师道

韩愈先是在汴州任科举考官，后来长期在国子监任职，加上他需要传播自己在儒学、古文和诗歌方面的主张，所以历来不惮于以师道自居。贞元十四年（798），《与冯宿论文书》就明确地说："最近李翱和我学习写文章，颇有所得，但是他家里贫困多事，未能完成学业。还有一个叫张籍的，年龄比李翱大，也和我学习，他的文才水平和李翱不相上下。"明确地将李翱、张籍认作自己的学生。贞元十八年（802），韩愈又创作《师说》，批评当时社会上不重视师道。

柳宗元则不像韩愈一样以师道自居。虽然在柳宗元晚年，尤其是元和八年（813）前后，向柳宗元求师问学的人尤其多，他存世的回信有十余篇，但他是不肯以师道自居的。元和八年（813）十二月，韦中立自长安来到永州，欲拜柳宗元为师，柳宗元《答韦中立论师道书》中从孟子称"人之患在好为人师"，到魏晋之后，人多不事师，而到了唐代，更是如此，只有韩愈不顾流俗讥嘲，大张旗鼓地招收学生，因此得了一个狂名，导致他在人生路上遭遇了很多挫折。其实，柳宗元不是不乐于教导后辈，只是以韩愈为前车之鉴，不以师道自居罢了。

此外，韩愈和柳宗元都喜欢读先秦诸子百家的书，而且在阅读之后，都喜欢写简短的题跋，对自己喜欢的问题进行讨论，这些文字也有一部分流传下来。其中，韩愈有《读荀》《读墨子》《读鹖冠子》，柳宗元有《辩列子》《辩文子》《辩论语二篇》《辩鬼谷子》《辩晏子春秋》《辩亢仓子》《辩鹖冠子》。整体上来说，柳宗元对诸子研读的深度，要高于韩愈；韩愈对诸子的评价，是以儒家思想为本位的，而柳宗元对先秦两汉诸子的思想是较为包容的，比较喜欢道家，尤其是《庄子》。

从以上几点可以看出，韩、柳之间在思想上存在较大的差异。四十多年前，当"评法批儒"的思潮兴起时，有人将柳宗元说成是法家，与属于儒家的韩愈成了对立面。他们认为柳宗元是法家的重要证据是《封建论》，而《封建论》反对封建割据，针砭安史之乱以来的藩镇割据势力，是借古讽今，在这一点上，韩愈和柳宗元反而是立场一致的。

三、文章竞胜两相匹

韩愈和柳宗元都是唐代古文运动的领袖人物，在古文创作成就上也是旗鼓相当，双峰并峙，各有各的优势。

作为生活在同一时代的古文大家，韩愈和柳宗元在古文创作上有较多的互动。这种互动往往是韩愈先创作，柳宗元读到之后会创作出相关的作品。宋罗大经《鹤林玉露》云："韩、柳文多相似，韩有《平淮碑》，柳有《平淮雅》；韩有《进学解》，柳有《起废答》；韩有《送穷文》，柳有《与韦中立论文》；韩有《张中丞传叙》，柳有《段太尉逸事》。"今人罗联添《韩愈研究》也说："韩柳为文，时相角力竞胜，如韩有《张中丞传后叙》，柳有《段太尉逸事状》；韩有《进学解》，柳有《晋问》；韩有《平淮碑》，柳有《平淮雅》；韩有《送穷文》，柳有《乞巧文》，一若相匹者。"可惜二者都没有对此展开论述，下面我们就此踵事增华，选择几组作品，略加分析。

第一组是韩愈《进学解》和柳宗元《起废答》。这类作品

《文选》将其列到"设问"一类，也就是问答体的散文赋。

《进学解》是韩愈元和八年（813）任国子博士期间创作的一篇感叹不遇、抒发愤懑的散体赋，采用东方朔《答客难》、扬雄《解嘲》的结构方式，先是假托先生劝学，接着写学生质问，最后是先生解答，借学生之口批判了大材而小用、英俊沉下僚的不合理的社会现象。

一年以后，柳宗元在永州创作了一篇《起废答》，结构、立意与《进学解》非常相近。文章开头说柳先生办完公务，回到愚溪游玩。愚溪边上聚集着十余名老者和壮年，前来向柳先生说，最近州里起用了两个废物，一个是瘸腿的和尚，一个是烂脑门的马驹。柳宗元感到好奇，问是怎么回事。聚过来的人说，佛教徒在城市里都有法师，法师得精通戒律，用来告诫学佛的人和尼姑，得长得法相庄严，且显得闲暇自得。瘸腿的和尚虽然有师道，但从小残疾，在东祠居住了十年，内心自卑，不敢见人。最近其他有师道的和尚都有事离开了，学佛者和尼姑们没有了可以学习的人，感到怅然若失，于是就将瘸腿的和尚请出来当法师。而官府马棚里有匹烂脑门的马，浑身纯黑，体格庞大，因为有病而被孤立，甚至都吃不饱饭。现任刺史来就任时，放弃乘马，坐船到我们这里，发现没有马可以乘骑。于是就有人建议用这匹烂脑门的马。最后，柳宗元问他们为什么要和自己说这些事，老者和壮年说："现在先生您来到我们这里也有十年了，虽然您知识渊博，见解不凡，但是不被采纳，还不如烂脑门的马驹、瘸腿的和尚还有一些用处。"柳宗元回答道，其他的病不算什么，我的毛病在乎德行，而且瘸腿的和尚、烂脑门的马驹遭遇到的是资源稀缺，而现在朝廷上各等人才都很多，各路英贤都在发挥作用，并不缺乏人才，不像地方上只能将就用人。所以，自己不可能像瘸腿的和尚、烂脑门的马驹一样，闲置十年之后就被重用。

除此之外，写作时间相近的《答问》等，也表达了类似的情感。清林纾《韩柳文研究法》云："《答问》及《起废答》皆解嘲语。《答问》之文，不及《进学解》之恢张。《起废答》略趣，然骂世太酷。"就点出了二者的相似性。

第二组是韩愈创作于元和二年（807）的《张中丞传后叙》和柳宗元创作于元和九年（814）的《段太尉逸事状》。首先，二文都是史传文字，韩文是对李瀚《张巡传》的补充，所以称"后叙"；柳文是补国史之缺漏，所以称"逸事状"，两者有相类似之处；其次，韩文对世人误解许远投降进行了辨析："两家后人不够聪明，不能通晓张巡、许远的志向，认为张巡殉国而死，而许远被俘虏，怀疑许远是怕死投降了。如果许远真的怕死，又何必苦守那么一个小城，以致身陷重围，缺粮少食，让军士吃自己亲爱之人的肉来充饥，却还坚持和敌人对抗而不投降呢？"柳文在写完段秀实勇服朔方将领郭晞、仁愧焦令谌、节显治事堂三件逸事后，也对世人认为段秀实不过是"武人一时奋不虑死，以取名天下"进行了辩解。

此外，韩愈元和五年（810）冬任河南令之后，曾在《为河南令上留守郑相公启》中揭露虚占军籍的问题，柳宗元此文写大历年间段秀实任泾州刺史时，曾整治暴徒横行，然后用假名加入军队，导致官吏无法处置的现象，可见此类现象已经长期存在，积重难返，很难根除。而韩、柳二人的着眼点和政治立场都非常相近。

第三组是韩愈的《圣德诗》《平淮碑》和柳宗元的《平淮夷雅》。韩愈《圣德诗》与柳宗元《平淮夷雅》在文体、主旨上相近，清人王士禛《带经堂诗话》就曾将二者相并列，认为元和时期节度使的叛乱被平定，韩愈写了《圣德诗》，柳宗元写了《平淮西雅》，古人都说这是"辞严义伟，制作如经"，能够将唐王朝的盛德凌驾于大汉之上。王充说"鸿笔之人，国之云雨"，就像巨龙没有云雨不能遨游天空，大国功业如果没有大手笔将其载诸文章之中，就不能将盛名传播到万世之后，而《圣德诗》《平淮夷雅》显然就是这样的大手笔。韩愈《平淮碑》与柳宗元《平淮夷雅》对平定淮西之战中诸将的功劳做出了不同的判断，韩文抑李愬而扬韩弘，柳文则以李愬与裴度并列，柳宗元的说法更加合乎当时人的公论。

此外，韩愈《送穷文》和柳宗元《乞巧文》，韩愈《复仇状》和柳宗元《驳复仇议》等，都可以看出柳宗元与韩愈在创作上的互动是非常频繁的。甚至可以说，柳宗元是特别关注韩愈的创作动态的。元和初年，韩愈创作了一篇《毛颖传》，此文用拟人手法，仿照《史记》人物传记的体例，为毛颖写了篇传记。因为这篇文章以史为戏，文风俳谐，引起了当时人的非议，连韩愈的好友裴度、张籍都大加讥嘲。当时柳宗元虽被贬永州，也时常听人讲起这篇奇文，不过讲的人不能详细说出文章的言辞，只是边说边笑，视为奇谈怪论，搞得柳宗元好奇得心痒难耐。后来杨海之带来《毛颖传》，柳宗元在读了之后，拍案称奇。因为担心世人不能理解这篇奇文而非议韩愈，柳宗元就写了篇《读韩愈所著〈毛颖传〉后题》，指出世人之所以讥笑《毛颖传》，是因为它行文俳谐，但《诗经》上说"善戏谑兮，不为虐兮"，《史记》也有《滑稽列传》，这说明俳谐之文也是有益于世的。就像做人，既要有严格约束自己的时候，也要有放松游息的时候，做到有张有弛；又像饮食，既要人间之至味，如大羹玄酒（不和五味的肉汁、用来当酒用的水）、带骨的牛羊肉，也要有天下之奇味，如各种奇异小虫、水草、楂梨、橘柚，即便是苦咸酸辛得让人龇牙咧嘴，也有乐此不疲的人。写文章也是这样，既要有风格古朴雅淡的，也要有风格谑而不虐的。

所以说，柳宗元是韩愈的文章知己，即使远在永州、柳州之际，也时刻关注韩愈的创作动态，并经常隔空互动。这些互动，是中唐古文运动最终能够走向高峰的重要原因。

四、不负所托身后事

柳宗元自元和元年（806）八月被贬官为永州司马，十年（815）三月被改贬为柳州刺史，到十四年（819）十一月初八日病逝，在南方生活了整整十四年。

由于南方湿气较重，柳宗元不幸得了脚气病。他在《答韦中立论师道书》中说："仆自谪过以来，益少志虑。居南中九年，增脚气病，渐不喜闹。"脚气病在今天不是致命的疾病，但当时的医疗条件较差，严重的能够致死，韩愈的侄子韩老成就是死于此疾。另外，柳宗元还患有腹部郁结和心悸的毛病，医生说只有茯苓才能治疗。柳宗元在市场上买了煎服后，病情反而加重，叫来医生问他原因，医生看了看药渣，说柳宗元被人骗了，买的是老芋头，搞得柳宗元忧愤交加，却也没有办法。

就在这种心情的沉郁和肉体的病痛双重折磨之下，柳宗元似乎感觉到自己即将走向生命的终点，于是他立下遗嘱，遍告生前好友，将孩子托付给他们。当时被委托的人中，韩愈在量移袁州刺史的路上，刘禹锡被贬连州刺史，都相距千里，只能写了祭文，派人代为吊唁。后来由柳宗元的妻弟卢遵负责治丧，在桂管观察使裴行立的资助下归葬万年县（今陕西省西安市），由刘禹锡编集文稿，由韩愈撰写墓志铭。

在处理柳宗元身后事务的过程中，韩愈和刘禹锡应该是通过书信做过较多的交流。刘禹锡在编完柳宗元的文集之后，在序言里回忆道："昌黎韩退之志其墓，且以书来吊曰：哀哉，若人之不淑！吾尝评其文，雄深雅健似司马子长，崔、蔡不足多也。"说柳宗元的文章"雄深雅健"，超过东汉崔骃、蔡邕，直追西汉司马迁。这应该是韩愈、刘禹锡在沟通编集柳宗元诗文时的共识，这是非常高的评价。

令人惋惜的是，韩愈写给刘禹锡的信没能流传下来。流传下来的，是韩愈给柳宗元写的祭文、墓志铭和受柳州人所托写的

《柳州罗池庙碑》。这三篇文字都是韩愈的用心之作，值得我们逐一赏鉴。

第一篇《祭柳子厚文》写于韩愈任袁州刺史之时。这篇祭文采用了四言韵文的形式，在内容上最大的特点是频繁巧妙地化用《老子》《庄子》的词句。文章首先对柳宗元的死讯表达了嗟叹，但又用人生如梦做了化解：

> 嗟嗟子厚，而至然耶！自古莫不然，我又何嗟？人之生世，如梦一觉；其间利害，竟亦何校？当其梦时，有乐有悲；及其既觉，岂足追惟。

此处韩愈借用了《庄子·齐物论》《秋水》各篇对人生如梦的阐释，貌似解脱之词，实有锥心刺骨之痛。

接着，韩愈对柳宗元盛年之时被弃置不用、贬谪到蛮荒之地表达了惋惜。他借用《庄子·天地》："百年之木，破为牺尊，青黄而文之……其于失性一也。"提出被朝廷重用，未必不是一种伤害。柳宗元正是因为被贬谪，才能够摆脱羁绊，"玉佩琼琚，大放厥词""子之自著，表表愈伟"。柳宗元善于文章，而不被重用，而那些不擅长写文章的人却执掌了为皇帝起草诏令的职责，就像是"不善为斫，血指汗颜；巧匠旁观，缩手袖间"。这里巧妙化用了《老子》第七十四章"夫代大将斫者，希有不伤其手矣"。

最后，韩愈认为，俗世的交往，都是趋炎附势，而柳宗元却把身后事托付给了自己这样一个难以自保的人，这无疑让韩愈非常感动。所以，他暗自表达了自己不负所托的决心："非我知子，子实命我；犹有鬼神，宁敢遗堕？"正如林纾所说："文末叙及托孤，肝膈呈露，真能不负死友者。"

第二篇《柳子厚墓志铭》是韩愈的名作。柳宗元元和十五年（820）七月初十日被安葬在长安万年县栖凤原，而韩愈次年九月才被召授国子祭酒，年末方到京城，所以这篇墓志铭也是写于袁州。

墓志铭先述柳氏先世，包括七世祖柳庆、曾伯祖柳奭、父亲柳镇，以见家族的源远流长。次叙柳宗元年少成名的过程，首先是少年精敏，无不通达，接着是进士及第，崭露头角，然后通过博学宏辞考试，授集贤殿正字：

> 俊杰廉悍，议论证据今古，出入经史百子，踔厉风发，率常屈其座人。名声大振，一时皆慕与之交。诸公

要人，争欲令出我门下，交口荐誉之。

柳宗元拥有这么好的人生起点，却没想到最终高开低走。从贞元十九年（803）拜御史大夫，顺宗即位拜礼部员外郎，数月后因"永贞革新"失败，先被贬邵州刺史，又被贬为永州司马，元和十年（815）又出为柳州刺史，一晃就是十四年整。在这十四年里，柳宗元"居闲，益自刻苦，务记览，为词章，泛滥停蓄，为深博无涯涘，而自肆于山水间"，为政也恪尽职守，因俗设教，禁止以子女质押钱财，教南方举子以文词。

接着，韩愈对柳宗元"士穷乃见节义"的友道极为推扬。元和十年（815），柳宗元和刘禹锡都被出为刺史，刘禹锡当刺播州（今贵州省遵义市），当时播州极为偏远，柳宗元因为刘禹锡家有老母，不愿意看着他陷入窘境，无法向老母亲交代，所以上书朝廷，想和刘禹锡调换贬所。此时正好裴度为刘禹锡求情，刘禹锡被改授连州（今属广东省）。这种对朋友肝胆相照、推心置腹的友谊，与世俗上那种无事时相慕相悦、酒肉游戏、信誓旦旦，一旦面临小的利益冲突就反目成仇，甚至落井下石，简直是霄壤之别。

韩愈虽然肯定了柳宗元在永州、柳州的政绩，但对柳宗元因为年轻时的不谨慎，导致"材不为世用，道不行于时"，也感到非常的遗憾，并设想如果柳宗元在顺宗时持身谨慎，或者有在位者愿意推挽，都不至于"卒死于穷裔"。这是韩愈对柳宗元一生命运的同情与不平，是韩愈对柳宗元不能施展抱负、展现才华的遗憾。而笔锋一转，韩愈认为柳宗元在文学上取得的成就，足以抵消他在政治上的损失，"以彼易此，孰得孰失，必有能辨之者"。显然，韩愈更加重视柳宗元在文学上所取得的成就。

文章的最后，韩愈按照墓志铭的惯例，对柳宗元的卒葬、子女情况等做了简要的交代，并撰写了简短的铭文。

这篇墓志铭的书写，没有追求"严重简奥"，而是"至性至情之所发"，是墓志铭的变格。全文皆称子厚，而不像其他墓志铭一样冠上职位，在韩愈创作的墓志铭作品中，这样做的仅有写给孟郊、樊绍述等人的少数几篇墓志铭。这是因为韩和柳是至交，这篇文章全力去阐释柳宗元的文学成就和为人品格，酣畅淋漓，是韩愈的用心之作。尤其是两段议论，文气滔滔，感情真挚，使人读之泫然。后人或以为韩愈对"永贞革新"一事的评价夹带私货，不尽公允，且未能为逝者讳。其实，对"永贞革新"的再评价，是很久之后的事情，韩愈的评价不可能超越时代；而韩愈对"永贞革新"的立场，是一以贯之的，即便是撰写墓志铭时，也能够开诚布公、坦然相对，正体现了韩柳之交和而不同，是真正的君子之交。

第三篇《柳州罗池庙碑》是韩愈于长庆三年（823）应柳州地方官之请创作的，此时距离韩愈去世仅有一年。柳宗元作为柳州刺史，"不鄙夷其民，动以礼法"，政绩显著，州民化服。柳宗元去世三年之后，柳州人在罗池建庙祭祀，有灵异显现。这本是怪力乱神之事，如果是发生在其他人身上，韩愈很可能置之不理，但他对柳宗元有不一样的情感，所以不但答应柳州人的请求撰写碑文，还顺应柳州人的说法，"余谓柳侯，生能泽其民，死能惊动福祸之，以食其土，可谓灵也已"。并且在碑文之末写了一首《迎享送神诗》：

> 荔子丹兮蕉黄，杂肴蔬兮进侯堂。侯之船兮两旗，度中流兮风泊之，待侯不来兮不知我悲。侯乘驹兮入庙，慰我民兮不嗔以笑。鹅之山兮柳之水，桂树团团兮白石齿齿。侯朝出游兮暮来归，春与猿吟兮秋鹤与飞。北方之人兮为侯是非，千秋万岁兮侯无我违。福我兮寿我，驱厉鬼兮山之左。下无苦湿兮高无干，秔稌充羡兮蛇蚓结蟠。我民报事兮无怠其始，自今兮钦于世世。

这首迎神诗先写柳州人在荔枝红了、芭蕉黄了的季节，用各种果蔬来祭祀柳侯。接着写在降神的过程中，柳侯乘坐着竖有两条旗子的船，因为遇到大风停泊在中流，参与祭祀的人等得非常着急。后来终于等到柳侯骑马到来，安慰柳州人要欢笑而不要愁眉苦脸。然后写柳侯之灵在峨山、柳水之间朝出暮归，春天和着猿啼吟唱，秋天伴着仙鹤飞翔。接着，柳州人劝告柳侯之灵：北方人非议您，您就千秋万岁和我们在一起吧，赐予我们福寿，驱赶山左的厉鬼，让我们低处没有水潦，高处不过于干旱，稻粱充裕丰美，蛇蛟纠结盘踞。最后，祭祀者向柳侯之灵承诺：我们柳州人从一开始就不怠慢，今后会世世代代恭敬地供奉您。全诗纯以骚体结撰，读之摇曳动人，如同身临其境。

我们都知道，韩愈一生都在排佛老，而《祭柳子厚文》全篇多处化用老庄词句。这是因为韩愈知道，柳宗元是亲近佛老的，韩愈正是用这种写法体现了对柳宗元的敬重和哀思。而《柳州罗池庙碑》的文章风格，与柳宗元的文体风格很相近，迎神诗则是柳宗元偏爱和擅长的骚体。有人说，这是"陶铸古人，同时也陶铸今人，采取他人之长融会而成自己一家之言"（童第德《韩愈文选》）。其实，此处韩愈用柳宗元的文风和偏好来写这篇碑文，也是为了让读者对柳宗元如聆謦欬，倍感亲切。

五、古文运动的传承

在贞元、元和年间的古文运动中，韩愈、柳宗元虽然相聚不多，但因为理念相近，南北呼应。韩愈除了继承家学，受益于梁肃等古文前辈之外，广为交游，与同辈、晚辈古文好者来往也很频繁，对前来请教的年轻文人也非常有热情和耐心。他早期写作了大量的书信、赠序，其中有一部分就是和古文家们的交流。韩愈正是和他们一起，共同推动中唐古文创作走向了高峰。曾子说"君子以文会友，以友辅仁"，其实"友"还可以"辅文"，韩愈在"以友辅文"方面就做得特别成功。

韩愈贞元八年（792）进士及第，这一年科举是历史上得人最多一年，被称为"龙虎榜"。除了韩愈之外，李观、欧阳詹、李绛、崔群、冯宿、王涯等人也颇有文名。

其中，李观（766—794），字元宾，其先为陇西人，后徙家江东。李观是古文家李华的从子，而韩云卿、韩会曾学古文于李华，两人有世交，所以贞元三年（787）韩愈和李观相识之后，关系非常亲密。韩愈《北极赠李观》说："我年二十五，求友昧其人。哀歌西京市，乃与夫子亲。所尚苟同趋，贤愚岂异伦。"可见，当时韩愈和李观是一见如故，道同契合。后来在李观生病之时，韩愈还曾写诗安慰他："且况天地间，大运自有常。劝君善饮食，鸾凤本高翔。"(《重云一首赠李观》)可惜的是，李观于贞元十年（794）病卒，韩愈失去了一位挚友，唐代文坛上多了一颗流星。韩愈对李观非常推崇，在《李元宾墓铭》中称他"才高于当世，而行出于古人"。如果李观没有早逝，他应该和孟郊一样，成为韩愈效法和追赶的对象。如果有李观相互影响，互相砥砺，韩愈的古文创作可能也会有所不同。

欧阳詹（755—800），字行周，泉州晋江（今福建省）人。贞元八年（792）进士及第，授四门助教，后迁国子博士。贞元十五年（799）冬，韩愈从徐州到长安，欧阳詹曾想带领学生去朝廷给韩愈求一个国子博士的职位，为了帮助朋友甚至忘记了自己地位低微，让韩愈很受感动。后来韩愈赠以《驽骥》，欧阳詹《答韩十八驽骥吟》云："室在周孔堂，道通尧舜门。调雅声寡同，途遐势难翻。"引韩愈以为同调。

欧阳詹是一个非常重感情的人。不但对朋友非常真诚，对爱情也很真挚。一年他去太原时，认识了一位艺妓，和她相约先回长安，然后回来接她。临别之际，依依不舍："驱马渐觉远，回头长路尘。高城已不见，况复城中人。"（《初发太原途中寄太原所思》）后来，这位女子还没能等到欧阳詹来接她，就因病去世。临死之前，她题诗一首："自从别后减容光，半是思郎半恨郎。欲识旧来云鬓样，为奴开取缕金箱。"然后，她就剪断秀发，把题诗和发髻托人转送给欧阳詹。欧阳詹闻讯之后，极为悲痛："长跪听未毕，惊伤涕涟涟。不饮亦不食，哀心百千端。襟情一夕空，精爽旦日残。哀哉浩然气，溃散归化元。"（孟简《咏欧阳行周事》）过了不久，欧阳詹也哀痛而绝。一个在古文界冉冉升起的新星，竟然殉情而终，让人不胜唏嘘。

欧阳詹去世之后，李翊给他作传，韩愈作《欧阳生哀辞》。欧阳詹有《欧阳行周集》十卷传世，唐李贻孙给他的文集作序，称他与韩愈、李观都是数百年来不可多得的人才，认为他如果不是英年早逝，应该主持当代文坛，改变文章风尚。李贻孙的评价也许不无过誉之处，但可以看出欧阳詹在中唐古文运动中的地位。

除此之外，韩愈与崔群（《与崔群书》）、冯宿（《与冯宿论文书》）等人也多有来往，时常相与论文。

对于年辈晚于自己的年轻文友，韩愈也不惧"好为人师"，经常与他们通信，在指导他们创作的同时，也阐述了自己的古文创作理论。如《答刘正夫书》《答李翊书》《答胡生书》《答尉迟生书》等文章，都给了年轻后学切中肯綮的指导意见。其中，与韩愈关系密切且较有成绩的文友，有李翱、皇甫湜、樊宗师等人。

李翱（772—841），字习之，郡望陇西狄道（今甘肃省临洮县）人，生于陈留（今河南省开封市东南）。贞元十四年（798）进士及第，授校书郎，迁京兆司录参军，官至中书舍人。李翱重视儒家的性命之道，写下了重要的理论著作《复性书》三篇。李翱与古文家梁肃、李观、韩愈等人都是好友，他于贞元十一二年间在汴州结识韩愈，当时韩愈在董晋幕府任职。据李翱自己回忆："贞元十二，兄佐汴州。我游自徐，始得兄交。视我无能，待予以友。讲文析道，为益之厚。二十九年，不知其久。"（《祭吏部韩侍郎文》）因为赏识李翱，韩愈将族兄韩弇之女许配给了李翱。贞元三年（787），韩弇死于平凉会盟，只剩下寡妻幼女。韩弇曾有恩于韩愈，所以韩愈在生活稍有起色之后，就承担起了照顾寡嫂和侄女的责任。贞元十六年（800）五月，李翱和韩愈的侄女在徐州结婚，然后携带家眷居住在老家陈留。

韩愈去世后，李翱先写了《韩文公行状》，又写了《祭吏部韩侍郎文》，对韩愈的道德文章做了很高的评价：

　　　　杨朱恣行，孟轲距之，乃坏于成。戎风混华，异学
　　　魁横。兄尝辩之，孔道益明。建武以还，文卑质丧，气
　　　萎体败，剽剥不让。俪花斗叶，颠倒相上。及兄之为，
　　　思动鬼神。拨去其华，得其本根……六经之学，绝而复
　　　新。学者有归，大变于文。

祭文对韩愈崇儒重道以继孟轲，革除建武（东汉光武帝年号）以
来"文卑质丧，气萎体败"文风的贡献，极为推崇。后来，苏轼
《潮州韩文公庙碑》说韩愈"文起八代之衰，道济天下之溺"，可
能就是本源于此。

　　和韩愈一样，李翱一生反对藩镇割据，排抵佛、道二教，发
挥《中庸》"天命之谓性"的说法，是古文运动的一员悍将。但
李翱的文章存世数量较小，且多是应用之文，所以虽然古文水平
很高，且发展了韩愈古文平易的一面，但影响范围不是很广。

　　皇甫湜（约777—835），字持正，睦州新安（今浙江省淳安
县）人。他是宰相王涯的外甥。元和元年（806）进士及第，授
陆浑（今河南省嵩县）县尉。过了两年，皇甫湜前往都城参加贤
良方正和直言极谏科考试，因为直陈时政得失，先是被主考官取

为上等，接着为权幸诋毁，最终被黜落，还连累舅舅王涯被贬官。当时一起批评朝政的还有牛僧孺、李宗闵，他们得罪了当朝宰相李逢吉，成为后来"牛李党争"的开端。

皇甫湜在古文创作方面师法韩愈，文名颇盛，是韩门弟子中极为重要的古文家。据《太平广记》卷二四四载，裴度讨平淮西后，皇上恩赐巨万，都储藏在洛阳的集贤庄。裴度重修福先寺，修得极为壮丽。将要修成的时候，想请白居易写一篇碑文。当时皇甫湜在座，认为裴度舍近求远，他的文章和白居易的文章相比，"所谓宝琴瑶瑟而比之桑间濮上也"，也就是他是阳春白雪，白居易就是下里巴人。裴度非常谦卑地向他道歉，说："起初不请您来写碑文，是因为不敢劳烦长者，也担心您是大手笔，可能会拒绝写此类文章。"皇甫湜听了这话，才消了气。当晚，皇甫湜带了一斗酒回家，在书房里喝到一半，就乘醉挥毫，碑文立就。裴度收到碑文后，读罢全篇，很是满意，于是就赠给他宝车名马、锦绣绸缎、玩赏之物，还有一千多串钱，写了一封信，派人送到皇甫湜府上。谁知皇甫湜嫌赠品太少，看完信后，怒形于色，将信扔到地上，对来人说：

某之文，非常流之文也。曾与顾况为集序外，未尝

造次许人。今者请为此碑，盖受恩深厚耳。其碑约三千
字，一字三匹绢，更减五分钱不得。

使者返回之后，把这番话带了回来。裴度的属僚听了之后，都很
生气，而裴度则笑着说皇甫湜"真奇才也"，于是就按照皇甫湜
的要求，付给他九千匹绢。

这段文字虽然是小说家言，但很能说明皇甫湜在古文创作上
的造诣之高。至于唐代碑刻墓志文字的润笔丰厚，李商隐《齐鲁
二生·刘叉》中也写过一个小故事：韩愈善待天下之士，刘叉慕
名前往。刘叉写过《冰柱》《雪车》二诗，名声比卢仝、孟郊二
人还高。后来，刘叉因为不满韩愈好写谀墓之文（指碑文、墓志
铭之类），于是拿着韩愈给人写墓志铭的报酬，独自离开了长安，
回归齐鲁，最后不知所终。可见，韩愈撰写墓志润笔费用之高，
也是出了名的。

皇甫湜发展了韩愈古文奇崛的一面，可惜存世文章较少，
《皇甫持正文集》六卷仅收录古文三十余篇。

樊宗师，生卒年不详，字绍述，南阳（今属河南省）人。元
和三年（808）"军谋宏远，堪任将帅"科登第。他擅长文章，文
风诙奇险奥，刻意求奇，喜欢使用生词僻句，艰涩难懂，被后人

称为"涩体"。李肇《国史补》说："元和以后，为文笔，则学奇诡于韩愈，学苦涩于樊宗师。"将樊宗师和韩愈相并列，可见也曾风行一时。

樊宗师的诗文创作非常丰富。他去世后，韩愈从他家中得到《魁纪公》30卷，《樊子》30卷，《春秋集传》15卷，表、状策、书序、传记、纪志、说论、今文赞铭凡291篇，杂铭220篇，赋10篇，诗719首。韩愈翻阅其作品之后，称他的诗文"必出于己，不袭蹈前人一言一句"。但令人遗憾的是，樊宗师的诗文传世的仅有文两篇，诗一首，后人无法窥其全貌。如果樊宗师的诗文都能传世，必定能在唐代文学史上留下浓墨重彩的一笔。文人的幸与不幸，有时不仅是他活着的时候是否仕途通达，他死后诗文能不能顺利传世，也要靠一点点运气。

正是因为有这么多人志同道合、桴鼓相应，韩愈和柳宗元共同领导的古文运动，才能够在相互的鼓吹和宣扬中，慢慢变得声势浩大。而韩愈勇于以师道自居，对于传播他的创作理念，起到了非常重要的作用。所以说，唐代古文运动之所以能够取得成功，韩愈的贡献不仅在于创作，还在于他在交游、教学与传播过程中体现出的卓越的领导才能。

第九章

晚年还朝生活：韩愈最后的功业和生活

从袁州返回长安后，韩愈正式进入了晚年。他已经五十三岁，离生命的终点只有四年了。这四年里，韩愈先后任国子监祭酒、兵部侍郎、吏部侍郎、京兆尹兼御史大夫等职，是他一生中仕途最为显达的时期。其中，吏部侍郎是韩愈担任过的较高职务，品阶是正四品上，且担任时间较长。所以，后人以官职称呼韩愈，一般称为"韩吏部"。

可能正是应了"文章憎命达""诗穷而后工"的说法，这一时期的韩愈虽然职位显赫，但创作活力明显衰退，诗文的数量和质量都不是很高。反而是受诏前往宣慰王廷凑，展现出他作为一个儒者的道义之勇，成为他人生的闪光点。知行合一从来都不容易做到，但韩愈做到了。

一、返京执掌国子监

元和十五年（820）十一月，韩愈从袁州回到长安，任国子监祭酒，这是韩愈最后一次在国子监任职。

在袁州的后期或者从袁州归长安的路上，韩愈曾应处州（今浙江省丽水市）刺史李繁的请求，写了一篇《处州孔子庙碑》。

唐代初年，在各地州学、县学立孔子庙就已经比较普遍。唐初贞观四年（630），太宗皇帝曾"诏州县学皆作孔子庙"，最早以中央命令的方式将孔子庙的修建推广到全国各地。但根据韩愈的说法，到中唐时期，各地政府已经没有那么重视，虽然各地郡县都有孔子庙，却毫无用处；虽然设了博士弟子，但只是给官府干活，并没有什么教学活动。所以说，当时孔子庙名存实亡，失去了原有的作用。但是，处州刺史李繁到任后，却重新修建了孔子庙，给颜回、子夏等孔门十哲塑像，其余六十多个孔子弟子及公羊高、左丘明、孟轲、荀况、伏生、毛公、韩生、董生、高堂生、扬雄、郑玄等数十人，都在墙上画像。唐代孔子庙和州县学合一的情况已经比较普遍，所以还在孔子庙里建了一座讲堂，以便教学生读书、行礼。

在这篇碑文中，韩愈对孔子极为推崇。他指出，从天子到地方官员都要祭祀对象，只有社稷与孔子，并引用孟子的话说"生民以来未有如孔子者"，认为孔子比尧舜还要贤能。后来，杜牧《书处州韩吏部孔子庙碑阴》说，自古以来称赞孔子的人很多，称赞孔子之德的没人比得过孟子，称赞孔子之尊的没人比得上韩愈。这很准确地指出了韩愈在尊孔的过程中起到的作用。

可见，韩愈对于国家的教育事业，一直是非常关心和重视的。所以，当他就任国子监祭酒之后，针对当时国子监存在的问题，实施了一系列革新措施。

首先，针对当时公卿子孙耻于到太学游学，而工商凡冗之辈却违规入学的情况，对官学的入学条件做了一些调整。原先各级官学的入学条件较高：国子学招收二百人，文武三品以上或爵位为国公以上官员的子孙才有资格入学，从二品以上官员的曾孙可以作为补充；太学招收五百人，五品以上或爵位为郡公、县公的官员子孙有资格入学，从三品以上官员的曾孙可以作为补充；四门学招收学生五百人，招收七品以上或爵位为县侯、县伯的官员的儿子，爵位为县子、县男的官员的儿子作为补充。

但是，由于公卿贵族的子孙可以靠恩荫做官，以游学为耻，所以不愿意入学；而且由于入学审核不严格，一些工商冗杂人员的子弟也有列身其间的，学校管理相对比较混乱。所以，韩愈提出，对招生条件做一些变化，同时将在太学、四门学中的学历和参加科举考试的资格联系起来：

> 太学馆，量许取常参官八品已上子弟充；其四门馆，亦量许取无资荫有才业人充；如有资荫，不补学生应举者，请礼部不在收试限；其新补人有冒荫者，请牒送法司科罪。（《请复国子监生徒状》）

在保证了生源之后，又申请有关部门按照学生拨付"厨粮度支"，解决了办学的经费问题。

其次，针对原先中央官学的学官多是论资排辈，不注重学术能力、教学技巧，以至于教学水平不高，在学生中产生了不好的影响。韩愈在《国子监论新注学官牒》提出新的要求，就是要求学官必须是专通儒家经典，广泛涉猎历史典籍，以及各种成功通过科举考试的人，否则不能被选拔为学官。而且，上任之前，这些学官要进行考核测验，通过考核测验的人才能正式就职。韩愈认为，只有这样做，才符合朝廷"崇儒尚学"的要求。

此外，韩愈也主动出击，物色自己中意的属僚人选。国子监缺一名博士，韩愈觉得自己的朋友张籍学问有师承，文章有古风，为人沉默恬淡，坚定执着，声望很高却品行朴实，给儒家学者这个群体带来了荣光，所以希望能让张籍来担任国子博士，用来训导生徒，彰显国家崇儒尚德的政策。

张籍是著名的诗人，早期诗歌近于韩孟，后期参与新乐府运动，传世诗歌多达四百余首，是中唐时期非常优秀的诗人。贞元十四年（798），张籍经孟郊介绍认识了韩愈。当时，韩愈正好是汴州进士考官，于是推荐张籍入京参加考试。张籍于次年进士及第，曾任国子监助教，这时担任校书郎一职。从学术、资历上来讲，张籍确实是出任国子博士的合适人选。而张籍对韩愈推荐自己也是十分感念：

公文为时师，我亦有微声。而后之学者，或号为韩张。

我官麟台中，公为大司成。念此委末秩，不能力自扬。

特状为博士，始获升朝行。未几享其资，遂忝南宫郎。

是事赖拯扶，如屋有栋梁。（《祭退之》）

诗歌回忆了自己和韩愈的交往经历，并提到自己曾追随韩愈，被称为"韩张"。可见二人在创作理念上是志同道合的。

韩愈主持国子监工作之时，很爱护自己的同事，重视维护师道尊严。据李翱《韩文公行状》载，国子监有一位直讲，精通礼学，但容貌较为丑陋，国子监里的学官大多是豪家贵族子弟，都有些看不起他，不肯和他一起吃饭。韩愈听说之后，就把这位貌丑的直讲叫过来，和自己一起进餐。其他学官见到这种状况，也就不敢再轻视这位直讲了。

经过韩愈的一番改革，国子监风气有了很大的变化。由于韩愈提拔了一些儒生做学官，国子监里每天都用会讲的方式进行学术探讨。会讲是一种传统的讲学方式，一般由一人或多人主讲，听众参与辩论，后世朱熹、张栻在岳麓书院的会讲，朱熹、陆九渊在鹅湖寺的会讲，都是非常著名的案例。而韩愈组织学官会讲儒学，学生们也感到新鲜，对枯燥的读书生活来说，这是一件算得上不寂寞的事情。

所谓"为官一任，造福一方"，韩愈在国子监虽然仅有短短的七八个月，但和在潮州、袁州一样，是尽心竭力地营造了更好的学术氛围和学习风气。

二、镇州宣慰王廷凑

长庆元年（821）七月庚申，韩愈由国子祭酒转任兵部侍郎。次日，镇州（今河北省深州市）成德都知兵马使王廷凑叛乱，带兵杀死当时的节度使田弘正及其家人部属三百余人。

田弘正本是魏博节度使，元和十五年（820）成德军节度使王承宗病死，朝廷派田弘正任成德军节度使。由于魏博军和成德军之间矛盾较大，曾多次交战，所以田弘正来到成德军后，没有得到将士们的拥护，加上朝廷的赏赐和军饷迟迟未能到位，成德军将士的不满情绪开始增加。田弘正刚到成德军时，出于安全的考虑，带了三千魏博军将士护卫，尚无人敢正面挑衅。长庆元年（821）七月，田弘正见局势基本稳定，就让魏博军将士回去了，结果没过几天就罹难身亡。

王廷凑是成德军节度使王武俊（王承宗的祖父）的养子，出身回纥，为人狡诈残忍。他在杀害田弘正之后，就自称节度留后，逼迫监军宋惟澄上表授予他节度使一职。

消息传到长安之后，穆宗经过一段时间的筹谋，开始了他的平叛大计。八月丁丑（十四日），诏令魏博、恒海、昭义、河东等诸军节度使出兵平叛；己卯（十六日），以深州刺史牛元翼为深冀节度使，命其率领深州、冀州军队进攻镇州；十月初，又以裴度为镇州四面行营都节度使，命其亲自领兵前往讨伐王廷凑。

但对朝廷来说，局势并不乐观。先是成德军将领王俭等谋诛王廷凑，被王廷凑发觉之后，三千余名将士全部被杀害。接着，王廷凑率领军队包围了深州，深州虽然西边有裴度河东军、东边有李广颜恒海诸军、北边有陈楚易定军，但因为当地天气恶劣，后勤供给不足，救援效果并不好。

面临这种不利的局势，穆宗的政治经验似乎不太够用，他远没有宪宗的战略定力。长庆二年（822）二月，穆宗为了平息战乱，同意以王廷凑为成德军节度使，而以兵部侍郎韩愈为宣慰使，以驾部郎中吴丹为宣慰副使，派遣二人前往镇州宣旨。

韩愈对藩镇割据势力的态度一直是强硬的。这次穆宗对王廷凑采用绥靖政策，韩愈内心肯定是反对的，不过并没有劝谏的文字传世。而当皇帝下令他为宣慰使时，韩愈"在其位，谋其政"，当即领命而往，并没有丝毫犹豫。

在两军剑拔弩张之际，去宣慰杀人如麻、冷酷残暴的叛军将领，任谁也不会觉得这是一桩好差事。在韩愈将要出城之际，元稹直言此去凶多吉少，"韩愈可惜"，穆宗也后悔派韩愈前往，派快马传旨，诏令韩愈到镇州边境后，根据形势权变，不要贸然深入。韩愈收到穆宗的诏令之后，心中非常感动，但他认为："止，君之仁；死，臣之义。岂有受君命，而滞留自顾之理！"穆宗的关心，反而更加坚定了他舍生取义、杀身成仁的决心。

韩愈一路东行，经过太原、寿阳、承天等地，迤逦而至镇州。路过承天军（今山西、河北交界之娘子关附近）时，镇州四面行营招讨使裴度盛情款待了他。在对待藩镇割据势力的态度上，裴度和韩愈是一样的，主战态度非常坚决，他们在平定淮西的战役中曾有过很好的合作。然而，如今久别重逢，裴度依旧主张讨伐藩镇割据势力，而韩愈却成了招安的宣慰使，二人举杯之际，只能是莫名感慨。韩愈在《奉使镇州行次承天行营奉酬裴司空》中写道："窜逐三年海上归，逢公复此著征衣。旋吟佳句还鞭马，恨不身先去鸟飞。"就表达了这种重逢的欣喜，对旧日时光的回忆以及在政治立场上分道扬镳的不得已。

在告别裴度前往镇州的路上，裴度还曾写诗相赠。虽然原诗已经散佚，但可以想到，无论是从政治立场的角度，还是从友情的角度，裴度都不希望韩愈前往镇州冒险，但韩愈身膺朝廷之命，就像一支被射出去的羽箭，不可能停下来。所以，韩愈在酬答之诗中说："衔命山东抚乱师，日驰三百自嫌迟。风霜满面无人识，何处如今更有诗。"（《镇州路上谨酬裴司空相公重见寄》）韩愈并没有因为前途艰险而放慢脚步，反而以无与伦比的勇气，以日行三百里的速度，奔向自己的目的地。

到达镇州城外，韩愈让随行人员停下来，独自带着圣旨，毅然决然地走向叛军的刀剑之林。王廷凑带着手持尖兵利刃的部众，耀武扬威地将韩愈迎进了镇州军中。

来到军营之中，韩愈和王廷凑、监军使宋惟澄相对而坐。落座之后，王廷凑赶紧推卸自己的责任："之所以会有这样的纷乱局面，都是那些不受制约的士卒干的，不是我王廷凑的本心要如此。"韩愈看到这种情况，就借机大声说："皇上本来以为王尚书有将相之材，所以才赐给你符节，实在没想到你和将士们未能谈得拢，实在是一个很大的失误。"

堂下带甲的士兵怒气冲冲地向前说："先太史为朝廷攻打朱滔，沾满鲜血的衣服都还在这里，我们镇州军何曾辜负过朝廷，为什么竟然以我们为背叛朝廷的反贼？"

士兵们所说的"先太史"是指王武俊。王武俊是契丹人，原先是成德节度使李宝臣的裨将，李宝臣死后，他随从其子李惟岳谋反，后来杀死李惟岳归顺朝廷，被任命为恒州刺史、恒冀都团练观察使。后来，因为未被封为节度使而叛乱，又被昭义节度使李抱真派人劝降，和李抱真一起打败了幽州卢龙节度使朱滔。王武俊死后赠太师，燕赵人当时的方言声调有不同，所以叫作"太史"。

韩愈见士兵们提及先太师王武俊，也不去辩驳是非黑白，就顺着他们的话说："儿郎们（对士兵的称呼）先不要喧哗，听我说：我原本以为儿郎们已经忘记了先太师的功劳和忠心，要是还记得，那就太好了。是叛逆还是归顺，是有利还是有害，我们也不用远引古事，只要看看天宝以来的福祸报应，儿郎们就明白了。"

韩愈停顿了一下，看士兵已经被自己震慑住，心里已经有了几分把握，就接着大声问道："安禄山、史思明、李希烈、梁崇义、朱滔、朱泚、吴元济、李师道，哪一个不是位高权重、贵气逼人？但是他们背叛了朝廷，现在他们还有子孙活着吗？即便是有子孙活着，还有人做高官吗？"

士兵们听了，先是面面相觑，接着七嘴八舌地说："好像是没有啊。"

韩愈接着说："令公（指田弘正）以魏博六州归顺朝廷，做了节度使，后来官至中书令，父子都做了节度使，子孙辈即便还是幼童，也都官位显赫，穷极富贵，宠荣耀于天下。平叛立功的刘悟、李祐都居大镇，王承元年仅十七岁就仗节，这些事实，都是三军将士亲耳所闻的。"

士兵们听了，觉得有些道理，就为自己辩解道："都是因为田弘正对军队苛刻，军饷也发放不及时，所以三军将士才会不安。"

当一个人开始为自己辩解时，说明他在心理上已经处于防守的姿态。韩愈于是乘胜追击："田弘正自有不当之处，但三军将士也杀害了田弘正，灭了他全家，这又怎么说呢？恩怨已了，还有什么必要继续制造矛盾呢？"

王廷凑看见三军将士频频点头称是，害怕军心动摇，赶忙喝退了他们。等三军将士退出大营，王廷凑神情凝重地缓缓转向韩愈，只见他双眼潮红，硬是将眼泪憋了回去，低声问韩愈："韩侍郎这次前来，不知对我有何指教？"

韩愈看着王廷凑，语气也变得舒缓起来："神策军等禁军六军将领，和牛元翼同类的人不少，朝廷要顾全大局，不能够抛弃他们，王尚书何必要这样长时间地围困住他们，让朝廷为难呢？"王廷凑顿时觉得松了一口气，马上回应道："我马上就将包围深州的军队撤出。"

至此，韩愈才真正如释重负，微笑着说："如果真是这样，那还有什么问题？"于是大排筵宴，畅饮欢会而归。

长庆二年（822）三月末，韩愈从镇州回到长安。想起当初离开长安时，有"壮士一去兮不复还"的悲壮，而今胜利完成任务，重新回到长安，大有劫后余生之感。他在《镇州初归》这首小诗中表达了自己心情的欢快："别来杨柳街头树，摆弄春风只欲飞。还有小园桃李在，留花不发待郎归。"

回到朝廷之后，韩愈绘声绘色地向穆宗皇帝描绘了自己是如何说服王廷凑和三军将士的。李翱《韩文公行状》里说镇州军将士将"太师"说成"太史"，大概就是韩愈向大家模仿燕赵人口音说的。穆宗听了韩愈的描述，非常高兴地问道："你是直接对他这样说的？"君臣欢悦之状，溢于言表。

穆宗生性懦弱，不敢坚决弹压藩镇割据势力，他没想到手无寸铁的韩愈能够如此顺利地完成任务，更没想到韩愈敢于在全副武装的叛军之前，如此义正辞严地用一身正气征服了叛军。穆宗以前只知道韩愈写文章是个大家，此次他宣慰镇州归来，才知道他谋略出众，胆识过人，可堪重任。

三、奏论盐法民为本

唐代初年，经济状况较好，对盐业的控制较为松散，直到唐玄宗开元年间，政府对盐业的税收也还非常低。

安史之乱后，国家财政亏空，亟须增加国家财政收入。肃宗乾元元年（758），"盐铁使"第五琦进行盐税改制，开始了专采专卖的榷盐法。宝应元年（762），刘晏继任盐铁使，进一步改进盐税，十几年时间里，盐税增加了十五倍。这时朝廷所收到的赋税，盐税占了一半，宫中的车马衣服、军队的军饷、百官的俸禄都要仰赖盐税。(《新唐书·食货志四》)而政府收入增加的同时，盐价涌贵，食盐从生活必需品变成了奢侈品，偏远地区有不少贫民买不起盐，成为吃不上盐的淡食者。

就在韩愈从镇州军回来不久，户部侍郎判度支张平叔上奏，建议改革盐法，以提高政府的财政收入。其中主要的建议有以下几点：

一是建议朝廷不再通过商人粜盐，由官府亲自买卖，这样朝廷每年获利会增加一倍；

二是命令掌管食盐专卖的官吏到各个村庄卖盐，直接到达最基层；

三是让宰相兼领盐铁使，增大盐铁使的权力；

四是考核各地刺史、县令的政绩时，以卖盐多少为考核标准，来区分等级高下；

五是责令各地官府核查当地的户口，根据人口数量分组，给他们一年的食盐，让他们按四季缴纳盐钱；

六是实行以上政策之后，如果大盐商向官员行贿，或半路阻拦官员大声申诉，为首的杖刑打死，联名上诉的人处以杖脊之刑。

穆宗接到上奏之后，诏令群臣讨论此事是否可行。盐是人类健康生存的必需品，也是最早被纳入国有垄断经营的自然资源之一。早在春秋时期，管仲就通过食盐专营，使齐国富甲天下，此后盐业税一直是国家的财政来源之一。但如果因为征收盐税导致影响百姓的正常生活，那就成了荼毒百姓的苛政。

所以，韩愈从实际情况出发，上《奏论变盐法事宜状》，对张平叔的上奏，逐一提出了反驳意见：

第一，他认为，在当时城镇以外的地方，大多数交易还是物物交换，很少有人用钱买盐。盐商走街串巷，"无物不取，或赊贷徐还，用此取济，两得利便"，而如果让相关官吏到村子里卖盐，肯定是只要现钱，那样的话连正常的交易都无法进行，老百姓根本买不到盐，还谈什么获利会增加一倍？

第二，如果让官吏将盐运到村子，挨家挨户地售卖，有些官吏肯定会趁机强买强卖，敲诈勒索，给百姓带来了极大的骚扰。

第三，宰相要负责考察百官得失，区分等级高下。如果亲自兼领盐铁使，出现失职之处，又让谁来监督、纠正呢？

第四，刺史、县令在各州县都是负责全面治理工作，职责是为皇上分忧，哪里能不管其治理的情况，只考核买卖食盐获利多少来决定升降？

第五，百姓穷富不一，购买食盐的能力有差别，有些贫寒之家，吃盐很少，有的家庭连续十天半个月吃不上盐。如果按户供给食盐，按时征收盐钱，官吏害怕完不成任务，肯定会对百姓施加威刑，恐怕会引起四处百姓不安，这是尤其不可行的。

可以看出，穆宗诱于盐利，最初对张平叔的上奏是很感兴趣的。但韩愈不从利益的角度出发，而是从百姓的生活实际、行政运作的基本规律出发，每一条反驳都切中肯綮。

韩愈的观点也得到了同僚的支持，中书舍人韦处厚也认为：

> 宰相处论道之地，杂以龌务，实非所宜。窦参、皇甫皆以钱谷为相，名利难兼，卒蹈祸败。又欲以重法禁人喧诉，夫强人之所不能，事必不立；禁人之所必犯，法必不行矣。

由于韩愈、韦处厚等大臣的反对，穆宗似乎也意识到了此事的可行性不强，于是就按下不提。到了这年年底，张平叔被贬官为通州刺史。

从这篇状文可以看出，韩愈对经济事务发表见解时，既是以人为本，关注民生疾苦，也能够注意到经济管理的实际情况。在这些时候，韩愈不仅仅是一个才华横溢的文人，更是一个思维缜密、处事精详的能吏。这一点，在他对淮西时局的判断、对潮袁二州的治理上，都已经得到了认证。

四、台府之争多意气

在生命最后两年多的时间里，韩愈的职位经历了多次调整：长庆二年（822）九月转吏部侍郎，三年六月为京兆尹兼御史大夫，十月复任兵部侍郎，数天后又改吏部侍郎，然后直到次年五月因病告假。但这段时间韩愈可能身体较差，在各方面的活跃度都不高。比较值得一提的，可能是他与李绅之间因"台参"问题引发的矛盾。

韩愈和李绅之间之所以会产生激烈的冲突，据史书记载，全然是当时的宰相李逢吉玩弄权术的结果。长庆二年（822），裴度、元稹罢相，李逢吉和牛僧孺同执相权。李逢吉和枢密王守澄相勾结，权倾朝野，当时李绅是翰林学士，经常贬斥李逢吉所拟之状，并在穆宗跟前排抑李逢吉。李逢吉将李绅视为心腹大患，但因为穆宗当时非常信任李绅，他没有办法将李绅调离。为了将李绅排挤出权力中枢，李逢吉玩起了借力打力的权谋，于是先推荐李绅就任御史中丞，随后推荐韩愈任京兆尹兼御史大夫。御史大夫本来是御史台的长官，御史中丞是副手，但中唐时期御史大夫经常是兼任，而御史中丞在一定程度上就成了实质上的御史台长官。

按照唐朝的制度，新授文武百官，要到御史台参见台官（即御史中丞）。京兆尹虽然职位高于御史中丞也不能例外。所以，按照规定，韩愈是要到御史台参见李绅的。但问题在于，任命韩愈之时，唐穆宗说："朕屈韩公为尹，宜令无参御史，不得为故常，兼御史大夫而用优之。"也就是说，皇上任命韩愈为京兆尹时，特意下诏韩愈"无参御史"，还让他兼任御史大夫。这样，韩愈不但职位比李绅高，还是李绅名义上的上司，所以就没有去御史台参见御史中丞李绅。

"台参"是唐朝重要的制度，由于御史台是监察机构，文武百官在礼仪上是要尊重御史台官员的。据《顺宗实录》记载，贞元十九年（803），李实任京兆尹，在路上遇到了御史王播，本应该是京兆尹给御史让路，但是李实不让路，王播就指责李实车队的领头。李实对此非常生气，于是上奏皇帝把王播降官。可见，京兆尹和御史之间的矛盾，是由来已久的，而这也是李逢吉做如此安排的重要原因。

李绅年龄稍小于韩愈，韩愈任四门博士时，曾于贞元十八年（802）写信向当时科举考试的副主考官陆傪推荐他。但当年李绅没能考中，元和元年（806）才进士及第。

对于韩愈而言，自己是京兆尹，兼任御史大夫，按照旧例，兼任御史中丞的容桂观察使都不去台参，何况自己是京兆尹，管理的是神州赤县，且兼任御史大夫，还奉诏不台参，那他不前往台参李绅这个曾受自己恩惠的晚辈，似乎没有什么不妥当。但是，李绅的性格刚烈而执拗，他觉得韩愈不来台参，是违背制度规定的，而且是极度不尊重自己的表现。于是，二人就产生了较深的嫌隙。

唐代的杖刑，从大到小分为讯囚杖、常行杖、笞杖三种，粗细不一。御史台的刑杖较细，所以有了重刑犯，御史中丞李绅就故意将囚犯装上械具，送到京兆府，让韩愈用京兆府中较大的刑杖行刑。这对韩愈来说，带有挑衅和羞辱的意味，所以他也故意将囚犯的械具去掉，把囚犯放走。

长此以往，李绅、韩愈的矛盾在当时慢慢开始公开化。而两个人的激烈冲突，恰好是李逢吉希望看到的。于是，李逢吉以"台府不协"的理由，将李绅出为江西观察使，韩愈改为兵部侍郎。

对此，韩愈和李绅都不满意，于是向穆宗申诉。六天后，穆宗重新以韩愈为吏部侍郎，以李绅为兵部侍郎。这一场由李逢吉导演的闹剧，最后以回到历史的原点落幕。

五、晚年生活的谜团

长庆四年（824）正月，穆宗驾崩，敬宗即位。五月，韩愈因病告假。此时张籍正好官休，两个人一起在长安城南的韩氏庄游赏、垂钓、联句，度过了一段快乐的时光。张籍在诗里写道：

去夏公请告，养疾城南庄。籍时官休罢，两月同游翔。
黄子陂岸曲，地旷气色清。新池四平涨，中有蒲荇香。
北台临稻畴，茂柳多阴凉。板亭坐垂钓，烦苦稍已平。
共爱池上佳，联句舒迟情。

（《祭退之》）

有时诗人贾岛也会加入他们的行列，和他们一起在南山脚下的一条小溪里划船、捕鱼、嬉戏：

偶有贾秀才，来兹亦同并。移船入南溪，东西纵篙撑。

划波激船舷，前后飞鸥鹍。回入潭濑下，网截鲤与鲂。

踏沙掇水蔬，树下燕新粳。日来相与嬉，不知暑日长。

柴翁携童儿，聚观于岸傍。

（《祭退之》）

韩愈写的《南溪始泛三首》其二，也写到了遇到山农的情形：“南溪亦清驶，而无楫与舟。山农惊见之，随我劝不休。不惟儿童辈，或有杖白头。馈我笼中瓜，劝我此淹留。”南溪泛舟时，遇到山中的农民，他们会送瓜果给韩愈等人吃，并劝他留下来多玩一段时间。

有时他们还会晚上乘船游玩，在月色、星光之下垂钓，很晚才乘马回家：

月中登高滩，星汉交垂芒。钓车掷长线，有获齐欢惊。

夜阑乘马归，衣上草露光。公为游溪诗，唱咏多慨慷。

自期此可老，结社于其乡。

（《祭退之》）

张籍写的是春夏季节的夜游。后来贾岛《和韩吏部泛南溪》还写到了他们秋天晚上夜游的情景："溪里晚从池岸出，石泉秋急夜深闻。木兰船共山人上，月映渡头零落云。"同行的可能还有姚合，他在《和前吏部韩侍郎夜泛南溪》中写道："辞得官来疾渐平，世间难有此高情。新秋月满南溪里，引客乘船处处行。"可见他们深夜划船不是偶一为之的。

后来张籍新授官职，需要进城履新，韩愈就和他一起进了城。虽然居住在不同的坊内，但韩愈还是会经常邀请张籍到自己的住处：

> 中秋十六夜，魄圆天差晴。公既相邀留，坐语于阶楹。
> 乃出二侍女，合弹琵琶筝。临风听繁丝，忽遽闻再更。
> 顾我数来过，是夜凉难忘。
>
> （《祭退之》）

此时韩愈已经病重，但毕竟已经是显贵阶层，客人来了的时候，还会让两个侍女合奏琵琶和古筝，给张籍留下了很深的印象。

随着韩愈的病情不断加重，他逐渐不再见客，而张籍是他临终之前见面较多的人：

> 公疾浸日加，孺人视药汤。来候不得宿，出门每回遑。
>
> 自是将重危，车马候纵横。门仆皆逆遣，独我到寝房。
>
> 公有旷达识，生死为一纲。及当临终晨，意色亦不荒。
>
> 赠我珍重言，傲然委袀裳。公比欲为书，遗约有修章。
>
> 令我署其末，以为后事程。家人号于前，其书不果成。
>
> 子符奉其言，甚于亲使令。鲁论未讫注，手迹今微茫。
>
> 新亭成未登，闭在庄西厢。书札与诗文，重叠我笥盈。
>
> （《祭退之》）

　　韩愈在临终之前，也还有著书立说的愿望，可惜没有机会完成了。诗中的"鲁论未讫注"，应该指的就是李汉《昌黎集序》所说的"又有注《论语》十卷，传学者"。《新唐书·艺文志》著录有韩愈《论语注》十卷，应该就是韩愈未注完的残本。

　　对于死亡，韩愈应该是比较坦然的，正如张籍《祭退之》所说："公有旷达识，生死为一纲。"韩愈在临死之前曾对亲友说，他有一个堂兄，通晓方剂医药，吃什么都要看《本草经》，才活到四十二岁。而他吃东西从来没有禁忌，官至吏部侍郎，比这位堂兄还多活十五年。如果这样还不知足，怎样才能知足呢？而且能够一生大节不亏，最后寿终正寝于自家的户牖之下，可以说已经是非常荣幸了。韩愈还嘱咐家人，举行丧葬之礼时，不能用佛教七日之葬，也不必拘于方术之士的阴阳吉凶，一切以儒家的礼制为准。

韩愈去世之后，李翱撰写的行状，皇甫湜撰写的神道碑、墓志铭，都没有提及韩愈的死因。这就为后人留下了想象的空间。所以，后世就有人说韩愈是服食硫黄而死，至于为何服食硫黄，则可能是因为韩愈晚年沉溺于声色。

这是个非常隐私的话题，而且没有什么直接的证据，本来可以置之不论。但由于韩愈一生排佛，有很多论敌，所以因此受到的攻击也比较多。尤其是后来韩愈逐渐被神圣化之后，反对他的人更是拿着放大镜来看他的缺点。所以，有必要捋一捋这种说法的来龙去脉，以期祛疑解惑。

韩愈晚年服食硫黄一事，最早见于白居易《思旧》诗：

闲日一思旧，旧游如目前。再思今何在，零落归下泉。退之服硫黄，一病讫不痊。微之炼秋石，未老身溘然……或疾或暴夭，悉不过中年。唯予不服食，老命反迟延。

唐人喜欢服食丹药，而硫黄是丹药的一种。晋葛洪《抱朴子·仙药篇》就有石硫黄，看来从六朝以来"石硫黄"就已经是服食的丹药之一。这里的"退之服硫黄"，显然是说韩愈晚年曾经服食硫黄。

白居易是韩愈的同龄人，二人晚年还有一些交集，白居易所说的可能不是空穴来风。但应该如何理解白居易说韩愈服食硫黄这件事呢？

我们首先来看看韩愈生前对服食硫黄的态度。韩愈于长庆三年（823）正月写《故太学博士李君墓志铭》，记载了他的侄孙女婿李于遇到柳泌，"从受药法，服之，往往下血。比四年，病益急，乃死"。可见韩愈对服食丹药的危害非常清楚，知道服食丹药杀人不计其数，光亲眼所见就有六七人。他在墓志里详细列举了工部尚书归登，殿中御史李虚中，刑部尚书李逊，刑部侍郎李建，襄阳节度使、工部尚书孟简，东川节度使、御史大夫卢坦，金吾将军李道古等人服食丹药的痛苦之状，并总结道："这是可以引以为戒的，希望长生不死，却导致死得更快，似乎算不上有智慧。"这篇墓志创作的时间距离韩愈去世不足两年，如果说韩愈此时就已经开始服食丹药，他的措辞必定不会如此义正辞严、情绪激昂。

不过，有人通过这篇墓志，认为韩愈熟知炼丹之法。因为这篇墓志详细记载了李于跟方士柳泌学到的炼丹之法，就是把铜鼎中装满铅，并在中空的地方注满水银，用盖子封住，就能烧成丹砂。而且，孟简也曾和韩愈说："我得到了一种长生秘方，不能独自不死，现在给你一个器皿，你可以用枣肉抟成药丸服用。"有人认为韩愈没有推辞，说明韩愈是惑于丹药的。其实，了解炼丹之法、接触炼丹，和沉迷于丹药完全不是一回事。

还有人认为，韩愈晚年之所以吃丹药，是因为惑于声色。证据是张籍《祭退之》有"乃出二侍女，合弹琵琶筝"。宋王谠《唐语林》甚至附会说这两个能歌善舞的年轻侍妾的名字，一个叫绛桃，一个叫柳枝。

养姬妾在中唐时期是权贵阶层的一种风气，诗人当中，白居易尤好为之。白居易在《追欢偶作》中说"十听春啼变莺舌，三嫌老丑换蛾眉"，后人流传他每隔三年就要换一批歌姬侍妾。唐孟棨《本事诗·事感》中也说："白尚书姬人樊素善歌，妓人小蛮善舞，尝为诗曰：'樱桃樊素口，杨柳小蛮腰。'"宋王谠《唐语林》的"绛桃""柳枝"之说，很可能就是根据此处的"樱桃""杨柳"推衍出来的。

另一条证据是五代人陶榖《清异乡录》云："昌黎公愈，晚年颇亲脂粉。服食用硫黄末搅粥饭啖鸡男，不使交，千日烹庖，名'火灵库'。公间日进一只焉。始亦见功，终致命绝。"这条证据就内容上来说，已经是无比荒唐，根本不可能是真实发生过的事情。

其实，韩愈晚年身体非常不好。他在《南溪始泛三首》其三写道："足弱不能步，自宜收朝迹。羸形可舆致，佳观安事掷。"我们知道韩愈的侄子韩老成、柳宗元都是得软脚病去世的，韩愈的症状，很可能也是软脚病。如果说韩愈可能真的曾经服食过硫黄，那也是因为身体多病，而硫黄具有止痛消炎的作用，当时医术不发达，有点病急乱投医。至于说韩愈晚年沉溺女色，从韩愈晚年身体状况来看，就已经很不可信。

所以，如果白居易说韩愈服食硫黄情况属实（也有人认为白居易中的退之不是韩愈，而是卫中立），那也不是因为韩愈惑于丹药，想要长生不老或沉溺女色，而是因为他饱受病痛折磨，想要减轻病痛。后人对于这个话题，在没有充分证据的情况下，最好不要太有想象力，以免厚诬古人。

长庆四年（824）十二月初二日，韩愈在长安靖安里家中结束了他波澜壮阔的一生。朝廷赠礼部尚书，谥号曰文。第二年，韩愈的灵柩被家人归葬于河阳。

第十章

诗文俱为新范式：韩愈的文学成就及其影响

　　韩愈是元和中兴之局形成的参与者和推动者。从唐宪宗元和元年（806）到唐穆宗长庆年间，他历任权知国子博士、兵部侍郎、吏部侍郎、京兆尹兼御史大夫，具有较高的政治地位。在此期间，韩愈参与平定淮西，主持宣慰镇州，身体力行地支持削弱藩镇割据，正是元和中兴之局形成的政治保障。

　　而韩愈一生致力于倡儒排佛、以文明道，"文起八代之衰，而道济天下之溺"（苏轼语），是中唐儒学、古文复兴的领导者，这是元和中兴之局在文化上的重要体现。

政治上的中兴之局，很快就会烟消云散，归于寂灭；而文化上的中兴之局，则可以延绵千年，文脉不绝。所以，韩愈在当时虽不是名相，也不是名将，但他在儒学、文学上的功业，是足以垂耀九州、彪炳千古的。

一、道济天下之溺

唐代佛老之学极为盛行，儒释道三家鼎足而立。最能够体现李唐王朝三教并用的，是唐玄宗先后为《道德经》《金刚经》《孝经》做注解，可以说对儒释道三家一视同仁。

儒学自从汉武帝"罢黜百家，表彰六经"之后，一直居于主流意识形态的地位。唐代初年，朝廷先后编纂《五经定本》《五经正义》，统一经学，在科举考试中，帖经一科更是要求士子熟诵儒家经典。但是，唐王朝崇儒，基本上是例行公事，没有进入统治阶层的信仰层面。这一点从唐代宫廷相对开放的男女关系上就能看得出来，这显然是不符合儒家礼法要求的。

如果从信仰的角度来说，唐代的皇室与贵族可能对佛老之学更为笃信。李唐开国之初，李渊为了自高门第，以老子李耳为祖先，令王公以下都学习《老子》。玄宗时，在科举考试中增加道举科，将《老子》《庄子》《列子》《文子》列为考试的经典，后来又诏封庄子为南华真人，列子为冲虚真人，文子为通玄真人，庚桑子为洞虚真人。而对佛教的信仰，首先是唐太宗开启了每隔三十年开启法门寺地宫供养佛骨的传统，接着唐高宗和武则天更是将佛教推为"国教"，广修寺庙，敕赐田庄，以至于寺院经济发达到影响国家财政收入。

从现代人的眼光来看，思想学说的多元化，是博大包容的盛唐气象的象征之一。但从儒家的视角来看，却是异端横行，正学不彰，譬如孟子战国时力排杨墨，就将自己的行为和大禹治水、周公兼并夷狄、孔子作《春秋》相提并论，认为自己是"正人心，息邪说，距跛行，放淫辞"，是继承了大禹、周公、孔子的事业。韩愈生当佛老盛行之际，推崇、效法孟子，将佛老之学当做唐代的杨朱、墨翟，一生"觝排异端，攘斥佛老"。

所以，后世很多人认为韩愈首先是儒者，然后才是文士。陈寅恪《论韩愈》说韩愈是"唐代文化学术史上承先启后、转旧为新关捩点之人物"，列举了五项证据，其实总的说来就是崇儒和排佛。

从崇儒的角度来说，韩愈倡导古文运动，其目的本来就是振兴儒学。韩愈早年的《争臣论》中就说："君子居其位，则思死其官。未得位，则思修其辞以明其道。我将以明道也，非以为直而加人也。"也就是说，他写文章的目的是"明道"。在韩愈的心目中，"道"不但比"文"重要，而且超越了长幼贵贱，大家都要以道为师。

韩愈所说的"道"，显然不是佛老之道，也不是杨墨之道，而是儒家的仁义之道。在《原道》中，他开门见山地对仁义道德做了阐释："博爱之谓仁，行而宜之谓义，由是而之焉之谓道，足乎己而无待于外之谓德。"而这个仁义道德是其来有自、流传有序的："尧以是传之舜，舜以是传之禹，禹以是传之汤，汤以是传之文、武、周公，文、武、周公传之孔子，孔子传之孟轲，轲之死不得其传焉。"这也就是后来宋儒所说的儒家"道统"。

儒家道统是指儒家传播仁义之道的脉络和系统。儒家对道统谱系的建立，可以追溯到孟子。孟子认为，孔子的学说上接尧、舜、禹、汤、文、武、周公，而自己则是继承了孔子学说的正统，这就是韩愈说"孟氏醇乎醇者也"的依据所在。道统之说，远源于《孟子》，近源于韩愈，但都还没有名之为"道统"，到朱熹才以"道统"一词总结这种源流有序、代代传道的关系。在孟子去世一千多年之后，重新强调并改造儒家的道统体系，是韩愈用来与佛教祖统进行对抗的重要手段。这个道统谱系经过宋代理学家的发展和改造，成为后世知识界的常识，这是韩愈的一大贡献。

韩愈一生极为推崇孟子。他认为孟子才是真正的醇儒，后世学习圣人之道，要从学习孟子开始。他以自己的亲身阅读体会告诉世人，自己是读了孟子的书，才知道"孔子之道尊，圣人之道易行"。而韩愈对孟子的推崇是知行合一的，他一生立身行道，都隐约有孟子的影子。韩愈对孟子的这种推崇，使《孟子》一书的影响得到了扩大。《孟子》一书原本是和《荀子》同属于诸子之列，但从韩愈之后，越来越受重视，开始所谓的"升格"之旅，到宋代最终从诸子升入经书，迈入十三经的行列。《孟子》在唐宋之间升格为经书，自然是各种因素综合作用的结果，但毋庸置疑的是，韩愈对孟子的推崇，是其书升格的起点。

与此同时，韩愈在《原道》中还引用了《礼记·大学》的一段文字：

> 古之欲明明德于天下者，先治其国；欲治其国者，先齐其家；欲齐其家者，先修其身；欲修其身者，先正其心；欲正其心者，先诚其意。

《大学》在《礼记》之中，本来是不起眼的一篇，但经过韩愈的引用和阐释，强调"古之所谓正心诚意者，将以有为也"，建立了一个内圣外王的框架，成为后来宋代理学家阐释儒家经典的重要思路。而《大学》也因此为宋代理学家所重视，并最终从《礼记》中析出，与《论语》《孟子》《中庸》合编成"四书"，从而完成中国经学从"五经"体系到"四书""五经"体系的转换。从这个意义上说，韩愈开启了宋代理学家治学的新范式。

在韩愈看来，儒家的仁义之道自秦代以后，在传播上受到了阻碍。汉初黄老之学的盛行，晋代以后佛教的发展，让那些本应该崇信仁义道德的人，"不入于杨，则归于墨；不入于老，则归于佛"。就像是孟子之时儒学面临来自杨墨的挑战一样，韩愈觉得当时儒学的挑战主要来自佛老，尤其是佛教。

韩愈排佛老，其目的也是尊儒。在《原道》中，韩愈认为佛老的危害是极大的。这种危害首先体现在佛老之学对治国安民具有很大的负面影响。韩愈认为，古人不过是士农工商四种职业，而现在多了佛道两种；古代的教化之道只有儒学，而现在也多了佛道两种。这样，对农民、手工业者、商人来说，都增加了生产的负担，会导致民众"穷且盗"。由于僧人、道士享有免除赋役的特权，不从事生产劳动，所以僧道越多，劳动人口越少，社会财富的消耗越多，自然会产生消极的影响。这一点在后来武宗皇帝灭佛之际，得到了充分证实，当时，"天下所拆寺四千六百余所，还俗僧尼二十六万五百人，收充两税户；拆招提、兰若四万余所，收膏腴上田数千万顷，收奴婢为两税户十五万人"，可见佛教组织在唐代势力之强大。

其次，佛老治学否定儒家先王之教的社会伦理，对儒家强调的君臣、父子关系不够重视，也是韩愈排佛老的重要原因。对道家"圣人不死，大盗不止"的思想，对佛教必须抛君臣父子的权利和义务的思想，韩愈展开了批判，认为佛老对社会的危害是非常大的。所以，他认为应该对这些佛教徒、道教徒"人其人，火其书，庐其居，明先王之道以道之"，也就是说，要让僧人、道士还俗为普通百姓，烧掉佛教、道教经典，将佛寺、道观改造成百姓的住宅，用儒家的先王之道来教化他们。

在生活中，韩愈并不拒绝和僧人、道士交往，但韩愈着眼的，不是他们佛道教徒的身份，而是他们作为"人"的才能，如澄观有经营之才，惠师喜好游玩，灵师擅长写文章，而文畅多与士大夫诗歌唱和。以韩愈和文畅的交往为例，贞元十九年（803）春，僧人文畅欲有东南之行，权德舆、白居易等人都写诗文送行，柳宗元也请韩愈写了一篇《送浮屠文畅序》。权德舆、白居易在同题为《送文畅上人东游》的赠诗中，都是着眼于文畅的佛教徒身份，涉及佛教义理。而韩愈的《送浮屠文畅师序》开篇先说人有儒名墨行、墨名儒行两类，而自己学习扬雄的"在门墙则挥之，在夷狄则进之"，为下文向文畅师进圣人之道张目。接着，写文畅师喜文章，写作诗歌多达百余篇，因为佛教不重视立文字，立言本是儒道，暗示文畅师是"释名儒行"者，可惜其他人只是用浮屠之说和他赠别，没有人告诉他圣人之道，所以韩愈选择告诉他"二帝三王之道，日月星辰之行，天地之所以著，鬼神之所以幽，人物之所以蕃，江河之所以流"。序文还截取《原道》里的话来教导文畅：

> 道莫大乎仁义，教莫正乎礼乐刑政。施之于天下，万物得其宜；措之于其躬，体安而气平。尧以是传之舜，舜以是传之禹，禹以是传之汤，汤以是传之文武，文武以是传之周公、孔子，书之于策，中国之人世守之。

这段文字明褒儒家的圣人之道，暗贬佛教，有人说这篇文章是"当面骂人而人不知"，其实是韩愈在思想上对文畅的引导。最后，韩愈说"不知者，非其人之罪也；知而不为者，惑也"，照应第一段墨名儒行、儒名墨行，这是从文畅师处着眼；又说"知而不以告人者，不仁也；告而不以实者，不信也"，这是解释自己为何对一个僧人讲儒道。韩愈这种做法，正是《原道》里所说，对佛道教徒，要用先王之道来引导他们。

韩愈崇儒排佛的立场，与当时的权贵阶层是完全背道而驰的。当宪宗迎佛骨到宫中之时，韩愈上《论佛骨表》谏诤，不是出于一时血气之勇，而是对自己一贯思想立场的表达。有人认为宪宗不是昏庸之君，韩愈上表排佛有不周赡之处，但如果韩愈变得世故油滑一点，他的儒学立场也许就会被消解掉，对后世儒学发展的影响就不会那么大。正因为韩愈是一个潜心行道、知行合一的人，他才能够横断中流，力挽狂澜，成就"道济天下之溺"的功业，从思想和行为上都为宋代理学的发展奠定基础。

二、倡导文道合一

文与道的关系，是儒家文艺思想中的一个非常重要的话题。从孔子说《诗经》"思无邪"、《关雎》"乐而不淫，哀而不伤"，就已经是从"道"的视角去评价文学作品。刘勰《文心雕龙》论文先"原道"，认为"道"是依靠圣人用文字显示出来，而圣人用文章来说明"道"，对文道关系做了明确的界定。

到了唐代，古文运动的先驱者大多重视文道之间的关系。梁肃在《补胭李君前集序》中说，文章的写作是为了阐发、宣扬儒家道德，规范本性和天命的准则。韩愈之兄韩会在《文衡》中也说，学习写作的人要知道文章的根本在于儒家的道德五常，要知道写文章是为了践行君臣父子之道。这是韩愈文道观的渊源所在。

正是因为有这样的家学、师承渊源，韩愈从小"非三代两汉之书不敢观，非圣人之志不敢存"，无论是学习还是创作，都以"明道""志道"为目标。在谈到文道关系时，韩愈说他之所以喜欢学习古代的经典，"不惟其辞之好，好其道焉尔"（《答李秀才书》）；同样，写好文章也不是为了炫耀文字技巧，而是为了传播道，也就是"学所以为道，文所以为理"（《送陈秀才彤序》）。韩愈的文学创作也贯穿了这种"文志于道""文以明道"的文学观点，如早期创作的"五原"（《原道》《原性》《原毁》《原人》《原鬼》），在一定程度上是哲学理论之作，而不是纯粹的文学作品。韩愈强调的是文学的社会功能，而不是文学的审美功能，这一点对后世的影响是很大的。北宋周敦颐的"文以载道"之类的观点，都是受此影响提出来的。

韩愈在年轻的时候有一个非常重要的理念，就是"君子居其位，则思死其官。未得位，则思修其辞以明其道"（《争臣论》）。在他看来，出仕行道是第一位的，当确定没有机会出仕行道之时，才选择以文明道。这一点他在回应张籍劝自己排斥佛老不如著书时，也曾有过类似的说法。

与此相近的，韩愈所说的"不平则鸣"，也是指当读书人不能推行仁义之道时，就只能假借诗文来阐发出来。在《送孟东野序》中，韩愈提出了"大凡物不得其平则鸣"的思想，韩愈以"不平则鸣"的观点，作为用文学批判社会现实的理论根据。在文章中，韩愈列举了大量先秦两汉时期的文人作为例子，对于唐代的已故文人，他列举了陈子昂、苏源明、元结、李白、杜甫、李观，还健在的文人则列举了孟郊、李翱和张籍，认为这三位都是要不平则鸣。这种文学观念，强调的是文学作品的斗争性，其实也是从文学的社会功能的角度谈论这个问题。

与"不平则鸣"相对应的，是韩愈认为"穷苦之言易好"。杜甫《天末怀李白》曾说"文章憎命达"，说的是文才出众的人总是命运多舛。韩愈《荆潭唱和诗序》则更深入地阐释了这一点："和平之音淡薄，而愁思之声要妙；欢愉之辞难工，而穷苦之言易好也。是故文章之作，恒发于羁旅草野；至若王公贵人，气满志得，非性能好之，则不暇以为。"《柳子厚墓志铭》在分析柳宗元仕途得失与文学创作成就的关系时说，如果柳宗元没有长时间被贬谪到那么偏远的地方，虽然会仕途通达，但他就没法致力于文学辞章，那他的文章无疑就难以传之久远。这是用柳宗元的经历，来说明"欢愉之辞难工，而穷苦之言易好"的道理。

为了更有效地明道、传道，韩愈认为要注重在文辞上标新立异，务去陈言，也就是所谓的要将文学语言陌生化；就内容而言，则要创造怪奇的风格，也是为了吸引读者的注意力。韩愈在《答刘正夫书》中说："夫百物朝夕所见者，人皆不注视也。及睹其异者，则共观而言之，夫文岂异于是乎？"讲的就是该如何利用"异"来提高他人的注意力的问题。韩愈在创作中表现出来的怪奇风格，以戏谑为文的特点，其实都是这一文学理念的体现。

从韩愈、柳宗元提出文以明道、文以贯道之后，文道关系这个话题受到了前所未有的重视。后来，宋儒将其发展为文以载道，就一直占据传统文学思想的统治地位。

三、文起八代之衰

韩愈一生最为卓著的贡献，是他领导了中唐的古文运动。东汉以后数百年，形式主义的骈词俪句占据了文坛主流，"独韩文公起布衣，谈笑而麾之，天下靡然从公，复归于正"，这就是苏轼所说的"文起八代之衰"。而韩愈不仅结束了骈俪文一统天下的旧时代，还开辟了一个"古文"占统治地位的新时代，而这个时代长达一千余年，一直延续到20世纪初期的白话文运动。

韩愈的古文创作以复古为名，实际上却能推陈出新，具有很强的创造力。从复古的角度来说，主要体现在三个方面：一是思想上尊崇孔孟之道，二是语言上效法上古三代两汉之文，三是在文体上模仿古人。其中，尊崇孔孟我们已经较为详细地讲过，下面我们重点看韩愈在语言和文体上的复古。

首先，韩愈对中唐文风的改造，在语言上是将骈俪之体改为上古三代两汉的散体文。先秦时期，古人的口语和书面语是相对较为接近的，尤其是像《论语》《孟子》之类的语录体，比较真实地记录了当时的口语，有人称之为言文一致。两汉以后，口语和书面语分离的趋势越来越明显，汉代的辞赋、散文渐染骈俪之风。东汉以后，在魏、晋、宋、齐、梁、陈、隋时期，骈体文风行数百年，而且从骈散结合发展成通篇骈俪，句有四六，行文对仗，多用典故，辞藻华丽。六朝士族文人生活空虚，更喜欢用骈词俪句来掩饰内容的空洞，骈体文逐渐成为当时占据主流的文体形式。

当然，也有人对这种文风颇有不满，西魏苏绰、北齐颜之推、隋初李谔等都曾对此提出批评。入唐之后，这种浮华繁丽的文风得到了延续，骈体文依旧是占有统治地位的文章形式。初唐时期，先有陈子昂等人提出了"复古"的主张；安史之乱后，萧颖士、李华、元结、独孤及、梁肃等人，先后倡导作文要本根于儒家经典、取法于三代两汉，成为古文运动的先驱者。韩愈从参加科举的时候，对这些扭捏作态的骈体文就充满了厌恶之情，在创作上更是以上古三代两汉六艺、诸子、史汉为效法对象，采用散体文字成文，创造了一种在语言上看似拟古的"古文"。从言文关系的角度来说，中唐以来的古文是言文分开的，使用上古时期文化经典中的语法、词汇，来记录当时人的思想情感。但是，韩愈又主张写文章要"惟陈言之务去"，追求语言上的创新。所以，韩愈古文的语言，是有很强的创新性的。在唐宋八大家中，韩愈的古文是创新性最强，形成成语最多的。

其次，韩愈的文章中有不少模仿前人的作品，但往往能够独出心裁，超越古人。如《进学解》是模仿东方朔《答客难》、扬雄《解嘲》和班固《答宾戏》，但无论是立意、语言，还是对后世的影响，都以《进学解》为更优秀，可谓后出转精。又如《送穷文》师法扬雄《逐贫赋》，通过主人与"智穷""学穷""文穷""命穷""交穷"五鬼对话，在被五鬼批驳之后，出人意料地"烧车与船，延之上座"，描绘了自己"君子固穷"的个人形象。文章笔法幽默生动，寓庄于谐，在表现力上也远远超出了他模仿的扬雄《逐贫赋》。后来唐段成式《送穷文》、宋崔敦礼《留穷文》、明刘基《送穷赋》，都祖述韩文。再如《毛颖传》模拟《史记》《汉书》的传记文，用史传的笔法写毛笔的制作、使用及最终被废弃的情景，通篇以戏谑为文，却满篇典故，构思新奇，别开生面。柳宗元读过之后，自言"甚奇其书"（《与杨诲之书》），李肇《国史补》也称"其文尤高，不下史迁"，写得大俗大雅，妙趣横生，后世模仿者众多，如宋代有《文房四友除授集》、明代有杨梦衮《十九友传》等。而同样是继承班马史传散文的写法，《张中丞传后序》则融叙事、议论、抒情于一体，通过生动传神的细节，塑造了张巡、南霁云等鲜活的人物形象。此外，如《平淮西碑》，效法《尚书》和《雅》《颂》之体，文字典雅，古意盎然，"欲度越盛汉，与周人并席矣"（张裕钊语）。这些文章都是以形式上的模仿，实现了实质上的创新。

韩愈一生创作古文三百五十余篇，共有赋、书、序、哀辞、祭文、碑志、表状等十几种文体。韩愈年轻的时候，交游广泛，书信、赠序数量较多；随着年纪的增长，文名渐盛，职位日隆，尤其是在元和二年（807）之后，受人请托撰写的墓志铭越来越多。韩文体式多样，内容丰富，为了以简驭繁，我们从表达方式的角度，较为宏观地看一看韩文的特点。

第一类是论说文。韩愈是一个儒者，以道德学问自居，好议论也好辩论，所以此类文章数量最多。其中，最有代表性的，是韩愈崇儒排佛的文章，如《原道》《原毁》《原性》《论佛骨表》等。这类文章针对性强，论题明确，具有结构严整、层次分明的特点，而这些内容也最能让韩愈拉满情绪，慷慨激昂，所以往往能够言词锋利，气盛言宜。

韩愈还是个文学理论家，不少赠序、书信都是韩愈阐述自己文学思想的文章。如《送孟东野序》结合孟郊"善鸣"而终生困顿的遭遇，提出的"大凡物不得其平则鸣"，通篇以"鸣"字为中心发表议论，一篇五六百字的短文，三十八个"鸣"，由于句法多变，有抑扬顿挫，有升降起伏，读来并不觉得繁复或单调。

韩愈能够将一篇理论文章，写得如此文字错综、气象峥嵘，虽不能说是空前绝后，到底是罕有其匹。而韩愈在一些写给朋友的书信中，也都对自己文学思想的不同侧面做了阐释，如《答李翊书》所说的"务去陈言""气盛言宜"，《答刘正夫书》所说的"师其意不师其辞"，都用生动的方式呈现出了韩愈的文学主张。

最能代表韩愈对社会的批判的文章，有《进学解》《送穷文》《杂说四首》等。其中，《杂说四首》通篇设喻，首篇《龙说》以龙和云的关系比喻君臣，阐明了君主和大臣之间互相依存、互相成就的关系；次篇《医说》以人之瘠肥比喻天下之安危，以脉之病否比喻纪纲之治乱，提出治理天下应该以重视纲纪为本；又次篇《崔山君传》针对谈氏《崔山君传》说有的人像仙鹤一样长寿而能了解过去的事，提出有兽面人心者，有人面兽心者，所以人的相貌并不重要，重要的是"论其心与其行事之可否"；末篇《马说》以伯乐喻贤相，以千里马喻贤士，认为只有伯乐才能识别千里马，只有贤相才能选拔贤士。四篇论辩性的小品文都以生动的方式对不同的社会现象提出了自己的见解，短小精悍，涵义隽永，都是不可多得的短章名篇。

第二类是叙事文。韩愈叙事文篇数最多、内容最为丰富的是墓志文。墓志创始于东汉末年，魏晋以后开始盛行，到唐代达到了顶点。唐代权贵去世之后，喜欢找文化名人写墓志，所以韩愈的墓志文中，除了写给亲朋好友、文章知己之外，也有给达官贵人及其亲属写的，之所以写这些文字，可能是因为润笔过于丰厚，以至于韩愈无法拒绝。韩愈给达官贵人撰写墓志的润笔收入是很高的，刘禹锡《祭韩吏部文》称："公鼎侯碑，志隧表阡，一字之价，辇金如山。"据说刘叉曾公然拿走韩愈的数斤黄金，还自我辩解说："此谀墓中人得耳，不若与刘君为寿。"所以后人多称韩愈墓志文为谀墓之词。其实，传统上的墓志皆出于墓主亲属所托，不太可能如实地记录墓主生前事迹，尤其是那些不太符合当时道德要求的行为，当然是要避而不提的。而在韩愈之前，墓志的撰写过于程式化，文学性不是很强。韩愈的墓志文与前人有较大的差别，大多作品格式灵活，叙事生动，不落窠臼，大大增加了墓志文的文学性。其中大多墓志的撰写应该是出于真实感情的流露，如《柳子厚墓志铭》《南阳樊绍述墓志铭》《贞曜先生墓志铭》等，都是很感人的文章。至于部分墓志的撰写可能为有偿的应用文字，虚应故事，也是时俗使然，不必责之过苛。

第二类是抒情文，主要在书信、赠序、祭文等文体之中。韩愈的书信文有五十多篇，有上书权贵的，有亲友之间的往返书信，后者中以抒情为主体的篇目比较多。如《与孟东野书》向朋

友介绍自己的近况，并表达了自己对朋友的思念之情，文章开头
说：

> 与足下别久矣，以吾心之思足下，知足下悬悬于吾
> 也。各以事牵，不可合并，其于人人，非足下之为见，
> 而日与之处，足下知吾心乐否也。吾言之而听者谁欤？
> 吾唱之而和者谁欤？言无听也，唱无和也，独行而无徒
> 也，是非无所与同也，足下知吾心乐否也？

先是写自己思念朋友，推测朋友会同样思念自己，接着写二人因
为生活所迫，天各一方，从而无法互吐衷肠的孤独。这篇文章语
言平易晓畅，情感真挚动人，不同于韩愈通常的奇崛文风，是文
从字顺一类风格文章的代表作。

赠序是由诗文集的序言发展而来的。古代文人相聚之时，互
相唱和，或分韵作诗，最后集而序之，譬如王羲之的《兰亭集
序》，就是这一类文字。唐代文人在临别饯行之时，众友人写诗
相赠，也会写一篇序文，来表达惜别之情，就成了赠序。后来没
有赠诗之集，有人也会写一篇赠序，则是由这种赠别诗集序发展
来的。韩愈创作了三十余篇赠序，所赠对象有官员，有文士，也

有僧道。这些文章或侧重于写人，如《送浮屠文畅师序》；或侧重于议论，如《送孟东野序》《送石处士序》；或侧重于记言，如《送李愿归盘谷序》，内容非常丰富，形式多样，但归根结底，在于惜别。

韩愈古文不仅"文起八代之衰"，而且开千年不变之盛局，其本身的创作成就是非常高的。正如苏轼说："诗至于杜子美，文至于韩退之……而古今之变、天下之能事尽矣。"（《书吴道子画后》）所以，韩文和杜诗一样，都是中国文学史上不朽的丰碑，各自代表自己领域中的最高水平。

四、诗尽古今之变

韩愈"文起八代之衰"，开创了中国散文的新时代，而他的诗歌创作也在继承前人的基础上开拓了唐诗的新境界。对于韩愈的诗歌，清人叶燮《原诗》的评价最为贴切："唐诗为八代以来一大变，韩愈为唐诗一大变，其力大，其思雄，崛起特为鼻祖。"

韩愈走向诗坛的时候，首先面临的是影响的焦虑。盛唐各大家在各种诗歌文体、题材上，都已经做出了难以超越的成绩，亦步亦趋地走前人走过的路，显然不是韩愈的做事风格。

在选择学习的对象之时，韩愈的眼光是最为独到的。或许是因为家庭背景的原因，韩愈早年对李白、杜甫就很熟悉，他是最早一批将杜甫与李白并举的人。贞元十四年（798），韩愈在《醉留东野》中以李白、杜甫的友谊比喻自己和孟郊："昔年因读李白杜甫诗，长恨二人不相从。吾与东野生并世，如何复蹑二子踪。"元和元年（806）《感春四首》又说："近怜李杜无检束，烂漫长醉多文辞。"元和十年（815）《调张籍》更是明确提出："李杜文章在，光焰万丈长。"在中唐诗人中，韩愈在诗歌创作方面对李白、杜甫的学习是最为明显的。

韩愈对李杜的学习，主要体现于古体诗，而古体诗的创作也最能代表韩愈的风格。整体而言，韩愈对李白古体诗的学习，主要是师法其诗歌艺术，如何焯《义门读书记》认为《杂诗》"体源太白，要自有公之胸次"，又如《记梦》写梦中遇到神仙，想象新奇，与李白写梦之诗有相近之处。但韩愈毕竟是排佛道的，对李白诗中的佛道思想是鲜有涉及的。而韩愈对杜甫的学习更为全面，尤其是杜诗古体诗中奇崛的一面，是韩愈形成自己独特风格的重要源头。

韩愈的诗歌创作始于贞元元年（785），终于长庆四年（824），时间长达四十年。对韩愈四十年诗歌创作的分期，学术界有不同的声音：有人认为应该以阳山之贬、潮州之贬为界，分为初中晚三期，也有人认为应该按照韩愈诗歌风格的发展分为四期。根据韩诗编年的情况可以看出，韩愈的诗歌创作在他回长安任尚书职方员外郎（元和六年，811 年夏）到孟郊去世（元和九年，814 年 8 月）这段时间前后，有比较大的转变，那就是前期三十年的诗歌创作以古体诗为主，后期十年以近体诗为主。而从古体到近体的转变过程中，诗歌风格也有较大的变化。所以，我们按照前后两期的分化，来看韩愈诗歌的发展变化。

从韩愈开始诗歌创作到孟郊去世（814 年 8 月），这段时间韩愈的诗歌创作以古体诗为主，也是韩孟诗派诗歌风格生成与成熟的时期。这一时期又可以分为初创、发展和成熟三个阶段。

从韩愈开始诗歌创作到贞元十二年（796）是前期初创段。这一段时间韩愈从家乡到长安参加科举考试，虽然已经才华初露，但诗歌创作还没有自觉地追求创立独特的风格，只是略露崇尚古风的端倪。韩愈见诸文献记载的诗歌创作，是他在宣州创作的《芍药歌》，这首咏物诗"颇有妩媚之致"（蒋抱玄），但朱熹认为这首诗"辞语拙嫩，不类公文"，怀疑是出自后人伪托。作为年轻时的习作，风格与成熟期不同，本是题内之义，不应该随意黜落。贞元二年（786），韩愈离家前往长安的路上，在黄河之曲看到了远处的条山，被触及诗兴，写了一首《条山苍》。后来他在长安参加科举考试并不顺利，难免会思念自己的亲人，《青青水中蒲三首》就寄托了他对妻子的思念，其一云："青青水中蒲，下有一双鱼。君今上陇去，我在与谁居。"朱彝尊《批韩诗》认为这组诗："语浅意深，可谓炼藻绘入平淡。篇法祖《毛诗》，语调则汉魏歌行。"这个评价可以说能够较好地概括韩愈这一阶段诗歌创作的特征。

此外，韩愈这一时期还有几首写给陈羽、李观、孟郊的交游诗。其中《孟生诗》说孟郊："孟生江海士，古貌又古心。尝读古人书，谓言古犹今。"这种尚古的价值取向，已经奠定了韩愈诗歌创作的审美趣味。这时孟郊已经是一个较为成熟的诗人，韩愈现在是欣赏他的阶段，应该还没来得及向孟郊学习。

从贞元十三年（797）到贞元十九年（803）是前期发展阶段，这是韩愈诗歌风格的形成期。这段时间韩愈先是在汴州任观察推官，接着到了徐州符离任节度推官，后离开徐州，客居两京，先后任四门博士、监察御史，最终被贬官到阳山。在这个过程中，韩愈除了和孟郊联句、唱和之外，和崔群、张籍、李翱、张彻等志同道合的文人朋友交往也在增多，尤其是年长韩愈十七岁的孟郊，在诗歌风格上对韩愈的影响越来越大。这个阶段可以说既是韩愈踏入仕途的起点，也是韩愈正式进入文坛，并拥有自己的文学团体的起点。

韩愈这个阶段的创作还是以五古诗为主，对五律、七古、联句等亦有所尝试，在诗歌风格上逐渐开始由古朴平淡向雄伟奇崛风格转变。这一转变很大程度上是受孟郊的影响。韩愈和孟郊的相识始于贞元八年（792），当时韩愈考中进士，而孟郊名落孙山，四年之后才得进士登第。贞元十二年（796）七月，韩愈入汴州董晋幕府，次年孟郊也前往汴州，希望得到宣武军行军司马陆长源的荐举。孟郊在汴州长达两年，求仕并不顺利，但他在汴州期间与韩愈、孟郊、张籍、李翱等人的文学交往，奠定了"韩孟诗派"的基础。

在早年的韩孟交往之中，韩愈创作了《长安交游者赠孟郊》《孟生》《远游联句》《答孟郊》《醉留东野》等诗歌作品。从中可以看出，由于韩愈还处于迅速成长期间，更多的是韩愈向孟郊学习。也就是说，韩愈此时看待孟郊，就像当年李白对孟浩然、杜甫对李白一样，目光中是带有崇敬的。

在这个时期，韩愈已经创作出一些带有强烈个人风格的作品，代表作有《山石》《落齿》等。《山石》写于贞元十七年（801）七月：

山石荦确行径微，黄昏到寺蝙蝠飞。

升堂坐阶新雨足，芭蕉叶大栀子肥。

僧言古壁佛画好，以火来照所见稀。

铺床拂席置羹饭，疏粝亦足饱我饥。

夜深静卧百虫绝，清月出岭光入扉。

天明独去无道路，出入高下穷烟霏。

山红涧碧纷烂漫，时见松枥皆十围。

当流赤足踏涧石，水声激激风吹衣。

人生如此自可乐，岂必局束为人靰？

嗟哉吾党二三子，安得至老不更归。

这是一首七古纪游诗，按照时间、地点的推移，记录了当时韩愈与李景兴、侯喜、尉迟汾等人同游洛阳北面惠林寺的情景。全诗以黄昏入寺、夜晚在寺、清晨离寺为顺序，先写黄昏时分穿过怪石峭立的山路来到惠林寺时看到的景象，再写夜晚僧人带大家看寺庙里的壁画并安排食宿，接着写次日清晨离寺下山沿途所见，最后写自己的人生感慨。在写法上，最大的特点是借用赋法，以文为诗，正如方东树《昭昧詹言》所说："只是一篇游记，而叙写简妙，犹是古文手笔。"

与这首诗风格相近的是一首《落齿》诗。从艺术水平上来说，这首诗在韩愈诗歌中不算是上乘之作，但其散文化程度比《山石》还要高，可以看作韩愈诗歌风格转变的分水岭。《落齿》无论从散文化的写法，还是从选材上来看，都是初唐、盛唐时期所未见的。韩愈以落齿入诗，以文为诗，在当时都是需要较大的勇气。李汉《昌黎先生集序》云："时人始而惊，中而笑且排。"就体现了韩愈此类作品刚刚问世时，在诗坛上产生的强烈反响，而这种反响显然是较为负面的。

从贞元二十年（804）到元和九年（814）是前期的成熟阶段，这也是韩愈诗歌创作的成熟期。这个阶段始于韩愈被贬阳山，终于韩愈被贬潮州之前，其间韩愈历任阳山令、江陵法曹参军、国子博士、河南县令等职。这段时间韩愈的仕途发展比较平稳，不显山不露水，但在诗歌创作上却是其雄伟奇崛的诗歌风格在诗坛开枝散叶的时期。

首先，韩孟诗派成员的交流和诗艺的切磋在此时达到了顶峰。韩愈在被贬阳山后初返长安期间、在洛阳做官期间，是韩孟诗派交往最多的时间，韩愈、孟郊、张籍等人十几首联句诗，也大都创作于这个时期。联句长诗的创作难度较大，韩愈除非是棋逢对手，轻易不会尝试。贞元十四年（798），在韩愈风格的形成期，韩愈和李翱送孟郊前往江南，三人写了一首《远游联句》，这是韩愈首次尝试联句诗的创作。在韩愈诗歌的成熟期，韩愈等人又创作了十首联句诗，成为中国文学史上的一段佳话。

其次，这段时间韩愈创作的诗歌各体具备，但以五七言古体诗为主。韩愈诗歌崇尚怪奇，具有以文为诗、以议论为诗、以学问为诗的诗歌创作风格的特点，也主要体现在这些古体诗上。如《南山诗》最大的特点是以赋为诗，历代诗评家喜欢将它和杜甫的《北征》相比较，并评判优劣。实际上，《北征》以叙事、言情为主，《南山诗》以写景、体物为主，二者都达到了本类题材诗歌的极致，没有必要厚此薄彼。又如《丰陵行》以诗歌为谏书，长于议论。诗中描绘了宪宗给顺宗办丧礼时的铺张浪费，逾越了礼制的规定，在诗的最后，韩愈质问道："皇帝孝心深且远，资送礼备无赢余。设官置卫锁嫔妓，供养朝夕象平居。臣闻神道尚清净，三代旧制存诸书。墓藏庙祭不可乱，欲言非职知何如。"程学恂说此诗"质直言之，是议体，非诗体也"，就点明了这首诗的特点。又如《石鼓歌》则是以学问为诗，把艰深的金石学知识用诗歌的形式表达出来，对宋代诗人"以学问为诗"、清代的"学人之诗"，都有一定的影响。

从元和十年（815）到韩愈去世，是韩愈诗歌创作的后期。后期创作包括新变、平淡两段。

严格地说来，韩愈诗歌的后期新变阶段应该追溯到韩愈元和六年（811）秋赴长安任职，而止于元和十三年（818）被贬潮州。这段时间韩愈在长安做官，历任职方员外郎、国子博士、考功郎中知制诰、中书舍人、刑部侍郎等职。可以看出，韩愈这段时间在仕途上是比较顺利的。由于生活状况的改变和诗坛畏友孟郊的去世，韩愈的诗歌创作出现了一些新的变化。

其中，最大的变化是这一时期韩愈创作的诗歌开始以近体诗为主：元和七年创作作品较少，是个过渡；元和八年近体诗数量已经超过古体诗；元和九年以后，近体诗就开始占据压倒性优势。但韩愈作诗不以近体见长，所以历来多有"韩律诗诚多不工"（程学恂语）、"若只据语句见评量，尚未见工"（朱彝尊语）、"风致欠妍""无甚风致"（蒋抱玄语）。其次是唱和诗歌增多，写景、咏物的诗歌也有增多。如《奉和虢州刘给事使君三堂新题二十一咏并序》是一组五绝写景组诗，《游城南十六首》也是一组写景诗，包括十二首七绝、三首五绝、一首五律。此外，正如前文所论，韩愈这段时间的诗歌创作受到了王维诗歌的影响。这在一定程度上反映了韩愈的生活重心和审美趋向都发生了一些变化。

这段时间除了近体诗，韩愈也创作了部分古体诗，如《示儿》《调张籍》《听颖师弹琴》《符读书城南》《病鸱》等，这些古体诗显然是当行出色，比韩愈同时期创作的近体诗更为成功。另外，韩愈这段时间还写了《晚秋郾城夜会联句》，这是韩愈和李正封联手创作的长篇联句诗，也是在孟郊去世之后韩愈参与创作的唯一一首联句诗。俞场云："昌黎与东野联句，多以奇峻争高，而此篇独典赡和平，诚各因人而应之也。"这句话也可以用来解读韩愈为何离开洛阳、离开孟郊等师友之后，诗歌创作发生了这么大的变化。

从元和十四年（819）到长庆四年（824）是韩愈诗歌创作的后期平淡阶段。这段时间韩愈历经贬谪潮州、袁州之后，年事已长，重返长安之后，仕途通达，身体多病。性格倔强的韩愈似乎已经与现实生活和解，诗歌创作的风格也由奇崛而趋于平淡。正如韩愈所说："艰穷怪变得，往往造平淡。"（《送无本师归范阳》）平淡之境，得来并不容易。

韩愈因上《论佛骨表》被贬潮州，被贬途中写的《左迁至蓝关示侄孙湘》，诗风沉郁顿挫，是韩愈律诗中的精品。任兵部侍郎期间，韩愈只身前往镇州宣慰王廷凑，来往途中所作，如《奉使镇州行次承天行营奉酬裴司空》："衔逐三年海上归，逢公复此著征衣。旋吟佳句还鞭马，恨不身先去鸟飞。"《唐宋诗醇》认为此诗"诏许迟留，而奋迅如此，仁者之勇，庶几愧焉"。回到长安之后，又有《同水部张员外籍曲江春游寄白二十二舍人》："漠漠轻阴晚自开，青天白日映楼台。曲江水满花千树，有底忙时不肯来。"这是一首非常成功的七绝诗，或云："人多嫌退之律诗不工，使鲁直为之，未必能得如是气象，唐人谓此四句可敌一部《长庆集》，诚然。"（何溪汶《竹庄诗话》引）此外，韩愈临终病中所作《南溪始泛三首》是一组五言古诗组诗，也是清新平淡之作。

对韩愈诗歌的评价，后世有一些争议。比如韩愈最早倡导的"以文为诗""以赋为诗"，对宋诗影响很大，赵翼《瓯北诗话》："以文为诗，自昌黎始；至东坡益大放厥词，别开生面，成一代之大观。"宋词"以诗为词""以赋为词"的风格转变，就是受此影响。但是，韩愈也正是因此而受到了很多批评，如章士钊《柳文指要》说文章和诗歌"赫然两体，不能相混也"，而如今不说韩愈不会作诗，却称赞他以文为诗，岂不像人类中的阴阳人？章氏的评价略嫌刻薄，但在文学评论中，坚持不同文体不应混淆，也是有传统的，就像李清照认为词"别是一家"，批评苏轼"以诗为词"一样，严格区分不同文体的界限。

尽管后世对韩愈诗歌的评价存在一些分歧，但没有人否定韩愈诗歌在李白、杜甫之后的锐意创新，也没有人否定韩愈诗歌对苏舜钦、梅尧臣、欧阳修、苏轼、王安石、黄庭坚等后世诗人的影响。南宋张戒《岁寒堂诗话》认为杜甫"诗雄而正"，李白"诗豪而逸"，而韩愈"诗正可与太白为敌，然二豪不并立，当屈退之第三"，认为韩愈诗歌是在唐代仅次于李杜，居于第三位。如果从诗歌的创新、影响等角度来看，韩愈对这个排名是受之无愧的。

余　论

匹夫而为百代师

人生是极为短暂的。虽然历代都有人追求长生不死，但无论是位高权重的帝王，还是仙风道骨的方士，无论他多么努力，从来就没有人能够打败时间对肉体的侵蚀。

既然肉体的不朽是不能被追求到的，那中国古人所讲的"三不朽"，就显得更有智慧。《左传·襄公二十四年》云："太上有立德，其次有立功，其次有立言，虽久不废，此之谓不朽。"对大多数人来说，能够做到"三不朽"中的一个，就能够垂名青史，而韩愈却在立德、立功、立言上都有卓著的成就，实现了"三不朽"的大满贯。

长庆四年（824）十二月，韩愈在长安靖安里家中去世。朝廷赠礼部尚书，谥号文。元丰元年（1078），宋神宗追封韩愈为昌黎伯，并准其从祀孔庙。对于一个文人来说，这是帝制时代来自官方的最高礼遇。

来自官方的礼遇，是非常程式化的。位列文庙，吃上"冷猪肉"，也曾被后人调侃。但韩愈在诗文创作上取得的成就，让他成为此后一千多年人人景仰和效法的一代文宗。

作为一代文宗，韩愈在生前已经是名满天下。就诗歌创作而言，韩孟诗派的成员中，除了孟郊比较年长，早期在理论和创作上都较为成熟之外，李贺、卢仝、马异、刘叉等人都受到韩愈较大的影响，晚唐李商隐、杜牧等人的创作也受韩愈诗歌的影响。就古文创作而言，古文运动的另一位领袖柳宗元与韩愈惺惺相惜，李翱、樊宗师、孙樵等人分别继承了韩愈不同的风格特点。韩愈去世之后，亲友在墓志、祭文之中，对韩愈都有很高的评价，如刘禹锡《及韩吏部文》云："高山无穷，太华削成。人文无穷，夫子挺生。典训为徒，百家抗行。当时勃者，皆出其下。古人中求，为敌盖寡。"认为韩愈不但是当代罕有其匹，古人中能够与之相比的也很少，对韩愈的推崇，可谓是至矣。

到宋代，韩愈在各个领域都非常受推崇。钱锺书《管锥编》

云："韩昌黎之在北宋，可谓千秋万代，名不寂寞者矣。"从儒学的角度来说，唐代就有李翱《祭韩吏部文》推举韩愈攘斥佛老之学的功劳，石介、欧阳修更是将韩愈列入了道统的传续行列。从古文的角度来说，苏轼认为韩愈"文起八代之衰"，秦观《韩愈论》更是认为韩愈古文"实积众家之所长"，是名副其实的"集大成者"。从诗歌创作的角度来说，韩愈生于在诗歌创作方面登峰造极的李白、杜甫之后，需要独辟蹊径，所以韩诗在雄伟奇崛一路上发展，而且有明显的以文为诗的特点。苏轼认为："诗之美者，莫如韩退之，然诗格之变，自退之始。"此外，对韩愈诗文的研究，宋代也达到了较高的水平，出现了"五百家注韩"、朱熹《昌黎先生集考异》等名著。总的来说，苏轼认为韩愈"匹夫而为百世师，一言而为天下法"，是宋代学者、文人对韩愈最高的评价。

元明时期，对韩愈的接受与研究和宋代相比要冷落一些，但对韩愈的评价还是很高的。进入元代，韩愈开始被称为"一代文宗"。辛文房《唐才子传》称韩愈"有冠冕珮玉之气，宫商金石之音，为一代文宗，使颓纲复振，岂易言也哉"？

"一代文宗"一词，最早出自《陈书·徐陵传》："自有陈创业，文檄军书及禅授诏策，皆陵所制，而九锡尤美。为一代文宗，亦不以此矜物，未尝诋诃作者。"后来被称为"一代文宗"的还有薛道衡、柳宗元、令狐楚、欧阳修、王安石、苏轼、元好问、宋濂等人，都是每个时代为众人所景仰的文学家。而以文学成就及综合影响而言，在这些被称为"一代文宗"的文学家中，韩愈无疑也是首屈一指的。

以韩愈为首的"唐宋八大家"之名号，形成于明代。最早精选唐代韩愈、柳宗元，宋代欧阳修、曾巩、王安石、苏洵、苏轼、苏辙的优秀古文，编集成册的，是明初朱右的《六先生文集》，因为是将"三苏"合为一家，所以称"六家"。明代中期，唐宋派代表作家唐顺之编选《文编》，对唐宋古文也仅选八大家的精品。明末茅坤在此基础上编选《唐宋八大家文钞》一百六十四卷，产生了较大的影响，于是"唐宋八大家"就成了一个非常流行的说法，此后学习古文者，都以"唐宋八大家"为效法的对象。

清代韩愈研究是继宋代以来的第二个高峰，出现大量校勘和注释韩愈诗文的著作，如陈景云《韩集点勘》、王元启《读韩记疑》、沈钦韩《韩集补注》、方成珪《韩集笺正》、顾嗣立《昌黎先生诗集注》、方世举《韩昌黎诗集编年笺注》等，都具有很大的学术价值。清代古文家对韩文也极为推崇，尤其是桐城派方苞、刘大櫆、姚鼐等，都对韩文进行了深入的解读。所以，在清代的古文选本中，韩文都是占非常大的比例的。如《古文观止》选韩文24篇，《古文辞类纂》选韩文72篇，都占全书总篇目的十分之一以上。从这个比例中，我们可以看出韩愈的古文在清代读书人心目中的地位。韩诗在清代也受到了特别的重视，如乾隆皇帝敕编的《唐宋诗醇》对唐宋诗只收录了李白、杜甫、白居易、韩愈、苏轼、陆游六个人的诗歌，编选者认为韩诗："壮浪纵恣，摆去拘束，诚不减于李；其浑涵汪茫，千汇万状，诚不减于杜……夫诗至足与李杜鼎立，而论定犹有待于千载之后。"也是认为韩愈在诗歌领域能够与李白、杜甫鼎足而三。

进入20世纪以后，尤其是白话文运动以来，由韩愈奠基的文言文写作体系在政治、教育、文学等领域都逐渐退出历史的舞台。虽然白话诗散文化的特点吸取了韩愈诗歌创作的精神，但传统的诗歌体式、语言也都不再具有生命力。虽然中小学语文课本中还保留了大量韩愈的诗文，但韩愈的诗文显然已经不再是现代文学创作的最高典范。

从此，那个属于韩愈的长达一千余年的时代结束了，而属于用白话文创作的新秀们的时代慢慢地拉开了帷幕。但是，韩愈诗文中体现的道义之勇、文化担当和创新精神，却经受住了时代浪潮的冲刷，与新文化、新文学融合在一起，不时传来时代的回响。

后　记

这不过是一条人人都要走的路，但有的人走过之后，一路都是有关他的传说，路边还建起了纪念他的祠堂。

2004 年夏，我沿着蜿蜒起伏的商於古道，前往一座名叫商州的古城，去那里谋一份教职。这是我第一次到商州，以前只是在姚雪垠、贾平凹的文字里见过这个地名。由于是夏天，交通又比较发达，我当时并没有体验到"云横秦岭家何在，雪拥蓝关马不前"的窘迫。直到四年后的一场雪灾，高速公路阻绝，返乡心切的我坐上公共汽车，沿着一条被飞雪覆盖的破旧老路，在颠簸中盘旋到秦岭之巅，我才真正体会到韩愈当时的心境。

在商州牧护关旁的山坡上，有一座韩愈祠，里面供奉着韩愈的塑像。塑像形态怪异，色调夸张，询问当地的贤达，才知道这座韩愈祠始建于唐末，历经数次重建，但所有的遗迹在那场浩劫中都被一扫而空，现在的祠堂和塑像都是近年重新建造的。走出这座正殿，回看两边的楹联，写的是"一身正气能凌日，千古儒风自拔云"。一百多年前，谭嗣同数度经过此处，多次写诗赞颂韩愈："仰公遗像慕厥德，谓钝可厉顽可磨。由汉迄唐道谁寄，董生与公余无他。"虽然不知道谭嗣同是否见过这副楹联，但若干年后他因变法而流血，以身殉道，无疑是一身正气、千古儒风的余韵。

多年之前，我还曾在路过商山层峰驿，这里曾是韩愈的女儿韩挐的埋骨之处。韩愈一封朝奏，被贬潮州，导致家人被遣，女儿途中夭折，只能草草葬于商山之麓。后来迁葬女儿到祖茔之中，韩愈曾撰写过一篇《女挐圹铭》，文章很短，匆匆交代了几句，就戛然而止。我当时很不能理解韩愈写作此文时为何如此匆遽，完全感受不到古文大家的如椽笔力。后来，我的女儿在商州降生，对我而言，这是天大的事情，为了迎接她的到来，我提前结束了在上海的访学。数年之后，为了给她谋一个稳定的学籍，我也放弃了去北京做博士后的机会，举家迁往济南，在千佛山下任教。因为女儿，我甚至没了原本的火暴脾气，变得性格柔和而隐忍。在撰写这本小书时，我重新读了这篇铭文，才体悟到，这件事是韩愈余生的彻骨之痛，其中懊悔与自责，都不是文字所能形容的。

对韩愈遗迹的接触，让我对韩愈的诗文有一种天然的亲近感。第一次反复地阅读韩愈的诗文集，就在任教商州的这段时间。和被贬阳山、潮州时的韩愈一样，我当时心心念念的也是重返长安。

长安是十三朝古都，我十年负笈于此，眼见耳闻，都是周秦汉唐的故事。所遇到的先生们，大多以治唐代文史见长，对西北大学傅庚生先生的杜甫研究、安旗先生的李白研究、韩理洲先生的陈子昂研究、阎琦先生的韩愈研究、陕西师范大学黄永年先生的唐史研究、霍松林先生的唐诗研究，我或拜读著作，或得诸传闻，或亲炙左右，耳濡目染，受益良多。但我性格执拗，不喜从众，在选择博士论文题目时，甚至刻意避开了自己熟悉的有关唐代的选题。

但到济南工作之后，或许是因为曾长年客居长安，有时会受命讲授唐代文学。在古代名家名作研究或古代诗歌专题的课程上，也喜欢选讲李杜韩柳。或许是因为接受过较多的目录学训练，我在涉及新的领域时，总要先去梳理学术源流，力争避免犯辽东白豕病。正如我经常和学生说的，想要站在巨人的肩膀上，首先要知道巨人的肩膀在哪里。所以，在过去几年，我除了熟读李杜韩柳的诗文集，对 20 世纪以来李杜韩柳研究的学术史也颇有了解，从而知道了韩愈在过去一百余年所受的那么多委屈。在新文化运动时期，韩愈从文雄八代的文章宗师，一下变成了将被打倒的"桐城谬种"的宗师，而在"文化大革命"期间的"评法批儒"运动中，韩愈更是众矢之的。在这样的时代背景下，有学者谈及唐代诗人时，说是最喜欢王维、孟浩然、李白、柳宗元，不太喜欢杜甫，"更有点痛恨韩退之"。我能理解不同人群在文学鉴赏领域趣味的霄壤之别，但对"有点痛恨韩退之"，实在是百思不得其解，心中充满困惑。

所以，当耿元骊教授说起他在筹编唐朝往事系列丛书时，我毛遂自荐地主动请缨，承担了撰写韩愈传记的任务。在撰写的过程中，我在前人既有成果的基础之上，做了韩愈诗文的编年长编，爬梳了历代学者对韩愈诗文的注解品评，也充分阅读了近年来韩愈研究的最新成果。不过，限于丛书的体例，很多有趣的问题无法在这本小书里展开论述，我将在接下来的研究中予以补充和充实。

感谢耿元骊教授的邀请和催促，使这本小书有机会问世；感谢山东师范大学文学院范洪杰教授和研究生范文欣同学、王雪童同学等师友通读全稿，使小书减少了很多讹误之处；感谢生活在千年之前的韩愈，细读他留下来的数百篇诗文，让我这一年来恍如突破了世俗的阻隔，进入了无比欣悦的充满光芒的世界。

王培峰